古典文獻研究輯刊

二十編

潘美月・杜潔祥 主編

第 3 冊

《永樂大典》本江蘇佚志研究（上）

崔 偉 著

國家圖書館出版品預行編目資料

《永樂大典》本江蘇佚志研究（上）／崔偉 著 -- 初版 -- 新北市：
花木蘭文化出版社，2015〔民 104〕
目 4+184 面；19×26 公分
（古典文獻研究輯刊 二十編；第 3 冊）
ISBN 978-986-404-084-1（精裝）
1. 永樂大典　2. 校勘學　3. 輯佚學
011.08　　　　　　　　　　　　　　　　103027396

ISBN-978-986-404-084-1

9 789864 040841

古典文獻研究輯刊
二十編　第三冊　　　　　　ISBN：978-986-404-084-1

《永樂大典》本江蘇佚志研究（上）

作　　　者　崔偉
主　　編　潘美月　杜潔祥
總 編 輯　杜潔祥
副總編輯　楊嘉樂
編　　輯　許郁翎
企劃出版　北京大學文化資源研究中心
出　　版　花木蘭文化出版社
社　　長　高小娟
聯絡地址　235 新北市中和區中安街七二號十三樓
　　　　　　電話：02-2923-1455 ／傳真：02-2923-1452
網　　址　http://www.huamulan.tw 信箱 hml810518@gmail.com
印　　刷　普羅文化出版廣告事業
初　　版　2015 年 3 月
定　　價　二十編 24 冊（精裝）台幣 42,000 元

《永樂大典》本江蘇佚志研究（上）

崔　偉　著

作者簡介

崔偉，男，42歲。2001年考入安徽師範大學歷史系，2004年獲歷史學碩士學位。2007年考入於安徽大學歷史系，攻讀歷史文獻學，2010年獲博士學位。現為安徽建築大學藝術學院講師，從事藝術史論的教學和研究工作。一直以來，對《永樂大典》本江蘇古代方志的研究用功頗深，在《中國地方志》、《江蘇地方志》、《黑龍江史志》等刊物發表相關史志論文多篇，其中「《永樂大典》本《應天府志》及其佚文研究」一文見收錄於《中國地方志優秀論文選編》。

提　要

　　本書主要對明代官修大型類書《永樂大典》殘卷中的江蘇佚志及其佚文進行研究。

　　明成祖朱棣命解縉、姚廣孝等人纂修的《永樂大典》，輯錄了上自先秦，下迄明初的八千餘種古籍資料。宋元以前的佚文秘典，多藉以保存流傳，即便是現在存世不多的殘卷也具有很高的文獻價值。

　　本書以中華書局馬蓉、陳抗等學者所輯《永樂大典方志輯佚》為底本，其中收錄江蘇省方志六十八種，去除同書異名者，共四十八種。結合古方志學家張國淦先生所著之《永樂大典方志輯本》，按照江蘇省現行政區分章對其中的佚志進行逐部研究。少數對重要典籍文獻有校勘和輯佚價值的現存方志，如《大典》本《金陵新志》，也加以研究。

　　《大典》本江蘇方志所涉及的地區包括南京、上元、江寧、溧水、溧陽、江浦、邳州、山陽、淮安、淮陰、清河、盱眙、鹽城、揚州、儀徵、泰州、高郵、興化、海門、鎮江、句曲、句容、常州、江陰、無錫、蘇州、吳縣、宜興、長洲，近三十個市縣，四十八種方志中，佚志有四十三種。其中多宋元古志，有的在明清時就已佚失，佚文價值較高，如《寶祐惟揚志》、《金陵志》等。《大典》本江蘇佚志的內容涉及【山川】、【湖泊】、【人物】、【詩文】、【藝文】、【官署】、【倉廩】、【物產】、【寺廟】、【宮室】、【古蹟】、【村寨】、【宦蹟】、【祥異】、【遺事】諸多方面，保留了許多珍貴的史地、經濟和文化方面的資料。

　　總的來看，本書通過對《大典》本江蘇古代方志及其佚文的系統研究考釋，逐步摸索並掌握了一些研究此類歷史文獻的門徑和方法，可為以後這一領域的學術研究提供基礎和借鑒，同時為相關的方志研究提供有價值的參考。

目次

上　冊

前　言 ……………………………………………………… 1

第一章　南京地區《大典》本佚志及其佚文研究
（上） ………………………………………… 15

　第一節　宋元明南京地區府、路建置沿革及其方
　　　　　志編修源流 ……………………………… 15

　第二節　《大典》本《建康路志》及其佚文研究 … 20

　第三節　《大典》本《金陵志》及其佚文研究 …… 21

　第四節　《大典》本《金陵新志》及其佚文研究 … 37

　第五節　《大典》本《應天府志》及其佚文研究 … 43

第二章　《大典》本南京地區佚志及其佚文研究
（下） ………………………………………… 65

　第一節　《大典》本《上元志》、《上元縣志》及其
　　　　　佚文研究 ………………………………… 65

　第二節　《大典》本《江寧志》、《江寧縣志》及其
　　　　　佚文研究 ………………………………… 74

　第三節　《大典》本咸淳《溧水志》及其佚文研究
　　　　　……………………………………………… 82

　第四節　《大典》本《溧水縣志》、《溧水志》及其
　　　　　佚文研究 ………………………………… 85

　第五節　《大典》本《江浦縣志》及其佚文研究 … 88

第三章　《大典》本淮安地區佚志及佚文研究（附
《大典》本《邳州志》、《鹽城志》研究）
　　　　　……………………………………………… 91

　第一節　《大典》本淮安府佚志及其佚文研究 …… 91

　第二節　《大典》本山陽縣佚志及其佚文研究 …… 98

　第三節　《大典》本《淮陰縣志》、《清河縣志》、
　　　　　《淮安府清河縣志》及其佚文研究 ……… 105

　第四節　《大典》本《邳州志》、《鹽城縣志》及其
　　　　　佚文研究 ………………………………… 108

　第五節　《大典》本《鳳陽盱眙縣志》及其佚文
　　　　　研究 ……………………………………… 111

第四章　揚州地區《大典》本佚志及其佚文研究
（上） ………………………………………… 115

第一節 揚州建置沿革與方志編修源流⋯⋯⋯⋯⋯ 115
第二節 《大典》本《廣陵續志》及其佚文研究⋯ 117
第三節 《大典》本寶祐《惟揚志》及其佚文研究
⋯⋯⋯⋯⋯⋯⋯⋯⋯⋯⋯⋯⋯⋯⋯⋯⋯⋯⋯ 124
第四節 《大典》本《揚州志》與《揚州府志》及
其佚文研究⋯⋯⋯⋯⋯⋯⋯⋯⋯⋯⋯⋯⋯⋯ 176

下　冊

**第五章　揚州地區《大典》本佚志及其佚文研究
（下）**⋯⋯⋯⋯⋯⋯⋯⋯⋯⋯⋯⋯⋯⋯⋯⋯ 185
第一節 《大典》本紹熙《儀眞志》及其佚文研究
⋯⋯⋯⋯⋯⋯⋯⋯⋯⋯⋯⋯⋯⋯⋯⋯⋯⋯⋯ 185
第二節 《大典》本《儀眞志》與《揚州府儀徵志》
及其佚文研究⋯⋯⋯⋯⋯⋯⋯⋯⋯⋯⋯⋯⋯ 188
第三節 《大典》本《泰州志》、《寶應志》及其佚
文研究⋯⋯⋯⋯⋯⋯⋯⋯⋯⋯⋯⋯⋯⋯⋯⋯ 198
第四節 《大典》本《江都縣志》、《江都志》及其
佚文研究⋯⋯⋯⋯⋯⋯⋯⋯⋯⋯⋯⋯⋯⋯⋯ 202
第五節 《大典》本《高郵志》及其佚文研究⋯⋯ 204
第六節 《大典》本《高郵州志》及其佚文研究⋯ 207
第七節 《大典》本《海門縣志》、《興化縣志》及
其佚文研究⋯⋯⋯⋯⋯⋯⋯⋯⋯⋯⋯⋯⋯⋯ 208

第六章　鎮江地區《大典》本佚志及其佚文研究⋯ 211
第一節 鎮江建置沿革及其方志編修源流⋯⋯⋯ 211
第二節 《大典》本《鎮江志》、《鎮江府志》及其
佚文研究⋯⋯⋯⋯⋯⋯⋯⋯⋯⋯⋯⋯⋯⋯⋯ 212
第三節 《大典》本《京口續志》、《丹徒志》及其
佚文研究⋯⋯⋯⋯⋯⋯⋯⋯⋯⋯⋯⋯⋯⋯⋯ 241
第四節 《大典》本《句曲志》及其佚文研究⋯⋯ 244
第五節 《大典》本四種句容志及其佚文研究⋯⋯ 247
第六節 《大典》本《茅山續志》及其佚文研究⋯ 264

第七章　常州地區《大典》本佚志及其佚文研究⋯ 271
第一節 常州建置沿革及其方志編修源流⋯⋯⋯⋯ 271
第二節 《大典》本《大德毗陵志》及其佚文研究
⋯⋯⋯⋯⋯⋯⋯⋯⋯⋯⋯⋯⋯⋯⋯⋯⋯⋯⋯ 273

第三節　《大典》本泰定《毗陵志》、《常州府志》、
　　　　《常州志》及其佚文研究 ……………………… 275

第四節　《大典》本《毗陵志》、《毗陵續志》、
　　　　洪武《毗陵志》及其佚文研究 …………………… 278

第五節　《大典》本《溧陽志》及其佚文研究 ……… 291

第八章　無錫地區《大典》本佚志及其佚文研究 · 299

第一節　無錫建置沿革及方志編修源流（兼辯
　　　　《大典》本《無錫志》與《無錫縣志》
　　　　非佚志）………………………………………… 299

第二節　《大典》本《（江陰）舊經》及其佚文
　　　　研究 ……………………………………………… 301

第三節　《大典》本《江陰志》、《江陰毗陵志》
　　　　及其佚文研究 …………………………………… 305

第四節　《大典》本《宜興風土舊志》、《宜興舊志》
　　　　及其佚文研究 …………………………………… 313

第九章　蘇州地區《大典》本佚志及其佚文研究 · 321

第一節　蘇州府建置沿革和方志編纂源流（兼辨
　　　　《大典》本《蘇州志》非佚志）………………… 321

第二節　《大典》本《平江府志》及其佚文研究 ·· 326

第三節　《大典》本《吳縣志》、《長洲縣志》及其
　　　　佚文研究 ………………………………………… 330

主要參考文獻 ……………………………………………… 341

後　記 ……………………………………………………… 351

前　言

一、《永樂大典》的編纂、流傳和殘卷的影印出版

　　《永樂大典》初名《文獻大成》，明永樂元年（1403 年）七月，明成祖朱棣命解縉、姚廣孝、王景、鄒輯等人纂修大型類書，永樂二年（1404 年）十一月編成，成祖閱後認爲「尚多未備」，再命重修。永樂五年（1407），全書大體定稿，姚廣孝領銜進呈，朱棣閱後表示滿意，親自撰寫了《序言》，正式定名爲《永樂大典》，並聘請抄書者謄抄全書。《永樂大典》全書正文 22877 卷，目錄 60 卷，裝成 11095 冊，總字數約 3.7 億字。書中保存了我國上自先秦，下迄明初的八千餘種古書資料，宋元以前的佚文秘典，多得藉以保存流傳。據《明太宗實錄》卷二十一記載，《永樂大典》修纂之時貫徹了成祖「凡書契以來，經史子集百家之書，至於天文、地志、陰陽、醫卜、僧道，技藝之言，各輯爲一書，毋厭浩繁……」的宏大方針。將上自先秦，下迄明初的各種書籍一併輯入。其所輯錄書籍，悉照原著整部、整篇、或整段分別編入，這就更加提高了保存資料的文獻價值。且全書依洪武正韻「用韻以統字，用字以繫事」，便於尋檢。

　　《永樂大典》修成後，因卷帙過多，工費浩繁，始終沒有刻版，在永樂、嘉靖年間先後繕寫了兩部。〔註 1〕永樂正本在明末就已經下落不明。嘉靖副本先是存放在故宮東南的皇家檔案庫皇史宬，到清朝雍正年間，又移貯到天安門以南的翰林院敬一亭。因爲朝廷官吏的竊取，八國聯軍的焚掠，這些書屢遭厄運，散佚甚巨。〔註 2〕至建國時，殘本散落於國內外各地公私藏書者處。

〔註 1〕《永樂大典影印說明》，中華書局編輯部 1960 年 9 月。
〔註 2〕《海外新發現永樂大典十七卷》，上海辭書出版社 2003 年 8 月第 1 版，胡道靜序。

—1—

1960 年，中華書局就當時徵集到的 730 卷影印出版，此後二十餘年間，又繼續調查，多方聯繫，陸續徵集到 67 卷，連同殘本零頁 5 頁影印出版，前後共797 卷，均爲紅黑套印線裝本，1986 年又將前後兩次影印之線裝本合印爲十六開精裝本出版。〔註3〕近年經努力又收得美、亞、歐洲一些公私藏家收藏的《大典》殘卷十餘卷的複製件，2003 年上海辭書出版社出版了《海外新發現永樂大典十七卷》，加上原有已影印者，共有 800 多卷，上述影印本的出版，爲《大典》殘卷佚文的研究提供了可靠的依據。

二、《永樂大典》方志輯佚及其學術史回顧

　　明代嘉靖重錄副本時，時任分校官編修的張四維利用參與重錄的機會，從中輯出了《折獄龜鑒》及《名公書判清明集》二書，是現存最早的《大典》輯佚書籍。至清代，徐乾學、李紱二人提出從《永樂大典》中輯佚的建議，〔註4〕雍正時著名學者全祖望在翰林院得見《大典》，「贊其或可以補人間之缺本，或可以正後世之僞書，不可謂非宇宙之鴻寶也。」〔註5〕並裒輯出高氏《春秋義宗》等十種古籍，開四庫館輯佚之源。乾隆時，四庫館臣開始對《大典》進行有組織、有系統的輯佚，從《大典》中輯出佚書三百八十五種，可惜所輯對宋元藝文著力較多，而志乘一類幾乎摒棄。此後學者仍不斷利用《永樂大典》乃至其殘卷輯錄文獻。如 2003 年上海辭書出版社將海外新發現《永樂大典》殘卷影印出版後，即有學者利用殘卷進行輯佚、研究。自殘卷 10110「紙」字韻「別紙」項錄出了曾鞏 14 封書信，其中 13 封現存各種《曾鞏集》均未收錄（另一封《答蔡正言》在文字上亦具有校補價值），爲近 20 年來曾鞏佚文的最大發現，這些佚文很可能出自久已失傳了的《續元豐類稿》，這些材料對研究曾鞏的文章及學術、生平顯得格外珍貴。〔註6〕《大典》方志中佚文不僅有文學方面的材料如詩文，還有地理、人物、科舉、建築、醫藥等方面的內容，可供我們進行多角度的研究。下面著重概述一下清代以來學者利用《永樂大典》乃至其殘卷輯錄方志文獻的概況。

〔註3〕《永樂大典》，中華書局 1986 年 6 月第 1 版。

〔註4〕史廣超：《永樂大典》輯佚研究，復旦大學歷史系 2006 年 4 月。

〔註5〕（清）全祖望：《鮚埼亭集外編》卷十七《抄永樂大典記》，乾隆四十一年刻本。

〔註6〕金程宇：新發現《永樂大典》殘卷中的曾鞏佚文，《學術月刊》2004 年 9 月，第 82～88 頁。

　　方志之學是中國原創的一種學科，起源於古地志，發展爲地記、方記、圖經，至宋代才確立了方志的完善體裁。方志品類繁多，卷帙浩繁，存於今者約爲現存全部典籍的十分之一。方志文獻，保留了不同時代、不同地區的大量珍貴資料，內容涉及史地、人物、學術、宗教、技藝、物產乃至奇聞佚事等諸多方面，其中多有爲正史或他書所未載者，頗具參考價值。因而，歷來爲治學者所重視，章學誠稱之爲「一方全史」。

　　利用《永樂大典》輯錄古方志雖始於清代，但其時並未受到重視，因而輯佚也不系統，所輯方志僅零星數種。全祖望曾輯出永樂《寧波府志》一種，或與其鍾愛鄉邦文獻有關。乾隆中修纂《四庫全書》時，輯出嘉泰《吳興志》、淳祐《臨安志》、嘉定《維陽志》、嘉定《鎮江志》、至順《鎮江志》五種，但並未收入《四庫全書》。其後徐松又輯得《元河南志》，晚清文廷式、繆荃孫亦輯有《壽昌乘》、永樂《順天府志》、《瀘州圖經志》等。清前期《大典》尚存，但對利用《大典》輯佚方志未能重視，尤其在修《四庫全書》之時，《大典》尚爲齊全，如果認眞輯佚，至少可輯得志乘一千餘種，可惜有清一代只輯出十種，其中嘉定《維陽志》，永樂《寧波府志》輯出後又佚，今天實存僅八種而已。〔註7〕在此之後，對《永樂大典》中的個別方志進行輯佚的有二十世紀三十年代趙萬里輯出《元一統志》。

　　最早對《大典》殘卷方志進行系統輯佚的是著名的古方志學家張國淦先生。張先生生於 1876 年，卒於 1959 年，字乾若、仲嘉，一號石公，湖北蒲圻縣城關人，北洋政府官員、學者，是中國近代史上一位很有聲譽的政治家與考據學家。1926 年國民革命軍北伐時，他去職居天津，不久又遷居上海，潛心史地調查。建國後，初爲上海文史館館員，1953 年赴京任中國科學院近代史研究所研究員。1954 年任北京市政協委員，次年任全國政協委員，1959 年去世。〔註8〕

　　張先生現存最重要的方志學輯佚專著是《永樂大典方志輯本》（本文簡稱張氏《輯本》），完成於二十世紀三十年代，當時張先生所見《大典》僅有 660 餘卷。五十年代初，張先生又據國內公私藏書家捐贈及其原蘇聯、民主德國歸還北京圖書館的《永樂大典》零本，又輯錄成《永樂大典方志輯本補》十三

〔註7〕馬蓉、陳抗等：《永樂大典方志輯佚》前言，中華書局 2004 年 4 月第 1 版。

〔註8〕杜春和整理：《張國淦先生傳略》，《張國淦文集》，2003 年 3 月第 1 版， 第611～673 頁。

冊。這些資料後來由其親屬捐贈上海圖書館，上海圖書館館長陳秉仁先生將此資料影印，由杜春和先生整理，並對其中的小部分遺缺，依 1986 年中華書局影印本一併輯補，2006 年北京燕山出版社出版了張先生的《永樂大典方志輯本》收入《張國淦文集四編》。〔註 9〕

馬蓉、陳抗等學者《永樂大典方志輯佚》（本文簡稱馬氏《輯佚》）一書，2004年由中華書局出版，共輯出方志九百種，即總志七種，方志八百九十三種。其中，江蘇省方志六十八種。〔註 10〕《永樂大典方志輯佚》一書成書較晚，所見到的《永樂大典》殘卷較張先生大概多出一百多卷，輯錄者利用中華書局 1986 年影印的《永樂大典》殘卷，同時又得見某些海外典藏，因此內容比較齊全，有些內容爲張先生《輯本》所未收。並且《輯佚》對輯錄的佚文按照類目加以歸類劃分，《永樂大典》原有類目仍然沿用，類目佚失的，則依據宋、元、明初方志置目慣例，重新設置了類目，便於閱讀，所以本文研究《大典》本江蘇方志佚文，據馬氏《輯佚》所輯佚志爲研究對象。

馬氏《輯佚》所收江蘇佚志，按明代的行政區劃來分，包括應天府及屬縣，淮安府及屬縣、揚州府及屬縣、常州府及屬縣、蘇州府及屬縣、鎮江府及屬縣幾個地區的方志。其中，應天府地區方志二十三部，包括府志八部，縣志十五部；淮安府地區方志九部，包括府志兩部，州縣志七部；揚州府地區方志十五部，其中府志四部，州縣志十一部。常州府地區方志十二部，府志六部，縣志六部。蘇州地區方志四部，府志兩部，縣志兩部。鎮江府地區方志方志四部，府志三部，縣志二部。在《輯佚》所輯出的這些方志中，多爲宋元古志，爲現存的方志論著所未收，有的在明清時就已佚失，如寶祐《惟揚志》、《金陵志》等，具有珍貴的文獻價值。馬氏《輯佚》是按江蘇現行行政區劃，對《大典》本佚志進行輯錄，這些地區是南京、徐州、淮陰（現爲淮安市），鹽城、揚州、鎮江、常州、無錫和蘇州，本文將按馬氏《輯佚》所採用的區劃，分地區對這些佚志及其中的佚文進行逐一的研究和考證。由於《永樂大典》爲明代類書，其收錄方志均在明永樂六年以前，在敘述各地建置沿革時，仍主要採用《明一統志》兼及宋元明正史《地理志》。

〔註 9〕《永樂大典方志輯本》前言，《張國淦文集四編》，北京燕山出版社 2006 年 5 月第 1 版，第 5 頁。

〔註 10〕馬蓉、陳抗等：《永樂大典方志輯佚》前言，中華書局 2004 年 4 月第 1 版。

　　張先生的《永樂大典方志輯本》與馬蓉等五位先生點校的《永樂大典方志輯佚》，屬於同一內容的輯佚文獻。但是稍加研究可以發現，二者並不雷同。簡而言之，二者間最大的區別在於《輯佚》僅輯錄、點校、編排《永樂大典》中所徵引的方志佚文。而張先生的《輯本》則是輯佚、考訂並重，除了輯錄、編排方志佚文外，還以「案語」的形式對所輯錄的每種方志的編纂情況進行了考證，按照不同的年代和省份予以歸類劃分。相比較而言，《輯本》更有深度，學術性更強，對於方志學研究更具參考價值。本文關於《大典》本江蘇佚志編纂情況的探討，多在張先生「按語」的基礎上，再作進一步的研究。〔註11〕

　　實際上，燕山出版社出版的《永樂大典方志輯本》已由整理者杜春和先生對張先生的小部分遺缺進行了輯補。杜先生此舉無可厚非，但從另一個角度講，未經輯補的張氏《輯本》，是張先生的原著，如果能夠按原貌出版，或許別具學術價值。

　　在這裡，還有必要介紹一下張國淦先生的另外兩部方志學專著《中國方志考》和《中國古方志考》，這兩部書所收錄的各地方志比較全面，且有較為精審的考據，對於瞭解各地的方志編纂源流、方志存佚狀況及纂修人信息等具有重要的參考價值。《中國方志考》亦作於上世紀三十年代，內容包括上起秦漢下至民國方志的考證。全書約有四百餘萬字，由於未能及時出版，在文革浩劫中大部分遺失。2004 年杜春和先生將保存於中國社科院近代史研究所圖書館中的四川、山西兩省的方志考手稿和上世紀三十年刊載於《禹貢半月刊》的江蘇省舊江寧、鎮江、蘇州三府方志考整理出版，收編於《張國淦文集三編》中。《中國方志考》中的江蘇省舊三府方志考對本文的寫作頗具參考價值。上世紀五十年代中期，蓋因張先生已經意識到他的《中國方志考》和《永樂大典方志輯本》兩部著作暫時難以出版，於是他綜合上述兩部書稿中秦漢至宋元部分，刪繁取要，撰成《中國古方志考》一書，1962 年由中華書局出版，成為研究明代以前古方志的重要參考文獻。

　　另外，1993 年江蘇古籍出版社的徐復、季文通先生主編的《江蘇舊方志提要》，資料豐富，存佚兼考，亦是研究江蘇舊方志不可或缺的參考書。

〔註11〕陳秉仁：《永樂大典方志輯本》序，《張國淦文集四編》，北京燕山出版社2006年 5 月第 1 版，第 1～10 頁。

到目前爲止，關於《永樂大典》本方志及其佚文研究的單篇論文主要有：

（1）《永樂大典》杭州方志輯錄考（黃燕生，浙江方志 1989 年第 2 期）

（2）《永樂大典》湖州方志輯考（黃燕生，浙江方志 1990 年第 5 期）

（3）《永樂大典》紹興方志輯考（黃燕生，浙江方志 1991 年第 6 期）

（4）《永樂大典》順天府拾遺（黃燕生，《文獻》1996 年第 1 期）

（5）《永樂大典》徵引方志考述（黃燕生，中國歷史文物 2002 年第 3 期）

（6）《永樂大典》地方志存目校訂一則（廖盛春，廣西地方志 1994 年第 6 期）

（7）《永樂大典》本《新安志》佚文訂誤七條（蒲霞，東南文化 2006 年第 1 期）

（8）《永樂大典》所收《新安志》佚文訂誤二則（蒲霞，中國地方志 2006 年第 3 期）

（9）《永樂大典》所輯《新安志》研究（蒲霞，史學月刊 2006 第 6 期）

（10）《大典》本《徽州府志》的編修時間和佚文訂誤（蒲霞，福建廣播電視大學學報 2007 年第 3 期）

（11）《永樂大典》皖志佚文研究（蒲霞，博士學位論文，2007 年）

（12）《永樂大典》本《徽州府新安志》編修時間考（蒲霞，中國地方志 2009 年第 3 期）

（13）《江蘇省通志稿》唐代進士考補（許友根，江蘇地方志 2006 年第 6 期）

（14）《永樂〈常州府志〉考》（葉舟，中國地方志 2007 年第 8 期）

（15）《永樂大典》輯存江蘇古方志考錄（上、下）（黃靜、江蘇地方志 2009 年第 1、2 期）

就文獻學角度而言，上述論文對於《永樂大典》方志佚文的研究主要包括：發掘佚文對古代如宋元明清方志的校勘和輯補價值，利用《大典》佚文結合現存方志研究佚志的版本情況，利用現存方志及其他文獻訂正《大典》方志佚文或傳世文獻的訛誤，以及發掘古代方志的佚文的史料價值。

《大典》本方志基本上都沒有著錄各方志的版本信息，因此確定《大典》本方志的編修人和編纂時間，成爲研究《大典》方志的重要課題之一。例如，蒲霞在其「《永樂大典》所輯《新安志》研究」一文著重探討了《大典》本《新安志》的編修時間和編修者，又因而涉及新安志的編修源流問題，這種研究方法對本文的撰寫有一定的借鑒意義。

在對《大典》本方志進行研究時，比較的方法是研究佚文的重要方法，通過佚文與其他相關文獻的比較，不僅可以考訂文字上的出入，還可以發現佚文對現存文獻的輯補價值。此外，歸納總結的方法也被運用於《大典》本方志的研究。這種方法的運用目的在於找出《大典》徵引方志的規律和特點。黃燕生先生在輯考《大典》本方志時，研究《大典》徵錄方志的規律，並加以歸納和總結，爲《大典》方志的研究提供了很好的參考。其中很重要的一

條即「對於徵錄的方志內容，《大典》編纂者並非一字不改地照錄原文，時常出現刪改。」並舉了下面幾個例子：《大典》卷 7889 引唐《十道志》：「唐開元二十六年，分置汀州」，「唐」字顯係編纂者所加。《大典》卷2262「東湖」條引宋《赤城志》：「東湖在台州府崇和門外三十步」，「台州府」顯然是明代地名，原文無此三字，編者可能為避免閱者與別處同名者混淆而加。又，《大典》卷 13074「石室洞」條引《臨安志》：「石室洞在浙江杭州府餘杭縣大滌山中峰之前」，作者對照原書，無「浙江杭州府餘杭縣」〔註 12〕，「杭州府」是明代建置，也是後來加入的。黃先生又指出，這種現象在《大典》徵引的古代文獻中並不少見。這就提醒我們，地名反映的時代性不是確定《大典》本志書編修的唯一標準，還應參考其他條件。當然，我們也不能因此就完全否定地名在考證志書編修時代中的重要性，搞得草木皆兵。總之，應當辯證地處理和運用《大典》本方志中的地名因素。

　　當前研究《大典》本江蘇地區古方志的文章，內容涉及到方志的修纂體例、背景，文字校勘、寫作手法、版本情況等各個方面，於古文獻學、古方志學均有可貴的價值。就目前檢索到的情況來看，這些文章雖涉及到江蘇南京、揚州、蘇州、常州、鎮江等各個地區，但主要是針對現存完整方志進行的研究，很少研究《大典》本方志及其佚文。雖然目前，研究《永樂大典》本方志佚文的文章，所研究的地區主要在安徽、浙江、廣西等地，只有少數涉及江蘇方志。但這些文章對於研究江蘇古代方志的思路與方法還是可供借鑒的。

　　如黃燕生《〈永樂大典〉徵引方志考述》一文利用《大典》本方志佚文，對現存本《咸淳毗陵志》進行校勘。《咸淳毗陵志》30 卷，是南宋末常州方志，傳世宋刻本（存卷 7 至 19，24）原為清人陸心源藏，現藏日本靜嘉堂文庫；明初刻本存卷（1 至 10，21 至 30，另配清抄本卷 11 至 19）藏國家圖書館。通行本為清嘉慶二十五年（1820）趙懷玉刻李兆洛校本。刻本有多處訛漏，現存《大典》載有該志佚文 20 條，可用以校補。通行本述諸縣山嶺，宜興「筱嶺」下為「□嶺」，文曰：「在縣東南十里」，《大典》「筱嶺」後是「銀樹嶺」，由此可校出通行本脫「銀樹」二字。又，「垂腳嶺、啄木嶺」在通行本中作兩條，然文字極簡略，《大典》卷 11980 所載則比較詳盡。

〔註12〕黃燕生：《〈永樂大典〉徵引方志考述》，《中國歷史文物》2002 年第 3 期，第74～82 頁。

葉舟的《永樂〈常州府志〉考》一文利用《大典》本方志中「山川」類下的「靈巖」條與「白雲巖」條佚文來考證永樂《常州府志》與《毗陵志》、《泰定毗陵志》、《毗陵續志》諸志書之間的關係。《〈江蘇省通志稿〉唐代進士考補》一文利用《大典》所輯之《蘇州府志》，考補《江蘇省通志稿》中失載進士「崔珞」與「歸仁紹」兩人，發掘了《大典》佚文的史料價值，等等。

這些文章所研究《大典》本江蘇方志佚文不過數條而已，且僅及常州與蘇州地區。2009 年初黃靜發表的《永樂大典輯存江蘇古方志考錄》一文，以馬氏《輯佚》爲底本，考證志書的編纂時代，大多與張氏《輯本》的結論相同，並在此基礎上，按朝代進行了分類羅列，不以考釋志書佚文爲宗旨，然其中亦有新意，可資參考。

總的來看以往學界關於《永樂大典》本江蘇佚志及其佚文的研究，張國淦先生以「按語」的形式，對諸志書編纂時代的研究成績最突出，雖然大多正確或基本正確，但由於「按語」比較簡短，證據列舉不足，有的志書編纂時代判斷失之寬泛，也有少量判斷錯誤。而由於客觀條件限制，張先生未能輯出的志書，其編纂時代則需要作進一步的探索。至於《大典》本江蘇佚志中佚文的研究則基本上是一片尚未開墾的園地，故本人以「《永樂大典》本江蘇佚志研究」作爲博士學位論文的選題。

三、研究《永樂大典》本江蘇佚志及其佚文的意義

就古代方志而言，江蘇歷來被稱爲「方志之鄉」，方志修纂十分發達。早在兩漢、三國時期，今江蘇地區就有《越絕書》、《三吳郡國志》等志書傳世。明清時期，江蘇方志事業臻於頂峰。江蘇歷代所編修的各種志書超過一千種，存世的有八百餘種，約占全國現存志書的十分之一以上。內容豐富，門類齊全。不少文史大家都熱衷於方志事業，如南宋大詩人范成大，明清學術大師顧炎武，大詩人袁枚，近代實業家張謇等。傑出人物的參與，提升了江蘇方志的品味，湧現出南宋范成大的《吳郡志》、周應合的景定《建康志》等一批名志。清《四庫全書》收錄的志書中，江蘇的優秀志書占全國的四分之一。《中國地方志聯合目錄》所收錄的現存江蘇地區方志共有四百餘種，以清代方志居多，兼有一些宋元古志。

《永樂大典》殘卷中的江蘇方志涉及到南京、上元、江寧、溧水、溧陽、江浦、邳州、山陽、淮安、淮陰、清河、盱眙、鹽城、揚州、儀徵、泰州、

高郵、興化、海門、鎮江、句曲、句容、常州、江陰、無錫、蘇州、吳縣、宜興、長洲等三十多個市縣，共收錄的方志則有六十八種（包括同書異名者），如果能夠對這六十八部方志進行分析研究，確定其編修時間和作者，考證源流，解析佚文內容，訂正訛誤，不僅對《永樂大典》這部類書是一個更深層次的研究和認識。同時，對於江蘇古代方志的研究和整理也有一定的參考價值。《永樂大典》中所收方志皆爲明代永樂六年以前編修，大多已經亡佚。但由於方志的編修存在著一定的承繼性。一部方志中關於本地歷史、地理基本情況的記載，一般取自正史、總志，旁及前代志書及當時尚在流傳的雜史、文集、筆記。前志寫定，很多內容爲後志沿用，往往一處志書雖經多次修纂，實則內容只有兩三種體系。鑒於這一特點，在研究《大典》本方志的過程中，我們可以利用江蘇省有關地區的現存方志作爲參考，考察《大典》本方志有關的方志的淵源脈絡及其佚文價值等。

　　將散存在《大典》中的江蘇古代方志佚文發掘整理出來，對研究該區的史地、經濟、文化等，均有重要的參考價值。對江蘇地區新方志的纂修，地方史的研究亦可提供一些難得的史料，《大典》本佚志中載有許多立德、立功、立言之歷史人物，其嘉言益行，或軼聞逸事，可以補充正史或後志的記載，具有珍貴的文獻價值。

　　由於《大典》中所收方志均爲永樂六年以前修纂，其中許多佚志的佚文很少，有的僅有一條或數條，線索不足無疑爲研究該方志增加了難度。對於一時難以形成定論的，本文或做出推論，或姑且存疑。

四、本文的研究對象和思路

　　1、本文的研究對象是《大典》本江蘇佚志及其佚文。不但清代學者自《永樂大典》中輯出的今仍傳世的《嘉定鎮江志》、《至順鎮江志》等整部志書不屬於本文的研究範圍，且由於馬氏《輯佚》所輯錄傳世方志，其編纂時代和作者信息詳細豐贍，已無須深入探討，本文對這類《大典》本志書的研究，一般只限於論證其應爲傳世的某種志書。而僅對佚文有可以校勘傳世本志文者，或有可補充傳世本在流傳中的遺闕，或有特殊史料價值者略加考釋。

　　2、扼要理清《大典》本方志涉及地區的行政建置沿革和方志編修源流。瞭解各地區方志的編修源流非常必要，每一部方志的修纂都並不是孤立的，同一地區的各部方志之間有著很密切的關聯。瞭解修志源流，有助於我們更

恰當地考證《大典》本佚志的編纂情況。在此基礎上，結合現存方志的有關記載，考證《大典》本佚志的修纂人，編修時間，編修背景，無法確定的則存疑處之。由於《大典》本方志皆不著錄修纂人，及修纂時間，因此確定《大典》本佚志的修纂人及修纂時間是本文的重點之一。

3、研究方志編修者的生平、學術背景、修志思想等。

這方面內容的研究也是本文的重點，瞭解佚志編修者的學術背景，與修志思想實際上是從學術史的角度來研究大典收錄的方志。方志的編修者一般都需要有深厚的學術根底，方堪此任。因此，對方志編修者及其思想、生平進行研究，是有其學術史價值的。

4、研究並理清《大典》本江蘇佚志的同書異名現象。

由於《大典》編撰時「徵引書名，殊不一致，究為一書或他書，已難尋考，今輯佚時悉遵《大典》所錄書名，一般並不強為合併」。〔註13〕這就使得《大典》方志輯佚中的方志存在著同書異名的現象。這是由於大典編撰時，錄入方志對原文有所改動。本文在張氏《輯本》的基礎上對這種現象將進一步考釋，並確定其正式的書名。

5、對《大典》中方志的佚文進行考釋研究。在瞭解佚文內容的同時，考察其是否有補闕其他文獻的作用，發掘佚文在校勘、輯佚及其他方面的文獻價值。

如《大典》中《金陵新志》「山川」下「三城湖」，「陽劉湖」，「張陣湖」等條佚文為《四庫全書》本《至正金陵新志》所不載，可以補該志之闕失，有其地理學上的價值。《大典》本方志中，這種情況尚有不少，值得我們進一步發掘研究。

五、本文的研究方法和基本程序

1、關於《大典》本方志編纂情況的研究，本文通過檢索政區建置沿革，查找志書書名和佚文中涉及的年號、地名、人物、事件諸要素，探尋《大典》佚志蹤迹。運用目錄學和版本學的基本知識和方法，通過查閱有關的目錄書籍和其他相關書籍，其中包括研究現存方志的序跋來瞭解有關地區的《大典》本方志的編修線索。在借鑒前人研究成果的基礎上，力求考出《大典》本編纂的時代和作者。

〔註13〕馬蓉、陳抗等：《永樂大典方志輯佚》前言，中華書局 2004 年 4 月第 1 版。

　　2、運用史源學和考據校勘的方法研究《大典》本方志佚文。既重視追尋佚文中涉及的人物、事件的原始記錄，又注意查找後代志書或其他文獻的有關記載，比較異同，校勘訛誤。

　　3、本文是以《永樂大典》中收錄的江蘇古代佚志爲研究對象，大體是按《明史‧地理志》中江蘇省的行政建置，以地區爲單位對《永樂大典方志輯佚》中的方志進行研究。主要研究內容包括修志源流、編修時間或編修者、修志理論、佚文價值、佚文校勘、徵引文獻考釋等方面，因而研究各部方志研究的結構模式大體一致，分爲編纂情況和佚文考釋兩大部分，但由於每部方志佚文的內容多寡不同、種類不同，有的地理類內容較多，有的人物類內容較多，還有的詩文較多等等。這樣，在研究這些方志佚文的時候可能在文章結構上會有所不同。

　　4、本文對《大典》方志佚文的研究，基本上是逐條完整地錄入，然後進行考釋。張國淦的《永樂大典方志輯本》與馬蓉等的《永樂大典方志輯佚》佚文標注出處的格式略有不同。舉《寶祐惟揚志》佚文一條如下：

　　常平省倉，舊名南倉，在今登賢坊之南。乾道四年，帥守莫公濛建。淳熙十五年，帥守鄭公興裔修，並建門屋三楹。歲久頹圮。紹定間，制使翟公朝宗葺而新之，又創屋四十楹。〔註14〕

　　張氏《輯本》著錄出處爲〖卷七千五百零七　十八陽〗，而馬氏《輯佚》著錄出處爲〖冊七九卷七五〇七頁十九〗。《輯本》注出了卷目，未標註冊目和頁目，但注出了韻目。《輯佚》中佚文冊目卷目頁目均標注，但未注韻目。《永樂大典》是「用韻以統字，用字以繫事」，因此在輯錄的佚文後，列出韻目，是符合《大典》的編纂特點的。《輯佚》對佚文的標注具體到頁，亦比較符合現今通行的注釋規則。因此，本文標注《大典》佚文出處時，綜合上述二者，將上述佚文出處標注爲：〖冊七九卷七五〇七頁十九　十八陽〗。由於本文以《永樂大典方志輯佚》中收錄的方志佚文爲研究對象，除按上述方法，標出佚文在《永樂大典》中的出處外，還在後面注出該條佚文在馬氏《輯佚》一書中的頁碼。因此，此條佚文在本文中出處標注爲：〖冊七九卷七五〇七頁十九十八陽〗（《輯佚》四八八頁）。

〔註14〕馬蓉、陳抗等：《永樂大典方志輯佚》，中華書局2004年4月第1版，第四八八頁。

六、收穫和體會

本文的學術收穫主要有以下幾個方面：一是在借鑒前人研究成果的基礎上，對現已失傳的《大典》本江蘇方志的編纂時代、修纂人、及有關版本情況進行考證，重點在於確定或大體確定了佚志的編纂時間。

張國淦先生是知名的古方志學家和考據學家，其《輯本》對所輯志書編纂情況皆有所考證。凡張先生已有考證者，皆據相關資料覆核或補證。由於客觀原因限制，張氏《輯本》沒有輯錄的方志尚有：《金陵志》、《金陵府志》、《咸淳溧水志》、《溧水縣志》、《溧水志》（《溧水縣志》、《溧水志》實爲一志）、《江浦縣志》、《鹽城志》、《淮陰縣志》、《淮安府清河縣志》、《清河縣志》（《淮安府清河縣志》、《清河縣志》實爲一志）《江都志》、《江都縣志》、《泰州志》、《興化縣志》、《（江陰）舊經》、《宜興舊志》、《平江府志》、《吳縣志》，本文對這 16 種方志亦勉力探討，確定其編修時代，如《大典》本《金陵志》，張先生在其《中國古方志考》中收錄了這部方志，但張氏《輯本》未輯。本文據現存至正《金陵新志・學校志》「路學」中收錄之楊演所撰記：「大德庚子秋八月，廟宇火，惟尊經閣僅存，其經籍脫灰燼之厄，斯文未喪，天實相之。……廟之興廢始末，備載《金陵志》中，茲不復書，大德乙巳良月朔記。」〔註 15〕可知《金陵志》應撰於金陵路學廟宇火災之後和楊演撰記之前，即應撰於大德庚子（1300）至大德乙巳（1305）五年之間，從而基本確定了這部方志的編修時間。本文對這 16 種方志中，佚文線索較少的，也盡量提出大致的意見。

二是在佚文的研究方面，通過佚文和現存文獻的比對校勘，訂正了佚文或現存文獻中的訛誤。運用史源學和考據學的方法對佚文進行逐條考釋，發掘其中價值。詳見正文，不再一一舉例。

三是輯佚詩文。在研究《大典》方志佚文的過程中，筆者注意對現存總集或別集未收詩文的輯佚。如《大典》本《金陵新志》中有南宋文學家崔敦禮的一篇《除吏部架閣謝左揆啓》，經考察發現爲其現存文集《宮教集》的一篇佚文，崔敦禮《宮教集》原爲二十卷，但其本久佚。四庫館臣從《永樂大典》中採掇編次，釐爲十二卷，已非原書卷數，且沒有此篇《除吏部架閣謝左揆啓》，當屬四庫本的漏輯。今傳世本《金陵新志》亦無此篇，由此可見《大典》殘卷仍有重要輯佚價值。又《大典》本《應天府志》中有元代翰林編修、

〔註15〕 （元）張鉉纂：至正《金陵新志》卷九，《中國方志叢書》據元至正四年刊本影印，臺北成文出版社 1983 年 3 月臺一版。

禮部尚書危素的一篇《虛白齋記》，經考證當爲其現存文集（很有可能是《說學齋稿》）的一篇佚文。《大典》本江蘇方志中還保留了一些佚詩，如《應天府志》中宋末詩人梁棟一首有關煉丹術的詩，爲其現存詩集以及《全宋詩》所未收錄，《茅山續志》中元代學士張翥的一首詩，爲其現存文集《蛻庵詩集》所未收錄。如此等等，不再一一例舉。這些從《大典》佚志中發現的佚詩和佚文，對於輯補現存的總集或別集，有著珍貴的文獻價值。

　　本文的一個學術宗旨在於通過對《大典》本江蘇古代方志及其佚文的系統研究考釋，得以略窺或掌握歷史文獻研究的門徑和方法，並進而步入歷史文獻學的殿堂。由於時間的原因，加之學力淺薄，對於《大典》本江蘇佚志的研究只能說是小有收穫，在這個領域還有不少有待深化的空間。本文必然還有不少不足之處，還望各位先生不吝指正。

第一章　南京地區《大典》本佚志及其佚文研究（上）

第一節　宋元明南京地區府、路建置沿革及其方志編修源流

　　南宋名志景定《建康志》的主修人馬光祖在志序中曰：「昔忠定李公嘗言天下形勝，關中爲上，建康次之。自楚秦以來，皆言王氣所在。句踐城之，六朝都。隋唐而後，爲州，爲府、爲節鎮、爲行臺、五季僭僞睍消，實開吾宋混一之基，南渡中興，此爲根本。」〔註1〕元張鉉至正《金陵新志》之《修志本末》中曰：「金陵在《禹貢》爲揚州，歷代爲國爲州爲府，典章文物，宜可考徵。」〔註2〕因而方志修纂十分發達。對宋元建康府（路）、集慶路（即今南京）方志進行研究，須先知其建置沿革。

　　據《明一統志》記載：「禹貢揚州之域，天文斗分野。春秋屬吳，戰國屬越，後屬楚。楚威王初置金陵邑，因其地有王氣，埋金以鎮之，故名。秦始皇以金陵有都邑之氣，改曰秣陵。屬鄣郡。漢改鄣郡爲丹陽郡，武帝後揚州刺史治此。（按，此句不確）吳自京口徙都於此，改爲建業，晉平吳改建業爲秣陵，尋分秣陵北爲建業，改業爲鄴。建興初改爲建康，東晉元帝復都此，置

〔註1〕（宋）馬光祖修，周應合纂：景定《建康志》卷首，《中國方志叢書》據清嘉慶六年刊本影印，臺北成文出版社1983年3月臺一版。

〔註2〕（元）張鉉纂：至正《金陵新志》卷首，《中國方志叢書》據元至正四年刊本影印，臺北成文出版社1983年3月臺一版。

丹陽郡。宋齊梁陳因之，隋平陳，廢郡，更於石頭城置蔣州。唐武德初置揚州，後復爲蔣州，又爲揚州大都督府，尋罷。至德初，置江寧郡，乾元初，改爲昇州，後廢復置。五代時，吳楊氏建大都督府，尋改爲金陵府，又改爲江寧府，南唐李氏都之，宋復爲昇州，仁宗升爲江寧府建康軍節度，高宗改爲建康府，建行都，置行宮留守。元至元中改爲建康路，元貞初，立江南諸道行御史臺，天曆初，改爲集慶路，本朝丙申年改爲應天府領縣八：上元縣、江寧縣、句容縣、溧陽縣、溧水縣、江浦縣、六合縣、高淳縣。」〔註3〕

宋代南京屬於江南東路，《宋史‧地理四》載：「江寧府，上，開寶八年，平江南，復爲升州節度。天禧二年，升爲建康軍節度。舊領江南東路兵馬鈐轄。建炎元年，爲帥府。三年，復爲建康府，統太平、宣、徽、廣德。五月，高宗即府治建行宮。紹興八年，置主管行宮留守司公事；三十一年，爲行宮留守。乾道三年，兼沿江軍，尋省。」〔註4〕南渡前爲升州，建康軍，南渡後爲建康府。《元史‧地理五》載：「集慶路，上。唐武德初，置揚州東南道行臺尚書省。後復爲蔣州，罷行臺，移揚州江都，改金陵曰白下，以其地隸潤州。貞觀中，更白下曰江寧。至德中，置江寧郡。乾元中，改升州。其後楊氏有其地，改爲金陵府。南唐李氏又改爲江寧府。宋平南唐，復爲升州。仁宗以升王建國，升建康軍。高宗改建康府，建行都，又爲沿江制置司治所。元至元十二年歸附。十四年，升建康路。初立行御史臺於揚州，既而徙杭州，又徙江州，又還杭州；二十三年，自杭州徙治建康。天曆二年，以文宗潛邸，改建康路爲集慶路。」〔註5〕元初爲建康路，天曆二年改爲集慶路。

由建置沿革可知其地名稱在唐代以前或曰丹陽、或曰秣陵；宋曰升州、建康；元曰建康路、集慶路，而其沿舊稱者曰金陵（地理書一類，多以金陵名）；明曰應天府；至清代則曰江寧府，志書名稱與其建置沿革基本相應。

現存記載最早的方志爲劉宋山謙之《丹陽記》，劉宋至清代幾乎歷代均有志書編纂，其中宋代以前志書大都已經佚失，宋及以後方志或存或佚，其中不乏體例內容俱佳的良志。

元代張鉉至正《金陵新志》卷首《修志本末》曰：「金陵圖志存者，惟唐

〔註3〕（明）李賢等：《明一統志》卷六，文淵閣《欽定四庫全書》本。
〔註4〕《宋史》卷八十八，中華書局 1977 年 11 月第 1 版。
〔註5〕《元史》卷六十二，中華書局 1976 年 4 月第 1 版。

許嵩《建康實錄》，宋史正志乾道志，吳琚慶元志，周應合景定志，而刻板已亡所見卷帙，類多缺訛。惟景定志五十卷，用史例編纂，事類粲然，今志用爲準式，參以諸誌異同之論，間附所聞，折衷其後。至於事文重泛，非關義例，本志既已刊行，不復詳載。」〔註6〕清嘉慶《新修江寧府志・藝文中》載南京地區歷代志書如下：

「宋山謙之《丹陽記》徐堅《初學記》引，今佚。按謙之宋文帝時奉朝請□於孝武建武間，見沈約《宋書》自序。

梁元帝《丹陽尹傳》十卷見《隋書志》，今佚。

樊文深《秫陵記》二卷分吳會丹陽三郡記三卷見《唐書志》，今佚。（按：張國淦《中國古方志考》中案曰：《秫陵記》二卷，《嘉慶江寧府志》作樊文深撰，誤）

陶季直《京都記》《文選注》及《建康實錄》引，今佚。

無名氏《江乘記》景定《建康志》引，今佚。

唐許嵩《建康實錄》二十卷今存，按許嵩爵里未詳書，作於至德中，去六朝尚近，而引據亦頗詳，此方地志之最著者也

王豹《金陵樞要》一卷見《宋史・志》，今佚。

無名氏《金陵六朝記》一卷見《宋史・志》，今佚。

無名氏《金陵圖》目見舊志書，佚。

無名氏《建康記》目見舊志書，佚。

無名氏《江寧圖經》目見舊志書，佚。

黃元之《金陵地記》六卷按此書《崇文總目》卷二《地理類》作黃元之著，《國史經籍志》亦同，而宋志獨作元廣之，字必有誤，茲從總目，書佚。

史正志《乾道建康志》見《宋史志》，今佚。

吳琚《慶元建康志》目見舊志，今佚。按《輿地碑目》誤作朱□□，蓋傳寫之訛，即此書也。

周應合景定《建康志》十五卷，今存。

朱舜庸《建康續志》十卷，目見《江南通志》，書佚。

張鉉《至正金陵新志》十五卷，今存（按：此志爲元至正四年編纂，《四庫全書》本中亦錄作《至大金陵新志》，均誤。）

戚光《集慶路續志》按光即集慶人，元天曆二年，南臺御史。趙世延命光輯爲此書，目見上元倪燦所著《補元史藝文志》，今佚。

〔註6〕《四庫全書總目》卷六十八，文淵閣《欽定四庫全書》本。

王一化萬曆《應天府志》三十二卷按一化爲郡教授，輯是書郡守，郡守程嗣功董成之……」〔註7〕

《嘉慶志》所記應天府志書目錄，雖然不少，但亦不完備，對明代應天府方志的著錄尚有欠缺。且有的前後順序顛倒，如戚光《集慶路續志》撰於張鉉至正《金陵新志》之前，志目中卻列於張《志》之後。相比較而言，張國淦先生的《中國方志考》所記載志書書目，可補《嘉慶志》記載之不足。明代應天府及其以前的志書有二十四部，從中亦可瞭解應天府志書之源流，其目如下：

「《丹陽記》宋山謙之纂，佚，金谿王氏《漢魏遺書鈔》輯本。

《秣陵記》二卷《唐書·藝文志》二，佚。

《丹陽郡圖經》《昭明文選》二十，又二十二《注》引，佚。

《金陵圖經》《太平御覽·經史綱目》，又《太平寰宇記》九十，江南東道，昇州引，佚。

《江寧圖經》《太平御覽·經史綱目》，佚。

《建康圖經》《太平寰宇記》九十，江南東道，昇州引，佚。

《□□舊圖經》《輿地紀勝》十七，江南東路，建康府引，佚。

《□□圖經》宋大中祥符□年，《金陵新志·新舊志引用古今書目》，佚。

《金陵記》《太平寰宇記》九十，江南東道，昇州引，佚。

《金陵記》宋沈立纂，《宋史·藝文志》二，佚。

《金陵地記》六卷宋黃元之纂，《宋史·藝文志》二，佚。

《江左記》三卷宋張參纂，《宋史·藝文志》二，佚。

《建康記》嘉慶《府志》五十五，佚。

《建康志》十卷宋乾道五年，知建康府史正志修，佚。

《建康續志》十卷慶元六年，知建康府吳琚修，佚。

《建康志》五十卷景定二年，知建康府馬光祖修，幹官周應合纂，清嘉慶六年仿宋景定刊本。

《集慶路續志》□卷元天曆二年，南臺御史趙世延修，郡戚光纂，佚。

《金陵新志》十五卷至正元年，奉天錄學古書院山長張鉉纂。《四庫》著錄，國學圖書館至正六年刊本。金陵圖書館存卷一至十三；北平圖書館存卷一、二、四、六、十一、十三下、十四、十五，又存卷四至十五，有明初鈔本存卷一、二、四、五。

〔註7〕 （清）呂燕昭修，姚鼐纂：嘉慶《新修江寧府志》卷五十五，《中國地方志集成·江蘇府縣志輯1》，江蘇古籍出版社，1991年6月第1版。

《應天府志》五冊《文淵閣書目》十九《舊志》，佚。

《應天府志》《文淵閣書目》二十《新志》，佚。

《應天府志》□卷明正德十四年，知府白圻，龔弘，府丞許庭光、寇天敘修，上元徐霖等，未見。

《應天府志》三十二卷萬曆五年，府尹汪宗伊、程嗣功修，教授王一化纂。《四庫》存目，日本內閣文庫萬曆刊本。」〔註8〕

　　馬氏《輯佚》一書中所收錄的南京歷代方志是：《金陵景定志》、《金陵志》、《建康路志》、《金陵新志》、《洪武志》、《洪武京城圖志》、《金陵府志》和《應天府志》。其中《金陵景定志》，實即現存之《景定建康志》。南宋景定僅 5 年時間，其間周應合已修成《景定建康志》，不可能再修一部以金陵為名的府志。今馬氏《輯佚》收錄《金陵景定志》佚文僅一條：「冶城倉，唐武后徙縣倉以實石頭，神龍二年，移倉於治城。」【冊八一卷七五一三頁三　十八陽】（《輯佚》四二一頁）出自傳世《景定建康志・城闕四》，既無校勘價值，也無增補史料的意義。《大典》本所謂《金陵景定志》實即傳世《景定建康志》之異名，《大典》收錄此志佚文時，變更了書名，曰金陵是沿用了建康府舊名。馬氏《輯佚》顯然僅據名稱而將其視為佚志，本文的不將其納入研究範圍。又，《洪武京城圖志》，有傳世版本，如明弘治王鴻儒重刊本，清抄本（《北圖珍本古籍叢刊》），民國「中社」影印本，《南京文獻》本以及今人歐陽摩一點校本。《大典》本《洪武志》與《京城圖志》（實為一志），雖然佚文內容較多，然皆在傳世本範圍以內，又未見異文，故也不納入研究範圍。

　　張氏《輯本》所輯錄的南京方志有五部，即《丹陽記》、乾道《建康志》、《建康路志》、《洪武志》、《應天府志》。其中《丹陽記》和乾道《建康志》，前人已有輯佚。乾道《建康志》因《大典》本《句容志》引其一條資料而存目，非《大典》直接引用，亦不列入本章研究範圍。

　　綜合馬氏《輯佚》和張氏《輯本》，本章所當研究者有《建康路志》，《金陵志》、《金陵新志》、《洪武志》、《洪武京城圖志》、《金陵府志》和《應天府志》7 種。其中以元、明時期的《金陵志》、《金陵新志》、洪武《京城圖志》以及《應天府志》所保留的佚文內容較多，其餘僅保留佚文一則或二則。下文按時間順序逐部進行分析，本章研究《大典》收錄的宋元時期南京方志。

〔註8〕張國淦：《中國方志考》，《張國淦文集三編》，北京燕山出版社 2004 年 10 月第 1 版，第 53～54 頁。

第二節　《大典》本《建康路志》及其佚文研究

《元史・地理五》載：「江南諸道行御史臺。集慶路，上。唐武德初，置揚州東南道行尚書省。後復爲蔣州，罷行臺，移揚州江都，改金陵曰白下，以其地隸潤州。貞觀中，更白下曰江寧。至德中，置江寧郡。乾元中，改升州。其後楊氏有其地，改爲金陵府。南唐李氏又改爲江寧府。宋平南唐，復爲升州。仁宗以升王建國，升建康軍。高宗改建康府，建行都，又爲沿江制置司治所。元至元十二年歸附。十四年，升建康路。初立行御史臺於揚州，既而徙杭州，又徙江州，又還杭州；二十三年，自杭州徙治建康。天曆二年，以文宗潛邸，改建康路爲集慶路。」〔註9〕

張氏《輯本》收錄了《建康路志》，按語云：

《大典》引《建康路志》一條。建康府至元十四年升建康路。天曆二年改集慶路。此曰建康路，知是至元十四年至天曆二年間所修。天曆二年戚光《集慶路續志》當是續此《建康路志》也。

由《元史・地理志》所載建置沿革可知，建康路設置於元至元十四年（1277）至天曆二年（1329）52年之間，此志名爲《建康路志》，當編纂於這52年之間。張先生據建康路沿革論證《建康路志》編纂時間，合理可信，今從之。《永樂大典》引錄此志，說明永樂初年此志尚存，該志失傳時間、卷數及纂修人均不可考。

《江蘇舊方志提要》載：「文宗天曆二年（1329），南臺御史趙世延聘戚光續修《建康路志》，戚光遂就《建康路志》刪定增補而成是編。佚於何時未詳。至正4年（1344）纂修《金陵新志》時，曾多所采輯。《至正志》的《地理圖》、《疆域志》、《山川志》、《田賦志》、《祠祀志》、《古蹟志》、《人物志》等，先後引用該志共四十餘則。引用時，或稱《戚氏續志》，或稱《戚氏志》，或稱『戚氏云』，或稱《新志》。」〔註10〕由此可知，元文宗天曆二年戚光續修之《建康路志》，即是在此《建康路志》的基礎上刪定增補而來。

《大典》本《建康路志》僅有1條佚文：

司馬溫公《送吳仲庶知江寧府》：「江南佳麗地，人物自風流。清骨靈祠在，黃旗王氣收。衣冠餘舊俗，歌頌樂賢侯。正恐還朝速，江山未遍遊。」〔冊一百九卷一〇九九九頁十四　六姥〕（《輯佚》四二八頁）

〔註9〕《元史》卷六十二，中華書局1974年4月第1版。
〔註10〕徐復，季文通主編：《江蘇舊方志提要》，江蘇古籍出版社1993年10月第1版，第71頁。

　　司馬光卒後，朝廷贈太師、溫國公，謚文正，司馬溫公即司馬光，《全宋詩》以《溫國文正司馬公文集》爲底本，參以其他文獻，共錄其詩十四卷。此詩《全宋詩》卷五〇七收錄，內容與佚文相同。除此詩外，《全宋詩》還收錄了司馬溫公酬和吳中復所作詩三首：《酬吳仲庶龍圖終南山詩》、《依韻和仲庶省壁畫山水》及《和吳仲庶寄吳瑛比部安道之子壯年致政歸隱蘄春》〔註11〕，說明溫公與仲庶時有詩文往來。

　　吳仲庶，《宋史・吳中復傳》載：「吳中復，字仲庶，興國永興人。……又彈宰相劉沆，沆罷。改右司諫，同知諫院。遷御史知雜事、戶部副使，擢天章閣待制，知澤州、瀛州，移河東都轉運使，進龍圖閣直學士、知江寧府。郵兵苦巡轄官苛刻，繫而鞭之。獄具，法不至死，中復以便宜戮首惡，流其餘，入奏爲令。歷成德軍、成都府、永興軍。……中復樂易簡約，好周人之急，士大夫稱之。」〔註12〕又《明一統志》載吳中復：「仲舉子，景祐間與兄弟幾復、嗣復聯名登第。中復初居峨眉縣，毀淫祠，廉於居官。通判潭州，累遷殿中侍御史，風節俊屬，仁宗以飛白書『鐵御史』三字賜之，後擢龍圖閣直學士，歷知江寧府、永興軍，諫青苗法免官。子立禮爲御史有父風烈。」〔註13〕《續資治通鑑長編》載其嘉祐二年（1057）遷殿中侍御史充言事御史，改右司諫、同知諫院，遷戶部副使。出爲河東都轉運使，移知江寧府、成德軍。神宗熙寧三年（1070）知成都府。〔註14〕萬曆《應天府志・歷官表》載其於神宗熙寧元年任江寧知府，在任一年時間。〔註15〕佚文詩應是吳中復知江寧府時司馬光所贈，其因諫青苗法而免官，應是與溫公政見相同者也。

第三節　《大典》本《金陵志》及其佚文研究

一、《大典》本《金陵志》的編纂情況

　　關於《大典》本《金陵志》的編纂時間，首先考察其佚文，其【山川】

〔註11〕北京大學古文獻研究所編：《全宋詩》卷五〇〇、五〇六、五〇七，北京大學出版社1991年7月第1版。

〔註12〕《宋史》卷三百二十二，中華書局1977年11月第1版。

〔註13〕（明）李賢等：《明一統志》卷五十九，文淵閣《欽定四庫全書》本。

〔註14〕（宋）李燾：《續資治通鑑長編》卷一八五、二一六，文淵閣《欽定四庫全書》本。

〔註15〕（明）程嗣功修、王一化纂：《應天府志》卷五，《四庫存目叢書・史部二〇三》，齊魯書社1996年8月第1版。

中「玉柱洞」和「高居洞「兩條佚文有「在直隸應天府句容縣」,「朱湖洞」條中有「在應天府上元縣」的記載,直隸應天府爲明代建置。【官署】佚文中「上元縣造弓局,在國子街。」據《明史‧選舉志一》載:「國子學之設自明初乙巳（1365）始,……初,改應天府爲國子學,後改建於雞鳴山下。既而改學爲監,……」〔註16〕,故知國子街應在雞鳴山下。此外,【倉廩】佚文中有「元廣運倉」的字樣,【古蹟】中有「京城舊有雙市門」的佚文,如果僅從《大典》佚文來看,上述六條佚文中所提供的線索,該志似乎編纂於明代,其實不然。

張國淦在其《中國古方志考》中著錄有《金陵志》如下:

「《金陵志》,佚。

《文淵閣書目‧十九》:舊志,《金陵志》八冊。

周宏祖古今書刻:《金陵舊志》。

至正《金陵新志》九:學校志,儒籍路學,引《金陵志》一條。」〔註17〕

從其著錄可知元張鉉至正《金陵新志》中曾引用《金陵志》一條,既爲《至正志》所引用,說明此《金陵志》必然編纂於《至正志》之前,明代志書如萬曆《應天府志》、《南畿志》等志書及嘉慶《重修江寧府志》,光緒《續纂江寧府志》所著錄的明代方志,均未見有《金陵志》的記載,張國淦《中國方志考》亦未著錄此《金陵志》。

至正《金陵新志‧學校志》「路學」中收錄有楊演所撰的記,其中道:「大德庚子秋八月,廟宇火,惟尊經閣僅存,其經籍脫灰燼之厄,斯文未喪,天實相之。明年春行臺御史大夫徹爾公,憫學校之焚毀,謂僚屬言:茲風化之本源,我輩職宣風化,不致力興復,可乎?乃勸諭巨姓出私錢代公帑創建正殿。……廟之興廢始末,備載《金陵志》中,茲不復書,大德乙巳良月朔記。」〔註18〕（元成宗）大德庚子爲大德四年,大德乙巳即大德九年,二者相距不過五年,楊演的記載當是準確的。據楊演所撰記可知,《金陵志》應撰於金陵路學廟宇火災之後和楊演撰記之前,即應撰於大德庚子（1300）至大德乙巳（1305）五年之間。張鉉的至正《金陵新志》成書於元至正四年（1344）,顯然此《金陵志》編纂於景定《建康志》之後,至正《金陵新志》之前。《江蘇舊方志提要》

〔註16〕《明史》卷六十九,中華書局 1974 年 4 月第 1 版。

〔註17〕 張國淦:《中國古方志考》,中華書局 1962 年 8 月第 1 版,第 223 頁。

〔註18〕 （元）張鉉纂:至正《金陵新志》卷九,《中國方志叢書》據元至正四年刊本影印,臺北成文出版社 1983 年 3 月臺一版。

亦以此爲據將《金陵志》列爲元志〔註19〕，甚有見地。唯其推測該志編纂於大德五年至至正四年之間，有些寬泛，本文將其編纂時間進一步明確，以補其疏。

此志編纂時建康路尚未更名爲集慶路，此志不稱《建康路續志》，而稱《金陵志》是沿用戰國時舊名。張鉉至正《金陵新志》編纂時，建康路已更名爲集慶路，張氏不以集慶路而以「金陵」名志，也是屬於這種情況。

張鉉在至正《金陵新志》「修志本末」云：「金陵圖志存者，惟唐許嵩《建康實錄》，宋史正志《乾道志》，吳琚《慶元志》，周應合《景定志》，而刻板已亡，所見卷帙惟景定志五十卷。」張鉉至正《金陵新志》既已引楊演所撰記，不知爲何在「修志本末」中並未提及《金陵志》，且卷首《新舊志引用古今書目》亦未此書，估計元代張鉉修志時很可能亦未見此志，而《永樂大典》卻爲我們保存了下來。

該志《文淵閣書目》中記載有八冊，但卷數纂修人均不詳。《永樂大典》中爲我們保存了《金陵志》的一些佚文，才使得我們可以略知此志內容。

爲何明代政區名稱會出現在元代的方志中？關於這一點，黃燕生在其《永樂大典徵引方志考述》一文中對這一現象曾加以說明。他在總結《大典》徵引方志規律時，其中有一條即「對於徵錄的方志內容，《大典》編纂者並非一字不改地照錄原文，時常出現刪改。」並舉了下面幾個例子：

《大典》卷7889引唐《十道志》：「唐開元二十六年，分置汀州」，「唐」字顯係編纂者所加。

《大典》卷2262「東湖」條引宋《赤城志》：「東湖在台州府崇和門外三十步」，「台州府」顯然是明代地名，原文無此三字，編者可能爲避免閱者與別處同名者混淆而加。

又，卷13074「石室洞」條引《臨安志》：「石室洞在浙江杭州餘杭縣大滌山中峰之前」，作者對照原書，無「浙江杭州餘杭縣」。〔註20〕

該文稱這種現象在《大典》徵引的古代文獻中很常見。因此，不能僅據引文中有「台州府」字樣就可判斷該志爲明代方志，同樣，我們也不能僅僅依據《大典》佚文中出現的明代建置「直隸應天府」，以及佚文中有「國子街」、

〔註19〕徐復、季文通主編：《江蘇舊方志提要》，江蘇古籍出版社1993年10月第1版，第70頁。

〔註20〕黃燕生《〈永樂大典〉徵引方志考述》，《中國歷史文物》2002年第3期，第74～82頁。

有「京城」，有「元」字，就判定《大典》中收錄的《金陵志》爲明代方志。從上文知該志實際應爲元代方志，且編纂時間在大德四年（1300）至大德乙巳（1305）之間。編纂時間「直隸應天府」的地名等項應當是《大典》編纂人所增入的。在後面的方志佚文中也有這種情況。《大典》徵引文獻時對原文的變動，增加了我們判斷《大典》本方志編修時間的難度。

二、《大典》本《金陵志》佚文研究

據馬氏《輯佚》一書所分類目，這些佚文所涉及有【山川】、【土產】、【官署】、【倉稟】、【宮室】、【古蹟】、【人物】、【詩文】共七個方面的內容。現分析如下。（按：除《永樂大典》外，其他文獻對《金陵志》也有徵引，參見本文上元縣建置沿革，但不在本文研究範圍內。）

【山川】：

共有 3 條關於洞穴的記載，1 條爲湖泊資料。

玉柱洞，在直隸應天府句容縣華陽西洞南，中積石乳，四面僅容人行。【冊一百三四卷一三〇七四頁二　一送】（《輯佚》四二一頁）

高居洞，在直隸應天府句容縣積金峰南，與羅姑洞並石限界之。【同前】（《輯佚》四二一頁）

朱湖洞，在應天府上元縣鍾山，名朱湖太生洞天。【冊一百三四卷一三〇七五頁八　一送】（《輯佚》四二一頁）

此 3 條洞穴資料，景定《建康志》中不見記載，景定《建康志》卷十九《山川志三》中所載之洞有：石城洞、華陽洞、茅洞、越巂王洞和金牛洞。

至正《金陵新志》所載之岩洞，尤其是洞穴記載較景定《志》詳細。卷五《山川志》中所載洞穴有：曲水穴、石城洞、一名龍洞。華陽南洞、華陽洞、華陽西洞、良常洞、羅姑洞、高居洞、玉柱洞、酆都洞，小青龍洞、天窗洞、碧岩洞、女仙洞、栖枝洞、慶雲洞、黑虎洞、黃龍洞、南斗洞、海泉洞、水龍洞、燕口洞、方隅洞、夫子洞、青龍洞、大茅洞、越巂王洞和金牛洞。其「高居洞」條載：「與羅姑洞並石限界之。」「玉柱洞」條載：「華陽西洞南，中積石乳，四面僅容人行。」〔註21〕

相比較而言，《金陵志》所載「高居洞」條，還記錄了其位置在「句容縣積金峰南」，「玉柱洞」載在「句容縣華陽西洞南」，較至正《金陵新志》的記

〔註21〕（元）張鉉纂：至正《金陵新志》，《中國方志叢書》據元至正四年刊本影印，臺北成文出版社民國 1983 年 3 月臺一版。

載更爲具體。而另一「朱湖洞」則景定《建康志》與至正《金陵新志》中均
未見記載，佚文記載了朱湖洞的方位和全名。《金陵志》中的這些資料對《景
定志》和《至正志》這些名志是一個很好的補充。《大典》中的《金陵志》僅
是佚文，原志中有關洞穴的記載還很可能不止這幾條。這些佚文爲我們提供
了金陵地區珍貴的洞穴資料。

三崗湖，在城東六十四里周迴一十里，溉田八十頃。地有三崗，俯臨湖側，因名。〖冊
二十卷二二七〇頁十八　六模〗（《輯佚》四二一頁）

此條記載與景定《建康志》中記載相同，說明了此湖的農田灌溉效益。

【詩文】：

庾闡《樂賢堂頌》：「峨峨隆構，岌岌其峻。階延白屋，寢登髦俊。」又云：「川澄華沼，
樹拂椅桐。」又詳見《修宮苑記》宮門注。〖冊七十卷七二三七頁十一　十八陽〗（《輯佚》
四二六頁）

庾闡，《晉書·文苑傳》載：「庾闡，字仲初，潁川鄢陵人也。」闡好學，
九歲能屬文，其母沒後，「闡不櫛沐，不婚宦，絕酒肉，垂二十年，鄉親稱之。
州舉秀才，元帝爲晉王，辟之，皆不行。後爲太宰、西陽王兼掾，累遷尚書
郎。蘇峻之難，闡出奔郗鑒，爲司空參軍。峻平，以功賜爵吉陽縣男，拜彭
城內史。鑒復請爲從事中郎。尋召爲散騎侍郎，領大著作。頃之，出補零陵
太守，入湘川，弔賈誼。其辭曰：中興二十三載，余忝守衡南，鼓枻三江，路次巴陵，
望君山而過洞庭，涉湘川而觀汩水，臨賈生投書之川，慨以永懷矣。及造長沙，觀其遺象，喟
然有感，乃弔之云：偉哉蘭生而芳，玉產而潔，陽葩熙冰，寒松負雪，莫邪挺鍔，天驥汗血，
苟云其雋，誰與比傑！是以高明倬茂，獨發奇秀，道率天眞，不議世疢，煥乎若望舒耀景而焯
群星，矯乎若翔鷥拊翼而逸宇宙也。飛榮洛汭，擢穎山東，質清浮磬，聲若孤桐，琅琅其璞，
岩岩其峰，信道居正，而以天下爲公，方駕逸步，不以曲路期通。是以張高弘悲，聲激柱落，
清唱未和，而桑濮代作，雖有惠音，莫過《韶》《濩》；雖有騰鱗，終僕一壑。嗚呼！大庭既邈，
玄風悠緬，皇道不以智隆，上德不以仁顯。三五親譽，其軏可仰而標；霸功雖逸，其塗可翼而
闡，悲矣先生，何命之蹇！懷寶如玉，而生運之淺！昔咎繇謨虞，呂尚歸昌，德協充符，乃應
帝王。夷吾相桓，漢登蕭張；草廬三顧，臭若蘭芳。是以道隱則蠖屈，數感則鳳睹，若棲不擇
木，翔非九五，雖曰玉折，雋才何補！夫心非死灰，智必存形，形託神用，故能全生。奈何蘭
膏，揚芳漢庭，摧景飈風，獨喪厥明。悠悠太素，存亡一指，道來斯通，世往斯圮。吾哀其生，
未見其死，敢不敬弔，寄之渌水。後以疾，徵拜給事中，復領著作。吳國內史虞潭
爲太伯立碑，闡制其文。又作《揚都賦》，爲世所重。年五十四卒，諡曰貞，

所著詩賦銘頌十卷行於世。」〔註22〕庾闡少能為文，及長以孝行為世所稱，後入湘川，弔賈誼，亦可謂當世之名士。

正史稱其「所著詩賦銘頌十卷行於世」，《隋書‧經籍四》錄有「晉給事中《庾闡集》九卷梁十卷，錄一卷」〔註23〕，已佚。逯欽立《先秦漢魏晉南北朝詩》輯存其詩21首，其文則存於嚴可均所輯《全上古三代秦漢三國六朝文》中。

庾闡今存詩中有不少描寫山水之作，如《三月三日臨曲水》、《觀石鼓》均生動有致，而先於謝靈運山水詩，所以范文瀾認為寫山水之詩，起自東晉初庾闡諸人，又有《遊仙詩》10首（今殘），其「層霄映紫芝，潛澗汎丹菊」，「輕舉觀滄海，眇邈去瀛洲」等句，風格情調，均似郭璞。庾闡為文在當時頗受注意。其《揚都賦》因庾亮賞譽而盛傳，但被謝安譏為「屋下架屋」的「擬學」之作（見《世說新語‧文學》）。其赴零陵、過長沙時所作的《弔賈誼文》，是寄慨抒懷的名篇。

佚文此條在《永樂大典》中載於「樂賢堂」下，其下還載：「《建康志》：樂賢堂，舊在臺城內。」馬氏《輯佚》將其歸入【詩文】類，似有不妥。應入【宮室】或者【古蹟】下為宜。至正《金陵新志‧古蹟》記載了樂賢堂的具體位置和建置緣由及經蘇峻之亂而「此堂獨存」的經歷：「樂賢堂，在臺城內。晉肅宗為太子時所作，蘇峻之亂，宮室皆焚。惟此堂獨存。考證宮城西南角外有清遊池通城中樂賢堂，晉咸和七年，彭王紘上言樂賢堂有先帝手畫佛像屢經寇難。而此堂獨存。宜敕作頌，帝下其議。蔡謨曰佛者夷狄之俗，非經典之制。先帝量同天地，多才多藝，聊因臨而畫此像。至於雅好佛道，此未聞也，於是遂寢。」〔註24〕佚文中晉庾闡《樂賢堂頌》中「峨峨隆構」一句，或作「峨峨層構」。徐堅《初學記‧居處部》載庾闡《樂賢堂頌》全文如下：「峨峨層構，岌岌其峻；階延白屋，寢登髦俊。神心所寄，莫往非順；靈圖表象，平敷玉潤。遊虬一壑，棲鸞一叢；川澄華沼，樹拂椅桐。林有晨風，翩有西雝；高觀回雲，疏颷倚窗。仰瞻昆丘，俯懷明聖；玄珠雖朗，離人莫映。清風徘徊，微言絕詠；有邀高構，永廓靈命。」〔註25〕

〔註22〕《晉書》卷九十二，中華書局1974年11月第1版。
〔註23〕《隋書》卷三十五，中華書局1973年8月第1版。
〔註24〕（元）張鉉纂：至正《金陵新志》卷十二，《中國方志叢書》據元至正四年刊本影印，臺北成文出版社1983年3月臺一版。
〔註25〕（唐）徐堅：《初學記》卷二十四，文淵閣《欽定四庫全書》本。

　　《金陵志》【詩文】類佚文收錄的第二條佚文是宋代趙彥端所作的《三倉記》，此記亦見載於景定《建康志》卷二十三《城闕志四》，其中【諸倉】類下「廣濟倉」條所載《倉記》即是，《金陵志》中此篇內容與《景定志》完全一樣。此處不再贅錄。三倉即廣濟倉、常平倉和大軍倉。記中記錄了當時出鎮建康的史公正志因廣濟倉之北修築倉廩的經過。其中記該倉的規模為「凡百有一十丈，為屋八十有四楹，度受粟五十萬斛。高明曠夷，深厚固嚴，輸者不勞，守者易力。」該倉建造的時間為「始於乾道四年秋九月戊辰，冬十有二月甲寅，乃告成焉。」為我們保留了宋代建康倉廩修築的珍貴資料。此條佚文原書類目尚存，馬氏《輯佚》將其歸於【詩文】類目下，或屬不當。

　　【宮室】：

　　《大典》本《金陵志》「宮室」目，有一條佚文，記宋代馬光祖所建之先賢堂。堂中祀周漢而下的四十一位賢人，佚文內容如下：

　　先賢堂，馬光祖建立，祀周漢而下四十有一人。曰至德讓王吳太伯，初逃句曲山中。越相國范蠡，築越城。漢嚴先生子陵光，結廬溧水。漢丞相、忠武侯諸葛孔明亮，往來說吳同伐曹操，又勸孫權定都。吳輔將軍、婁文侯張子布昭，有宅有張侯橋。吳將軍、南郡太守周公瑾瑜，有周郎橋。吳侍中、尚書僕射是子羽儀，有宅。晉太保、睢陵元公王休徵祥，有墓。晉平西將軍、孝侯周子隱處，有臺。晉太傅、丞相、始興文獻公王茂弘導，有宅。晉太尉、大司馬、長沙桓公陶士行侃，晉侍中、驃騎將軍、忠貞公卞望之壺，有廟。晉太傅廬陵文靖公謝安石安，有宅。晉車騎將軍、獻武公謝幼度玄，有墅。晉右將軍、會稽內史王逸少羲之，晉中領軍、光祿大夫吳處默隱之，有宅。宋徵君雷仲倫次宗，開館雞籠山。齊貞簡先生劉子珪瓛，居檀橋。齊諸王侍讀陶通明弘景，居茅山。梁昭明太子蕭德施統，有書堂。唐太師、刑部尚書、魯公顏清臣真卿，昇州刺史。唐翰林供奉李太白，往來金陵。唐山南西道節度參謀孟東野郊，溧陽尉。南唐司徒致仕李致堯建勳，賜號鍾山公。南唐內史舍人潘祐，樞密使。濟陽武惠王曹國華彬，開寶中昇州行營統帥。尚書忠定公張復之詠，祥符中再知昇州。中丞恭惠公李幼幾及，淳化中昇州觀察推官。樞密、孝肅公包希仁拯，天聖中知江寧府。丞相、忠宣公范堯夫純仁，治平中轉運判官。宗正寺丞、純公程伯淳顥，嘉祐中上元主簿。監安上門鄭介夫俠，有祠。少師、龍圖學士、文靖公楊中立，時嘗家溧陽。參政、莊簡公李泰發光，紹興中宣撫使。太師、丞相、魏國忠獻公張德遠濬，紹興中留守都督。秘閣、忠襄公楊希稷邦乂，建炎中知溧陽縣遷通判。太師、丞相、雍國忠肅公虞彬父允文，紹興中督府參謀。太師、徽國文公朱元晦熹，淳熙中除轉運使。安撫、殿撰、宣公張敬夫栻，督府機宜文字。太師、正肅公吳勝之柔勝，生金陵。太師、參政、文忠公真希元德秀，嘉定中轉運使。周應合記曰：公卿大夫可以祠祀三：道一、德一、功一。金陵上下數千年間，有道、有功、有德者相望。吳晉皆有祠，而他代闕焉。寶祐丁巳，公屬馮君去非定其可祠者而為之贊。越一年祠成。志又曰：始定四十二人，公祖野亭先生與

焉，公止之而仍虛其一云。(堂在清溪園，祠今廢。)〔冊六九卷七二三五頁十二　十八陽〕(《輯佚》四二三頁)

　　《金陵志》此文源於景定《建康志》，卻不及《景定志》詳盡。景定《建康志·儒學四》載：「先賢堂一所，在府學東明道書院之西青溪之上，馬公光祖建立，至周漢而下與祀者四十一人，各有贊。」〔註26〕《景定志》中各位賢人下均有贊，而《金陵志》僅按《景定志》中的順序，也即年代的順序對堂中諸賢加以羅列，刪去了後面的贊文。景定《建康志》在諸賢的贊後，還收錄了作者爲祠堂所作的《青溪先賢堂記》，佚文周應合記曰：「公卿大夫士可祠者三，道一，德一，功一。金陵上下數千年間，有道、有德、有功者相望，吳晉皆有祠，而他代闕焉」，所祠者皆道德功績之士。《青溪先賢堂記》從道、德、功三個方面對諸賢達進行了綜論，其文曰：「……子徒知青溪之改視易聽，而不知我朝之度越前代也，盍觀是祠乎？清莫如子陵而隱之致堯其流也。忠誠莫如清臣而子布子羽其儔也，休徵之孝望之之節，子隱之勇，內視之介，逸少之雅，仲倫子珪德施太白東野之文皆可以言德，而未若大伯之爲至。明哲則陶朱公，整暇則茂弘安石，英邁則士行公瑾幼度，皆可以言功，未若孔明之爲盛。我宋諸賢功德兼之，武惠士行也，忠獻茂弘也，忠襄望之也，忠定孝肅清臣也。介公滎陽之隣也。忠宣其謝安乎，正肅其子羽乎，恭惠致堯之儔乎？至若河南純公龜山文靖公，南軒宣公，紫陽文公西山文忠公，皆以道鳴者，則漢而下所未有也，而萃於吾宋，孔孟而後道不在茲乎？有道者必有德必有功，而功之不究或繫乎時，苟不至德無以爲道本也。重道德而輕功業，人將知體而不知用；崇功業而遺道德人將知流而不知源……。」〔註27〕更加深了我們對先賢堂的瞭解，《金陵志》僅列諸賢之名，卻並未加以闡論，所以顯得較爲簡略。

　　《景定志》記載先賢堂建於青溪之上。青溪，景定《建康志·山川志二》「溪澗」下載：「吳大帝赤烏四年，鑿東渠名青溪，通城北堑潮溝，闊五丈，深八尺，以洩玄武湖水。發源鍾山而南流經京出今青溪閘口，接於秦淮及楊薄城。金陵青溪始分爲二，在城外者自城壕合於淮，今城東竹橋西北接後湖者青溪遺迹固在，但在城內者悉皆堙塞。惟上元縣志南迤邐而西，循府治東

〔註26〕　(宋)馬光祖修，周應合纂：景定《建康志》卷三十一，《中國方志叢書》據清嘉慶六年刊本影印，臺北成文出版社1983年3月臺一版。

〔註27〕　(宋)馬光祖修，周應合纂：景定《建康志》卷十八，《中國方志叢書》據清嘉慶六年刊本影印，臺北成文出版社1983年3月臺一版。

南出至府學牆下，皆青溪之舊曲水，通秦淮，而鍾山水源久絕矣。《輿地志》云：青溪發源鍾山，入於淮，連綿十餘里。溪口有埭，埭側有神祠曰青溪姑。今縣東有湖，北接覆舟山，以近後湖，里俗相傳此青溪也。其水迤邐相出至今上水閘，相近皆名青溪。……齊高帝先有宅在青溪，生武帝。及即位以宅爲青溪舊宮。永明元年望氣者言新林婁湖有王者氣，帝遁築青溪舊宮作新婁湖苑以厭之。」〔註28〕青溪發源於鍾山，接於秦淮，入於淮河，其處多有名人宅第舊迹。周應合《青溪先賢堂記》稱：「開慶元年秋，資政殿學士大制帥馬公昉祠先賢青溪最勝處」（同前），佚文末曰：「堂在清溪園，祠今廢」，《景定志》本無此句，由《金陵志》記載可知先賢堂元代大德間尚存，而祠祀已廢。

【人物】：

《大典》本《金陵志》收錄【人物】類佚文 7 條，其中南北朝人物 3 條，前兩條內容如下：

陳智深、蕭摩訶，騎士，勇力過人。摩訶之戮也，其子先已籍沒，智深收摩訶屍，手自殯殮，哀感行路，君子義之。【冊四四卷三一三三頁十七　九眞】（《輯佚》四二五頁）

陳禹，穎川人、亦隨摩訶征討，聰敏有識量，涉獵經史，解風角、兵書，頗能屬文，便騎射。【冊一百五四卷一四六〇八頁三十一　六暮】（《輯佚》四二五頁）

這兩位人物皆見載於《陳書·蕭摩訶傳》：「摩訶有騎士陳智深者，勇力過人，以平叔陵之功，爲巴陵內史。摩訶之戮也，其妻子先已籍沒，智深收摩訶屍，手自殯殮，哀感行路，君子義之。……穎川陳禹，亦隨摩訶征討，聰敏有識量，涉獵經史，解風角、兵書，頗能屬文，便騎射，官至王府諮議。」

由此知佚文內容源自《陳書》，與原文基本相同，但稍有脫漏，可能是《永樂大典》在收錄《金陵志》內容時所造成的。結合《陳書》原文，可知第一條佚文中的「陳智深、蕭摩訶，騎士，勇力過人。」馬氏《輯佚》標點訛誤，正確的斷句應爲：「陳智深，蕭摩訶騎士，勇力過人。」

南北朝另一人物內容如下：

「孟昶，字彥遠，平昌人。爲桓弘兗州主簿，與劉裕等同謀起義，剋日共劉毅率六十人入廣陵城斬弘，以其眾過江會裕京口，後累遷位丹陽尹，尚書左僕射、臨汝公。盧循至桑落洲，王師敗績，昶上表曰：『中軍北伐，眾並不同。贊成此役，唯臣而已。今狂寇乘間，宗廟危逼，臣之罪也。臣請引分以謝天下。』封表畢，歸自縊而已。」【冊一百五四卷一四六〇八頁三十一　六眞】（《輯佚》四二五頁）

〔註28〕《陳書》卷三十一，中華書局 1972 年 3 月第 1 版。

　　佚文記南朝宋大臣孟昶，他曾勸劉裕北伐，盧循乘劉裕北伐時危逼宗廟，孟昶因引咎而死，佚文稱其「歸自縊而已」，顯然強敵當前，作者對此做法並不贊同。正史對此亦有記載，《晉書‧安帝紀》：「（安帝六年五月）戊子，衛將軍劉毅及盧循戰於桑落洲，王師敗績。尚書左僕射孟昶懼，自殺。」〔註29〕《南史‧宋本紀》：「初，帝征慕容超，惟孟昶勸行，丙辰，昶乃表天子，引罪，仰藥而死。」〔註30〕《宋書‧武帝上》：「孟昶、諸葛長民懼寇漸逼，欲擁天子過江，公不聽，昶固請不止。……昶恐其不濟，乃爲表曰：『臣裕北討，眾並不同，唯臣贊裕行計，致使強賊乘間，社稷危逼，臣之罪也。今謹引分以謝天下』。封表畢，乃仰藥而死。」〔註31〕《金陵志》應是錄自《宋書》，但文字內容略有出入。

　　佚文記錄晉代一人，內容如下：

　　宋元嘉三年，晉代光祿大夫阮韶之卒。韶之嘗爲司馬道子太傅主簿，蓬首散帶，不綜其職，自永初以，不復朝請，閉門養志，以終其身。〔冊一百五四卷一四六〇八頁三十一　六眞〕（《輯佚》四二五頁）

　　此條佚文出自唐許嵩《建康實錄》卷十二「宋太祖文皇帝」下，內容完全一樣，唯「元嘉三年」後略「八月」二字。阮韶之正史無載，其生平不詳，元至正《金陵新志‧人物志一》「遊宦」下載其名。

　　唐代一人：

　　崔宗之，滑州靈昌人。黃門侍郎、齊國公、并州刺史日用之子，襲父封。亦好學，寬博有風儉，與李白杜甫以文相知者。〔冊二百八卷二七三八頁五　八灰〕（《輯佚》四二六頁）

　　《新唐書‧文藝中》記載：「白自知不爲親近所容，益驁放不自脩，與知章、李适之、汝陽王璡、崔宗之、蘇晉、張旭、焦遂爲『酒八仙人』。懇求還山，帝賜金放還。白浮游四方，嘗乘舟與崔宗之自採石至金陵，著宮錦袍坐舟中，旁若無人。」〔註32〕崔宗之嘗與李白等人交遊，爲「酒中八仙」之一，也是當時的名士，佚文內容可補充《新唐書》有關崔宗之的記載。

　　宋代兩人：

　　張栻南軒先生宣公，字敬夫，以父蔭補右承務郎，都督府書機宜文字，內贊密謀，外參庶務。其讀書之所名南軒。〔冊二百一四卷七三二二三頁五〕（《輯佚》四二六頁）

〔註29〕《晉書》卷十，中華書局 1974 年 11 月第 1 版。
〔註30〕《南史》卷五，中華書局 1975 年 6 月第 1 版。
〔註31〕《宋書》卷一，《中華書局》1974 年 11 月第 1 版。
〔註32〕《新唐書》卷二百二，中華書局 1975 年 2 月第 1 版。

　　張栻爲宋代的著名學者，《宋史》中有傳，《宋史·道學三》中載：「張栻字敬夫，丞相濬子也。穎悟夙成，濬愛之，自幼學，所教莫非仁義忠孝之實。長師胡宏，宏一見，即以孔門論仁親切之旨告之。栻退而思，若有得焉，宏稱之曰：『聖門有人矣。』栻益自奮厲，以古聖賢自期，作《希顏錄》。栻聞道甚早。」又載：「朱熹嘗言：『己之學乃銖積寸累而成，如敬夫，則於大本卓然先有見者也』，所著《論語孟子說》、《太極圖說》、《洙泗言仁》、《諸葛忠武侯傳》、《經世紀年》，皆行於世。栻之言曰：『學莫先於義利之辨。義者，本心之當爲，非有爲而爲也。有爲而爲，則皆人欲，非天理。』此栻講學之要也。」〔註33〕正史及他書關於張栻的記載頗多，故《金陵志》中略爲記載。

　　僧法秀，姓辛氏。母夢有僧託宿曰：「我麥積山僧也」。覺而有娠。年十九通經，爲大僧矣。講大經，句章分析，旁穿直貫，機鋒不可觸，聲著京落。後舒王以禮致之蔣山，號秀鐵。後住公主之發法雲，神宗爲之降香。秀疾，曰：「吾有疾當死耳，求治之，是以爲可戀也。」〔冊二百十七卷八七八三頁十三〕（《輯佚》四二六頁）

　　此條爲高僧傳記，記高僧法秀的出生及其道風，正史中不見記載。景定《建康志》的人物撰記中，未有「仙釋」類。而張鉉至正《金陵新志》卷十三《人物志》列傳中則有仙釋類傳記。通過這條佚文我們可以推測，《金陵志》的人物志中，其類目設置應當也有「仙釋」類。而這條佚文的內容，《至正志》中亦不見載，可以作爲現存方志的補充。

　　【物產】：

　　物產類佚文兩條，一條「黃精」，一條「慈竹」。內容如下：

　　黃精，舊不載所出州郡，但雲生山谷，今南北皆有之，以嵩山、茅山者爲佳。〔冊九四卷八五二六頁十七　十九庚〕（《輯佚》四二二頁）

　　景定《建康志》記載：「黃精，《本草》云，葉大根粗，黃白色，至夏有花實。」至正《金陵新志》中關於「黃精」的記載與《景定志》基本相同。而《大典》本《金陵志》佚文的記載充實了此條內容。雖未敘黃精爲何物，但記述有關產地的資料，蓋作者不欲與《景定志》重複，聊作補充而已。據其所述可知，嵩山與茅山所產之黃精爲佳品。

　　《金陵志》所載另一條物產「慈竹「則《景定志》與《建康志》均沒有記載，

────────────

〔註33〕《宋史》卷四百二十九，中華書局 1977 年 11 月第 1 版。

慈竹。《丹陽記》：江寧縣南三十里有慈母山，積石臨江，生簫管竹。自伶倫採竹嶰谷，其後惟此觻見珍，故歷代常給樂府，而俗呼鼓吹山。今慈湖戍，常禁採之。」〖冊二百二二卷一九八六五頁十六〗（《輯佚》四二二頁）

景定《建康志・山川一》載：「鼓吹山，在城南八十里，周迴一十七里，高八十丈，東北有水四望孤絕。宋孝武帝大明七年，自江寧縣南登山及陵望臺，蓋登山奏鼓吹，因以為名。慈姥山，在城西南一百一十里二百步。周迴二里，高三十丈。《輿地志》：山積石臨江，岸壁峻絕，山上出竹，堪為簫管，山南有慈姥神廟因為名焉。」〔註34〕

至正《金陵新志》中則是這樣記載的：「鼓吹山，舊志在城南八十里，周迴一十七里，高八十丈，東北有水四望孤絕。宋孝武帝大明七年，自江寧縣南登山及陵望臺、甲子館，蓋登山奏鼓吹，因名。戚氏志云：甲子乃記日，非館名。《實錄》：少帝景和元年九月，幸湖熟縣，始奏鼓吹，與此誌異。慈姥山，在城西南一百一十里二百步。周迴二里，高三十丈。《輿地志》：山積石臨江，岸壁峻絕，山上出竹，堪為簫管，山南有慈姥神廟，因名，俗亦呼鼓吹山。」〔註35〕從三志的記載中可以看出，景定與至正《志》雖然提到鼓吹山上有竹堪為簫管，但並未對此竹有更多的介紹，也未在志中將其列為「土產」。然而《金陵志》中稱「自伶倫採竹嶰谷，其後惟此觻見珍，故歷代常給樂府」。「伶倫」是黃帝時的樂官，而其後惟此珍貴，歷代常供給樂府，說明此山所產之竹被用來做樂器的歷史應當是很久的。且「今慈湖戍，常禁採之」，亦足說明此竹的珍貴，稱之為「土產」是毫不過分的。景定與至正《志》中雖已提及，卻未列為「土產」；另外，此竹亦有名，為「慈竹」，二志也未給出。所以《金陵志》中首次把鼓吹山上的「慈竹」作為土產來記載，彌補了景定《建康志》與至正《金陵新志》有關土產記載方面的疏漏。同時，由上面的三志的記載可知，其時南京周圍有兩座鼓吹山，一座在城南八十里、一座在城西南一百一十里二百步，而後者另一名為「慈姥山」。兩座「鼓吹山」得名的原因卻各不相同，前者周應合記「蓋」宋孝武帝登山奏鼓吹而得名，而戚氏志稱少帝幸湖熟縣，始奏鼓吹。可見此山究為何名，尚值得商榷。而後者本名「慈姥山」，俗呼為「鼓吹山」應當是與山上之簫管竹有關，但

〔註34〕　（宋）馬光祖修，周應合纂：景定《建康志》卷十七，《中國方志叢書》據清嘉慶六年刊本影印，臺北成文出版社1983年3月臺一版。

〔註35〕　（元）張鉉纂：至正《金陵新志》卷十七，《中國方志叢書》據元至正四年刊本影印，臺北成文出版社1983年3月臺一版。

顯然後者「鼓吹山」之得名應當是由來有自的。

【官署】：

上元縣造弓局，在國子街。初作倉，後改今局。〖冊一百七八卷一九七八一頁二十　一屋〗（《輯佚》四二二頁）

潛火局，淳祐十二年，大使賈大資創造水筒及各廂砌缸停水。〖同前〗

火藥局，在淮清橋街北，舊馬公洞基。（火藥局，在石頭街後馬公洞基置）〖同前〗

此三條，《景定志》與《至正志》均未記載。宋代造弓屬軍器監，《宋史・兵十一》載：「器甲之制其工署則有南北作坊，有弓弩院，諸州皆有作院，皆役工徒而限其常課。南北作院歲造塗金脊鐵甲等凡三萬二千，弓弩院歲造角弝弓等凡千六百五十餘萬，諸州歲造黃樺、黑漆弓弩等凡六百二十餘萬。又南北作坊及諸州別造兵幕、甲袋、梭衫等什物，以備軍行之用。京師所造，十日一進，謂之『旬課』。上親閱視，置五庫以貯之。嘗令試床子弩於郊外，矢及七百步，又令別造步弩以試。戎具精緻犀利，近代未有。」〔註36〕可知宋代造弓之處稱「弓弩院」，而不稱「局」，每年造角弝弓等一千六百五十餘萬。

《元史・百官六》中提及造弓機構的有以下幾處，如：「大同路軍器人匠提舉司，秩從五品，達魯花赤一員，提舉一員，並從五品；同提舉一員，正七品；副提舉一員，正八品。其屬：豐州甲局，院長一員。應州甲局，院長一員。平地縣甲局，院長一員。山陰縣甲局，院長一員。白登縣甲局，頭目一人。豐州弓局，使一員。賽甫丁弓局，頭目一人。」等等。〔註37〕

從上面的記載可知，元代弓局為各地提舉司或軍器人匠局的下屬機構，《元史》中所記載的弓局僅至州一級行政單位，而縣級則未述及。因此未見有上元縣造弓局的記載。由《金陵志》佚文可知，元代在縣級亦設弓局，應當是州一級弓局的下屬機構。

其他兩局，潛火局從佚文的記載來看，「淳祐十二年，大使賈大資創造水筒及各廂砌缸停水」，所建的是一種防火設施，潛火局應當是當時設立的防火部門。佚文中「淳祐」為南宋理宗年號，但檢《宋史》未見有關於潛火局的記錄。此處稱「局」，當為元代官署之名，或此機構初不稱局，元代改稱為局，也有可能是作志者所改。

〔註36〕《宋史》卷一百九十七，中華書局1977年11月第1版。
〔註37〕《元史》卷九十，中華書局1976年4月第1版。

火藥局，《景定志》、《至正志》與宋元正史中亦未見記載，可能是隸屬於工部的製造機構。顯然，在南京方志中，是《金陵志》對此二局記首次進行了記載。

【倉廩】：

常平倉，《通典》曰：晉曰常平倉，後無聞。梁亦曰常平倉，不糶糴，陳因之。《隋書‧食貨志》曰：京都有臺城內倉、常平倉、東宮倉。【冊七九卷七五○七頁十九　十八陽】（《輯佚》四二二頁）

常平倉，《漢書‧食貨志四上》載：「至昭帝時，流民稍還，田野益闢，頗有蓄積。宣帝即位，用吏多選賢良，百姓安土，歲數豐穰，穀至石五錢，農人少利。時大司農中丞耿壽昌以善為算能商功利，得幸於上，五鳳中奏言：『故事，歲漕關東谷四百萬斛以給京師，用卒六萬人。糴三輔、弘農、河東、上黨、太原郡穀，足供京師，可以省關東漕卒過半』……，漕事果便，壽昌遂白令邊郡皆築倉，以穀賤時增其賈而糴，以利農，穀貴時減賈而糶，名曰常平倉。民便之。上乃下詔，賜壽昌爵關內侯。而蔡癸以好農使勸郡國，至大官。」〔註38〕此為常平倉設立之始，其作用主要是國家穀賤時增價買進，穀貴時低價賣出，以平抑糧價，保護農民利益。

此條佚文中對常平倉的記載，僅曰從晉至隋皆設有常平倉。據《元史‧食貨志》，元代常平倉於元世祖至元六年（1269）開始設立，然而佚文並未述及有關元代常平倉的具體內容，考慮到佚文輯自《大典》殘卷，因而可以肯定這不是《金陵志》關於元代常平倉的完整記錄，而只是追述常平倉緣起的相關文字。

平糴倉，隸轉運司，嘉定八年，真德秀創之。民賴其惠，雖歉歲市無貴糴。不六、七年糴本化為烏有，舊籍無復存者。嘉定十四年岳柯復置，未久亦廢。淳祐十二年舒滋復置。咸淳元年七月，馬光祖承奉省箚判云：當使三來開闔，昇人愛余，余亦愛昇人。公帑所處，毫分不敢妄費，思欲為此建邦一久遠利益事，無如平糴。呈撥米價錢，差人糴足十萬石，並創倉敖盛貯，續踏逐到。舊稻子倉基址鼎新，創造屋四十六間，敖十二座，以「玉衡正，泰階平，陰陽和，風雨時」十二字為記，專一椿頓上件米十萬石。馬光祖有記見後。【冊八一卷七五一四頁一　十八陽】（《輯佚》四二二頁）

佚文記載了南宋建康平糴倉的創置、功用廢棄與重修，與《景定志》記載相同，係繼承景定志而來，但《景定志》中還收錄有「嘉定省箚」與「淳

〔註38〕《漢書》卷二十四上，中華書局1962年6月第1版。

祐省箚」，《金陵志》則未收錄，蓋纂人不欲重複錄入，結合其他佚文，可以發現《金陵志》的編纂是與前志重複者，則略記，而所撰內容盡可能於前志有所不同或有所補充。

　　元廣運倉，在龍灣。〖冊八一卷七五一五頁十　十八陽〗《輯佚》四二三頁）

　　東倉，《景定志》曰：《唐六典》云，東晉有東倉、石頭倉。〖冊八一卷七五一六頁九，十八陽〗《輯佚》四二三頁）

　　廣運倉，《景定志》未見載，至正《金陵新志·官守志一》載：「廣運倉，有印。至治元年於龍灣起蓋東西北倉廠四十座。以漕計至重，邦儲所資，爰作新倉大江之湄，舟楫流通，地勢得宜。諸路贏糧，積貯在茲，海道千艘，便於給支。爲號計屋二百間，收江西湖廣二省、饒州路並且本路州縣官民財賦等糧逐年。都漕運萬戶府裝運，由海道赴都。」〔註39〕佚文僅記錄廣運倉的地點，而《至正志》則記載了此倉的創建的時間、地點、規模、地勢、以及所收貯糧食來源等內容，較佚文爲詳。

　　元代廣運倉設於龍灣，龍灣位於上元縣金陵鄉，去城一十五里。〔註40〕《至正志》稱廣運倉至治元年於龍灣起蓋東西北倉廠四十座，至治元年爲1321年，而《大典》本《金陵志》撰於大德四年（1300）至九年之間（1305）佚文，對龍灣廣運倉已有記載，故元代至治元年於龍灣建造之廣運倉，應非始建，而應是擴建。在此倉明清皆設，但已不在龍灣，《明典彙》有「景皇帝景泰二年，盧鳳徐淮諸郡大饑，發廣運倉賑濟」的記載〔註41〕。史料中，元代以前未見有廣運倉的記錄，《大典》本《金陵志》應是最早記載廣運倉的典籍。佚文「元廣運倉」之「元」字，顯然係《大典》編者所加。

　　「東倉」條佚文取自《景定志》，《至正志》所載與之同。

　　【古蹟】：

　　京城舊時有雙市門，今廢。〖冊四九卷三五二七頁十三　九眞〗（《輯佚》四二五頁）

　　此條內容後志如至正《金陵新志》、《應天府志》、《建康古今記》等書均不見記載，宋景定《建康志·城闕志》中專門記有「門闕」，亦未見載。此條資料對現存方志有一定的輯補充作用，佚文中所載雙市門尚有待進一步的考

〔註39〕（元）張鉉纂：至正《金陵新志》卷六上，《中國方志叢書》據元至正四年刊本影印，臺北成文出版社 1983年3月臺一版。

〔註40〕（宋）馬光祖修，周應合纂：景定《建康志》卷十六，《中國方志叢書》據清嘉慶六年刊本影印，臺北成文出版社1983年3月臺一版。

〔註41〕（清）趙弘恩等監修：《江南通志》卷八十三，文淵閣《欽定四庫全書·》本。

證。此志編纂於元代，而佚文中稱「京城」，應爲《大典》編纂者所使用的地名。

石室刻像。案趙明誠《金石錄》：《武氏石室畫像》五卷。武氏有數墓，在濟州任城。墓前有石室、四壁刻石聖賢像，小字八分書，題姓名，往往贊於其上。文詞古雅，字畫遒勁可喜，故盡錄之，以資博覽。〖冊一百七一卷一八二二二頁十四〗（《輯佚》四二五頁）

《金石錄》爲兩宋之交金石學家、藏書家趙明誠（1081～1129）所撰，他仿歐陽修《集古錄》，作《金石錄》30 卷，將金石刻辭 2000 種編排成帙，詮述條理，考證精博，爲金石學名著。李清照作有《金石錄後序》，述《金石錄》編撰經過、夫婦收藏書、畫之細委。《金石錄》共 30 卷，前 10 卷爲目錄，按時代順序編排；後 20 卷就所見鍾鼎彝器銘文款識和碑銘墓誌石刻文字，加以辯證考據，對兩《唐書》多作訂正，是研究古代金石刻必資之書。據《金石錄》卷二記載，第二百三十九至第二百四十三爲漢武氏石室畫像；佚文中「案語」錄自《金石錄》卷十九《跋尾》，內容與原文完全一樣。但佚文中提到「武氏有數墓，在濟州任城」，濟州任城地屬今山東濟寧市，任城現爲濟寧市的一個區，並不在南京地區，《金陵志》中收錄有關武氏石室刻像的記載，或許與趙明誠的經歷有關，趙明誠於北宋宣和中出守萊州，調淄州。靖康末，起江寧知府，嘉慶《新修江寧府志·秩官表》「江寧寧府知府事」下載：「趙明誠由秘閣修撰任仍兼江南東路經制使改湖州。以上靖康間任。」〔註 42〕其最後也是於建康病卒，宋代建康，即明代之南京。但爲何《金陵志》於其《金石錄》專收錄此條，尚有待研究。也有可能是《大典》編纂時將此條誤收入《金陵志》中。

從上面對佚文的研究可以看出，《金陵志》對前志的補充價值不可忽視。另一方面，《金陵志》中的不少佚文內容，在《景定志》中已有記載，或相同，或不盡相同。就編纂的時間而言，《大典》本《金陵志》編修於宋周應合景定《建康志》之後。周《志》始成於景定二年，陸續增益至咸淳四年。所謂「《建康志》體例最佳，各表紀年隸事，備一方掌故，山川古蹟，加之考證，俱載出，所列諸碑，或依石刻書寫，間有古字。」〔註 43〕而《金陵志》所撰年代距景定《建康志》不遠，編纂時很有可能會參考景定《建康志》，從《大典》

〔註42〕（清）呂燕昭修，姚鼐纂：《重刊江寧府志》卷二十，《中國方志叢書》據清嘉慶十六年刊本影印，臺北成文出版社 1974 年 6 月臺一版。

〔註43〕孫星衍：《重刊景定建康志後序》，景定《建康志》卷首，《中國方志叢書》據元至正四年刊本影印，臺北成文出版社 1983 年 3 月臺一版。

保留的有限的該志佚文中我們依然可以看出二者在內容上存在著一定的關聯，後志對前志有應當有一定的繼承。

第四節　《大典》本《金陵新志》及其佚文研究

馬氏《輯佚》自《大典》殘卷輯出《金陵新志》佚文共 17 條，因此志尚有傳世本，故張國淦先生未輯，《輯本》中無此志。本節據馬氏《輯佚》以校傳世本，並進行相關研究。

一、《大典》本《金陵新志》的編纂情況

從上文《嘉慶江寧府志・藝文中》與張國淦《中國方志考》中所列應天府歷代志目中來看，志書稱《金陵新志》的只有元代奉元路學古書院山長張鉉所纂的至正《金陵新志》。張國淦《中國古方志考》和《江蘇舊方志提要》中所收錄的應天府即南京志書中除張鉉所撰《金陵新志》外，未見到有其他名爲《金陵新志》的志書。因此，《永樂大典》中收錄的這部《金陵新志》應當即是元至正《金陵新志》。

據該志《修志文移》可知，此志由集慶路判官周奉訓與明道書院山長周房等禮請陝西儒官張鉉修纂。於至正三年五月初十日開始修纂，成書於至正三年十月望日。而張鉉撰的《修志本末》中稱「始自夏五，入局修纂，疲罄心思，凡六閱月，以仲冬朔旦，繕寫成編」，兩處所記成書時間大體一致，歷時近六個月。成書後，集慶路儒學王教授與學正方自謙訓導陳顯曾等對進行校正，刊刻時間大致在次年的五月份，由各學分攤刊刻，其中溧陽州學刊雕五卷，溧水州學、明道書院各刊三卷，本路儒學刊造二卷及序文圖本。

《四庫全書》收錄此志，《四庫全書總目》曰：「至正《金陵新志》十五卷兩江總督採進本，元張鉉撰。鉉字用鼎、陝西人。至正初，江南諸道行御史臺，諸臣將重刊宋周應合所撰《建康志》，而其書終於景定中，嗣後七八十年紀載闕略，雖郡人戚光於至順間嘗修有《集慶續志》，而任意改竄，多變舊例，未爲詳審，復議增輯以繼《景定志》之後，因聘鉉主其事，凡六閱月而書成。首爲圖考，次通紀，次世表年表，次志譜列傳，而以摭遺論辯終焉。今本路儒學雕本刊印，至明嘉靖中黃佐修南雍志，尚載有此書版一千一百六十四面，是今所流傳印本，猶出自原刻也。其書略依周志凡例，而元代故實，則本之戚光《續志》，及路州司縣報呈事，其間如官姓名，已入前志者，不復具條。

而世譜列傳，則前志所有者，仍掯載無遺，體例殊自相矛盾。又其凡例中以戚光刪去地圖，不合古意，議之良是，至於世表年表，則地志事殊國史，原不必仿旁行斜上之法，轉使泛無稽，戚志刪除，深合體例，鉉乃以概訾之，亦爲失當。然其學問博雅，故薈萃損益，本末燦然，無有後來地志家附會體雜之病，其古蹟門中所載梁始興忠武王安成康王二碑，朱彝尊皆嘗訾爲之跋，而不引是書爲證，豈其偶未見與？」〔註44〕

從《四庫全書總目》中的論述可知，景定《建康志》後七八十年間的記載闕略，元代在至正《金陵新志》之前已經有郡人戚光所撰之《集慶續志》，但質量欠佳，因而又聘張鉉重撰。至正《金陵新志》之《修志文移》中稱：「至於志書，歷宋景定年，至馬裕齋方行修輯完備，惜其舊板，已經燒毀不存，而日近郡士戚光，妄更舊志，率意塗竄，遂使名迹埋沒無聞，志士莫不惋惜。今次莫若因爲舊志之已成，增本朝之新創，重新繡梓印行，亦爲一代之典，豈不韙與？」可見《至正志》是對《景定志》有重要的補充，其書「略依周志凡例，而元代故實，則本之戚光《續志》，及路州司縣報呈事，其間如官姓名，已入前志者，不復具條。」體例上依據周應合景定《建康志》而元代故實本於本朝《戚志》以及路州司縣報呈的事蹟，有些前志已有的內容則不再重撰。但《四庫全書提要》中認爲，《戚志》的體例設置，也還是有可取之處的，《至正志》對其之刪改有失當之處。

二、《大典》本《金陵新志》佚文研究

《大典》本《金陵新志》即爲傳世的《金陵新志》。因有傳世本，因此本文只研究佚文中可資校勘或可補充傳世本者，對傳世本已有的內容，不再研究。但仍可以《大典》本佚文比勘傳世本，見其異同是非，發掘佚文價值。

馬氏《輯佚》共收錄佚文 17 條，其中【山川】12 條，【村寨】1 條，【人物】2 條，【祥異】1 條，通過比校發現，《大典》本《金陵新志》雖然與《四庫全書》本與元至正四年刊本《金陵新志》基本相同，但有的內容仍然有著比較明顯的差異，現分析如下。

《大典》本《金陵新志》保留下來的湖泊資料中，有幾條關於湖泊的記載，元刊本至正《金陵新志》中均可見到，但是《四庫全書》本至正《金陵新志》之《山川》中卻沒有見到，很可能是錄入該志時的遺漏。在此據以補

〔註44〕《四庫全書總目》卷六十八，文淵閣《欽定四庫全書》本。

《四庫》本之遺闕，這些湖泊是黃山湖、河湖、銀湖、下湖、高亭湖、三城湖、西干湖與陽劉湖，諸湖在景定《建康志》中亦有記載，但詳略不同：

黃山湖，在溧陽州西南三十七里黃山下，周五里。〔冊十八卷二二六一頁二十一　六模〕（《輯佚》四二四二九頁）

河湖，在城西南七十里，周八里，溉田十頃。〔冊二十卷二二六六頁二　六模〕（《輯佚》四二九頁）

銀湖，在城南七十里，周十三里，溉田二十頃。〔冊二十卷二二六七頁三十　六模〕（《輯佚》四二九頁）

下湖。溧陽州有下湖，在州南十里。周迴五里。流經白雲，逕東入大湖。〔冊二十卷二二六七頁三十三　六模〕（《輯佚》四二九頁）

高亭湖在城東南三十里，周迴二十里，溉田二十五頃。《丹陽記》云：王仲祖墓東南一十六里，有高亭湖。周迴三十餘里。〔冊二十卷二二七○頁十四　六模〕（《輯佚》四二九頁

三城湖，其湖在城西南七十三里，周一十五里，中有三小城，因以名之。〔冊二十卷二二七○頁十八　六模〕（《輯佚》四二九頁）

西干湖，在城東五十里，周五里，溉田五十頃。長樂崑崙墩之西，有村曰西干，其側有湖，因名。〔冊二十卷二二七○頁二十八　六模〕（《輯佚》四二九頁）〔註45〕

其中西幹湖，《四庫全書》本至正《金陵新志》中載此湖名為「西子湖」；佚文稱「有村曰西干」，《四庫全書》本中稱「有村曰西子」，但嘉慶六年刊本之景定《建康志》中亦稱「西干湖」與「西干村。」元至正四年刊本中，也記載為「西干湖」，如此看來，《四庫全書》本中的「西子湖」、「西干村」之名，錄入有誤。

陽劉湖，在城東南六十里，周三十里，溉田三十頃。其湖連龍都埭。在陽劉村，故名之。〔冊二十卷二二七一頁十二　六模〕（《輯佚》四二九頁）

此湖在《四庫全書》本景定《建康志》中稱為「劉陽湖」，村亦名「劉陽村。」嘉慶刊本景定《建康志》中亦稱「劉陽湖」與「劉陽村」，元至正四年刊本中亦名「劉陽湖」。因知《大典》中稱「陽劉湖」、「陽劉村」錄入有誤。另外，景定《建康志》、元至正四年刊本《金陵新志》中均無佚文後半句「其湖連龍都埭。在陽劉村，故名之」，不知《大典》據何本錄入。

【人物】：

崔敦禮與弟敦詩，本通州靜海人，同登紹興庚辰第。愛溧陽山水，買田築居。池上有讀

〔註45〕　（宋）馬光祖修，周應合纂：景定《建康志》卷十八，《中國方志叢書》據清
　　　　嘉慶六年刊本影印，臺北成文出版社 1983 年 3 月臺一版。

書堂，扁日雙桂。敦禮字仲由，歷江寧尉、平江府教授、江東撫幹、諸王宮大小學教授。敦詩字大雅，性端厚。議論疏通。知大體，博覽強記，繇秘書正字除翰林，權直崇政殿說書，權給事中。家難，服闋，除樞密編修官、著作郎，權吏部郎官，又兼崇政說書，進國子司業，直學士院，拜中書舍人，加侍講直學士院。卒，贈中大夫。崔敦禮《除吏部架閣謝左揆啓》：開洪鈞而播物，孰不依歸？陳末藝以求知，誤膺收錄。竊惟人臧否之辨，在乎大臣選擇之間。洋然動心，峩然纓冠，咸願攀躋於梯級。藝者必庸，善者必錄。蓋將羅絡於英才。俱收並蓄，而待用無遺。校短量長，而惟器是通達。如敦禮者，朱愚智短，汗漫材踈。惟貧且賤，無所用其能，惟蒙且拙，無所貳其志。故常泛濫乎章句之習，沉潛乎經傳之辭。補葺罅漏，而學欲得其全；聯毫緝縷，而文欲窮其妙。一命塵坆之域，三年警捕之勞。歎俗狀之可憎，恥前功之頓廢，因即六朝之都會，歷稽千古之興衰。心術殫於廣記之餘，精神耗於多思之際。原原本本，庶幾求至當之歸；是是非非，亦足爲名教之助。幸逢賢德之在上位，將收智慮，以成茂功，豈伊纖芥之微，自棄鈞陶之外。儒服不用他藝，獨惟文字之知。束書而來京師，人或興迂闊之誚。敢期造化，曲賜甄收。職隸省曹，是欲少階其後用。近臨天日，使其易見於寸長。荷德若斯，捫心知幸。茲蓋恭遇某官，高明而博厚，敬義而直方。素所停涵，因許己皋夔之列；若時經畫，必致君堯舜之隆。舉人材之進退而納之於至公；排天下之好惡，而殺之於不敢。判黑白於冰鑒，審輕重於權衡，乃如骹骸之文，亦被生成之賜，敦禮敢不愈堅素履，益勵操修。三公盡知音之人，誠爲幸會；子虛動淩雲之志，尚冀提斯。【冊三三卷二七四一頁七　八灰】（《輯佚》四三○頁）

　　至正《金陵新志・人物志》「耆舊」下有關於崔敦禮的記載，《大典》本與《四庫全書》本的記載相同。景定《建康志》的記載與至正《金陵新志》中相同。但《景定志》中還記載崔敦禮「淳熙八年卒，官至宣教郎」，敦詩」淳熙九年卒，年四十四，特贈送中大夫。」爲《至正志》中所未記載。

　　崔敦禮，是南宋時文學家。字仲由，通州（今南通）靜海人，南渡後愛溧陽山水，買田築室而居。高宗紹興三十年（1160）與其弟敦詩同登進士，《宋史》中無傳，其詩詞共存約一百首。《四庫全書總目》評其詩文「格律平正，詞氣暢達；雖不能領新標異。而周規折矩，尺寸不渝」。著有《芻言》、《宮教集》。

　　《大典》本佚文收錄的崔敦禮《除吏部架閣謝左揆啓》，此篇是崔敦禮爲權者慧眼所識，加以任用後，所寫的一篇表達謝意和明示心志的文章，語氣誠懇，用詞考究。景定《建康志》、元至四年刊本至正《金陵新志》、《四庫全書》本至正《金陵新志》和均未收錄此篇文章，此篇非原志所有，應是《永樂大典》的編纂者所輯入的。

　　《四庫全書・別集類三》收錄有崔敦禮《宮教集》十二卷，卷首《提要》載：「臣謹案《宮教集》十二卷，宋崔敦禮撰，敦禮有《芻言》已著錄。焦竑

《國史‧經籍志》載《崔敦禮集》二十卷，其本久佚。他家書目亦罕著於錄。故厲鶚《宋詩紀事》不及敦禮之名。惟《永樂大典》載有敦禮《宮教集》，其詩文篇帙尚富。大抵格律平正，詞氣暢達。雖不能領新標異，而周規折矩，尺寸不踰。前輩典型茲猶未墜，未可等諸自鄶無譏。謹採掇編次，釐爲十有二卷。第五卷內有《進重刪定呂祖謙所編文鑒箚子》一篇，稱刪去增添，別寫進呈云云。考李心傳《朝野雜記》謂呂祖謙《文鑒》既成，近臣密啓，其失當。乃命直院崔大雅更定增損去留凡數十篇。大雅者，其弟敦詩字也。《朱子語類》嘗論祖謙編錄《文鑒》事，亦有崔敦詩刪定奏議之語。是此箚當出敦詩不出敦禮，似乎《永樂大典》偶而誤題。然或敦詩刊定進呈，敦禮代草奏，亦未可定。既別無顯證，姑仍其舊錄之，而附著其舛互如右。乾隆四十六年九月恭校上。」〔註46〕

由此可知，焦竑《國史‧經籍志》中所載崔敦禮《宮教集》原爲二十卷，但其本久佚。惟有《永樂大典》中載有敦禮《宮教集》，但也只稱篇帙尚富，尚不能稱爲完帙。《四庫全書》從《永樂大典》中採掇編次，釐爲十二卷，已非原書卷數。《四庫全書》中收錄崔敦禮之《宮教集》卷八《啓三十首》、卷九《啓十九首》、卷十《啓十二首》、卷十一《啓十三首》中均未見此條佚文中收錄的《除吏部架閣謝左揆啓》。因此，《大典》本《金陵新志》所收錄之《除吏部架閣謝左揆啓》，當爲現存崔敦禮文集的一篇佚文，或有可能是《永樂大典》據稿本輯錄的此文，不管由於什麼原因，《大典》本《金陵新志》保存的這篇《除吏部架閣謝左揆啓》佚文，對於現存方志和《四庫全書》崔敦禮文集具有珍貴的輯補價值。

盧絳，寓居翔鷺坊，遘熱病彌日。晝寢，夢一位婦人被眞珠衣，持蔗一本，令絳盡食，歌《菩薩蠻》一曲送之，食畢而寤，病亦瘳矣。其詞曰：玉京人去秋蕭索，畫簾鵲起梧桐落。欹枕悄無言，月臨殘夢圓。孤衾成暗泣，睡起羅衣濕，眉黛遠山攢，芭蕉生暮寒。絳後立功，仕途至節度，後南唐雲起兵復不克而死。〖冊一百三六卷一三一四〇頁十五　一送〗（《輯佚》四三一頁）

馬氏《輯佚》將此條佚文列入【人物】類，但原書類目尚存，元至正四年刊本《金陵新志》中此則佚事載於卷十四《摭遺》，盧絳在該志中沒有傳記，但《至正志》卷十三《人物志‧世譜》中「南唐郡姓」下載有「盧絳」。

盧絳，字晉卿，南昌人，一作宜春（今屬江西）人。馬令《南唐書》卷二十

〔註46〕　（宋）崔敦禮：《宮教集》卷首，文淵閣《欽定四庫全書》本。

二、陸游《南唐書》卷十四有傳。其舉進士不中，爲吉州回運務計吏，以盜庫金事覺，亡去。後詣（南唐）樞密使陳喬，用爲本院承旨，授沿江巡檢，習水戰，以善戰聞，拜上柱國。及宋師伐南唐，以絳爲淩波都虞候、沿江都郡署，守秦淮水柵，戰屢勝。出援潤州，授昭武軍節度留後。旋爲宣州節度使。金陵城陷，諸郡皆下，絳獨不降。開寶九年春五月，爲宋太祖所殺。

與盧絳有關的這首詞，墨海本馬令《南唐書》、《四庫全書》本《紺珠集》、萬曆本《花草粹編》中有載。《紺珠集》卷十二《摭遺闕名》載：「盧絳夢曲，盧絳夢白衣女子以甘蔗兩盤遺絳，絳食其一。女子曰：『若食盡，終享富貴。乃歌菩薩蠻曲云：『玉京人去秋蕭索，畫簷鵲起梧桐落。歌枕悄無言，月和清夢圓。背燈惟暗泣，甚處砧聲急。眉黛遠山攢，芭蕉生暮寒。』絳問何人，曰姓白，後當於固子陂相見。絳後爲江南李主將，被誅於固子陂。其行刑者乃果白姓也。」〔註47〕此則軼事記載盧絳之夢，與佚文略異。佚文記載盧絳得熱病彌日，晝寢時夢一婦人持蔗令食，食畢而寤，病亦瘳矣。而《紺珠集》所載則是盧絳夢白衣女子以甘蔗兩盤遺絳，絳食其一，女子曰食盡終享富貴，類於古之夢兆前知事蹟。佚文中收錄的這首《菩薩蠻》與《四庫全書》本《紺珠集》中文字略有不同，爲我們提供了盧絳《菩薩蠻》的又一版本，有一定的文獻價值。

從上文論述可知，元代南京至少編纂了四部府（路）志：《金陵志》、《建康路志》、《集慶路續志》、至正《金陵新志》，除《至正志》尚存外，其餘均已佚失，其中以《金陵志》佚文內容最多。

此外，馬氏《輯佚》還收錄有一部《金陵府志》，張氏《輯本》未輯，有【倉廩】類佚文一則：

宋轉般倉，《景定志》曰：淳熙六年置，在上水門外淮水北岸。〔冊八一卷七五一五頁九十八陽〕（《輯佚》四六〇頁）

從這一則內容僅能知此志修於景定《建康志》之後，考慮到明代南京方志一般稱《應天府志》，迄今尚未見到有以「金陵」名者，而元代四部方志中有兩部以「金陵」命名，姑且將此《大典》本《金陵府志》歸爲元代方志，是否與《金陵志》爲同一志書，尚須進一步考證。總的來說，元代幾部佚志包括【倉廩】、【山川】、【土產】、【官署】、【宮室】、【人物】、【古蹟】、【詩文】、【村寨】、【祥異】十個方面的內容，不少內容爲現存方志和正史所不載、或

〔註47〕（宋）朱勝非：《紺珠集》，文淵閣本《欽定四庫全書》本。

所載不同。爲瞭解元代及以前的地理、官制、文學、人物等方面，提供了珍貴的史料，有補充現存文獻的價值，從中也可看到《永樂大典》對於保留原始文獻所做出的貢獻。

第五節　《大典》本《應天府志》及其佚文研究

馬氏《輯佚》收錄的明代南京方志共有三部，即《洪武志》、洪武《京城圖志》和《應天府志》，張氏《輯本》亦收錄，但將《洪武京城圖志》佚文併入《洪武志》下，《北京圖書館珍本古籍叢刊》中保留有清抄本的《洪武京城圖志》一卷，其書名爲《洪武京城圖志》，但其版心處所寫書名卻是《洪武志》，實際上《洪武志》與洪武《京城圖志》是同一部方志。《輯佚》凡例中云：「《大典》徵引書名，殊不一致。究爲一書或他書，已難尋考，今輯佚時悉遵《大典》所錄書名，一般不強爲合併」。〔註48〕因此，馬氏《輯佚》中的六十八部江蘇方志中不乏同書異名的現象，即有的兩部或三部志書實爲或可能爲一書，後面章節中亦存在此種情況。由於《洪武京城圖志》尚存多種傳世本（見本文第一章第一節），故不作研究，這裡只研究《大典》本《應天府志》。

一、明代《應天府志》的編纂情況

明代應天府屬南京畿輔，府治在南京城，前文已引《明一統志》所載之應天府建置沿革，領縣八，即：上元、江寧、句容、溧陽、溧水、江浦、六合、高淳諸縣。

《明史・太祖一》載：「（至正）十六年春二月，大破海牙於採石。三月癸未，進攻集慶，……太祖入城，悉招官吏父老諭之曰：『元政瀆擾，干戈蜂起，我來爲民除亂耳，其各安堵如故。賢士吾禮用之，舊政不便者除之，吏毋貪暴殃吾民。』民乃大喜國望，改集慶路爲應天府。」〔註49〕記錄了明代應天府產生的過程，故知此《應天府志》當爲明志。

目前尚存的《應天府志》是萬曆五年應天府尹汪宗伊、程嗣功主修，教授王一化等所纂。萬曆二十年（1592）補刊時又增補後十五年歷官表和記事。朱士嘉《中國地方志綜錄》一書中著錄的《應天府志》有兩部，一部是萬曆

〔註48〕馬蓉、陳抗等：《永樂大典方志輯佚》，中華書局 2004 年 4 月第 1 版，第二四頁。

〔註49〕《明史》卷一，《中華書局》1974 年 4 月第 1 版。

五年刻本，王一化纂修，日本內閣文庫藏。另一部即是萬曆二十年刻本，程嗣功纂修，北京圖書館藏。兩志均是三十二卷。齊魯書社一九九七年《四庫全書存目叢書》史部二零三冊影印有明萬曆五年刻本。該志所記明代典章制度與金陵往事頗與史傳相合無謬，對沿革、戰爭敘述尤詳。此志在清順治年間被知府林天擎用作底本，稍作修改，刊爲順治《江寧府志》，後佚。

除萬曆《應天府志》外，明代還有兩部《應天府志》，一部爲正德己巳（1509）應天府丞寇天敍修，劉雨、徐霖等纂，卷數不詳，此志現已不存。另一部即是《永樂大典》所收錄之《應天府志》，目前尚存一些佚文。《永樂大典》修於永樂六年，那麼這部《應天府志》應當修於永樂六年以前。

明代揚士奇《文淵閣書目·舊志》中載有《應天府志》五冊。《四庫全書》本《文淵閣書目》中四庫館臣所作《序》曰：「臣等謹案：《文淵閣書目》四卷，明楊士奇編。士奇有《三朝聖諭錄》已著錄是編，前有正統六年題本一通稱：『各書自永樂十九年南京取來，一向於左順門北廊收貯，未有完整書目。近奉旨移貯於文淵東閣，臣等逐一打點清切，編置字號，寫完一本，總名《文淵閣書目》。』」〔註 50〕可見，書目中所記《應天府志》五冊，應當即是永樂十九年，從南京取來的書籍，永樂六年編《永樂大典》時收錄的應該即是這部志書，但該志修纂人及卷數尚不詳。

張氏《輯本》亦收錄此志，並有如下案語：

案：《大典》引《應天府志》凡二十三條，宋江寧府後改建康府，元建康路後改集慶路，明應天府。其「鐵局」條「洪武九年」云云，知是洪武九年以後所修。《文淵閣書目·舊志》「五冊」，當即是志。〔註 51〕

張氏據應天府沿革，及「鐵局」條佚文，推斷該志編纂於洪武九年以後，其說可從。該志【官署】下有兩條佚文：「鐵局，在上元縣羅帛市，洪武九年置」（《輯佚》四六二頁），「軍器局，上元縣造甲局在石頭街舊洞神宮，初爲向體局，洪武九年二月改今局。」（《輯佚》四六三頁）據此可初步斷定《大典》本《應天府志》的修纂時間應當在洪武九年（1376）至永樂六年（1408）32 年的時間內，但從下文【倉廩】類佚文所提供的線索來看，其編纂時間可以確定在洪武九年至洪武二十八年之間（後詳），對此將在佚文分析中作進一步論證。

〔註 50〕 （明）楊士奇：《文淵閣書目》卷首，文淵閣《欽定四庫全書》本。
〔註 51〕 張國淦：《永樂大典方志輯本》，北京燕山出版社 2006 年 5 月版，第 829 頁。

二、《大典》本《應天府志》佚文的價值

　　《大典》本《應天府志》佚文內容包括【府境】1 條、【山川】3 條、【土產】2 條、【官署】7 條、【倉稟】1 條、【宮室】3 條、【人物】8 條、【遺事】1 條、【詩文】1 條，共九個方面的內容。由於《大典》依韻編纂，同一方志被支割分散，失去原書類目。佚文中除「府境」條目爲《大典》原有類目外，其餘均爲馬氏《輯佚》一書之編者根據方志佚文內容所定，這些佚文的內容，與明萬曆年間編纂的《應天府志》有很大不同，具有十分珍貴的文獻學和史料價值。

　　【府境】：

　　古揚州之域。周顯王時，越滅吳置金陵邑，秦改爲秣陵縣，漢爲丹陽郡地。建安十七年，改秣陵曰建業，三國吳建都於此。晉永嘉元年，琅邪王睿鎮建業。建興初，避愍帝諱改建康，元帝建都於此。宋、齊、梁、陳皆因之，號京輦神皐。隋平陳，置蔣州，治石頭。唐爲揚州，又改江寧，又改升州。吳改金陵府，南唐建都於此，以爲西都升州江寧府。宋爲江寧府，高宗建炎二年，改曰建康府。紹興二年，以府治爲行宮，號行都。元至元十二年，開行中書省，後改建康路。天曆二年，以文宗儲邸改曰集慶路。大明丙申年，改應天府。洪武元年，立南京、北京。詔曰：「奉天承運，皇帝詔曰：朕建邦基以成大業，興王之根本爲先；居中夏而治四方，立國之規模至重。自趙宋末世，夷狄入主中國，今百有餘載，其運乃終。群雄紛爭，未見有定於一者，民遭塗炭亦已極矣。朕以布衣當擾攘之際，拔身戎伍，率眾渡江，天地眷祐，祖宗積德，臣下宣忠，三軍用命，西平陳友諒，東滅張士誠，南靖閩廣，北有中原，武功大集，混一之勢已成。十七年間，糧儲軍需，百物科徵，頻煩尤甚，民無休息者，皆江左一方，受供給之繁，遂致天下收平寧之效。民初有助於朕，其可忘乎！頃幸大梁，詢及父老，皆曰：『昔聖人居中國而治四夷，天下咸服。』，朕觀中原土壤，四方朝貢，道里適均，父老之言，乃合朕志，可不從乎！然立國之規模固大，而興王之根本不輕，以金陵、大梁爲南、北京，朕於春秋往來巡狩駐守，播告爾民，使知朕意。至於立宗社，建宮室，定朝市，南京既以創置矣。北京其令有司次第舉行。於戲！江左開基，立四海永清之本，中原圖治，廣一視同仁之心。故茲昭示，想宜知悉。」【冊八五卷七七〇一頁五　十九庚】（《輯佚》四六一頁）

　　大典本《應天府志》佚文對史籍具有佐證和校補的作用。佚文中記載「天曆二年，以文宗諸邸改曰集慶路。大明丙申年，改應天府。」「大明丙申年」即元至正十六年（1356），可見關於明代應天府的由來，《明史》與《大典》本《應天府志》記載是一致的，此條佚文可爲《明史》之佐證。

　　《大典》本《應天府志》佚文中保存的洪武元年詔書，《明史》未收，見載於明《太祖實錄》。《明實錄》係史官根據檔冊修成，初修於建文朝，重修於永樂朝，萬曆時附入建文帝事，定稿。史官在據檔冊修實錄時，可能會對

檔冊文字略作變動而失眞。《大典》本《應天府志》修於洪武時期，是最早著錄明太祖洪武元年詔書的文獻。比較《大典》本《應天府志》和《明太祖實錄》中的這篇詔書，可發現《明太祖實錄》中所錄的這篇詔書有一些脫漏，有的地方意思相近，但文字略有不同。

　　《明太祖實錄》中記載如下：「洪武元年八月己巳，詔以金陵爲南京，大梁爲北京，詔曰：『朕建邦基以成大業，興王之根本爲先；居中夏而治四方，立國之規模最重。自趙宋末世，夷狄入主中國，今百有餘載，其運乃終。群雄紛爭，未有定於一者，民遭塗炭亦已極矣。朕以布衣當擾攘之際，拔身行伍，率眾渡江，荷天地眷祐，祖宗積德，臣下宣忠，將士用命，西平陳友諒，東滅張士誠，南靖閩廣，北有中原，武功大定，混一之勢已成。十七年間，凡糧用軍需，百物科徵，民無休息，而江左一方，煩勞尤甚，遂收天下平寧之效。朕觀中原土壤，四方朝貢，道里適均，父老之言，乃合朕志。然立國之規模固重，而興王之根本不輕，其以金陵爲南京、大梁爲北京，朕於春秋往來巡狩，播告而民，使知朕意。』」〔註52〕

　　對比二詔書，《明實錄》中的詔書首脫「奉天承運，皇帝詔曰」8 字。詔書中間脫「民初有助於朕，其可忘乎！頃幸大梁，詢及父老，皆曰：『昔聖人居中國而治四夷，天下咸服。」與「可不從乎！」兩句38字。然而這兩句卻反映出明代開國之主不忘民恩與重視民意的精神。詔書末尾脫：「至於立宗社，建宮室，定朝市，南京既已創置矣。北京其令有司次第舉行。」一句 28字。這一句反映出明代立兩京時，「立宗社，建宮室，定朝市」，南京的創置對當時北京的建置是有一定的影響。

　　通過比較我們會發現，《大典》本《應天府志》中所保存下來的詔書更爲完整，當是這篇詔書的原貌。對比二詔書，《明實錄》中的詔書首脫「奉天承運，皇帝詔曰」8 字。詔書中間脫「民初有助於朕，其可忘乎！頃幸大梁，詢及父老，皆曰：『昔聖人居中國而治四夷，天下咸服。」與「可不從乎！」兩句38字。然而這兩句卻反映出明代開國之主不忘民恩與重視民意的精神。詔書末尾脫：「至於立宗社，建宮室，定朝市，南京既已創置矣。北京其令有司次第舉行。」一句 28 字。這一句反映出明代立兩京時，「立宗社，建宮室，定朝市」，南京的創置對當時北京的建置是有一定的影響。

〔註52〕《明實錄》卷三十四，臺北中央研究院歷史語言研究所據國立北平圖書館紅格鈔本校印本。

同時，通過《明實錄》和《應天府志》二詔書比對後，還可發現存在不少異文，如《明實錄》詔書中「立國之規模最重」、「拔身行伍」、「將士用命」、「武功大定」、「播告而民」，《應天府志》詔書中分別爲「立國之規模至重」、「拔身戎伍」、「三軍用命」、「武功大集」、「播告爾民」。

又有衍文、脫文，如《明實錄》詔書中之「荷天地眷祐」，《應天府志》爲「天地眷祐」，較後者衍一「荷」字；《明實錄》詔書中「十七年間，凡糧用軍需，百物科徵，民無休息，而江左一方，煩勞尤甚，遂收天下平寧之效」一句，《應天府志》詔書中爲「十七年間，糧儲軍需，百物科徵，頻煩尤甚，民無休息者，皆江左一方，受供給之繁，遂致天下收平寧之效」前者脫「頻煩尤甚」四字，且有異文。由此可見《大典》本《應天府志》具有珍貴的校勘價值。

萬曆《應天府志・凡例》第一條云：「應天故文獻地，自國朝建都以來，迄無專志，茲事屬創始，遺舛寔煩，摭萃闕成以竢君子」。〔註53〕該志所附《四庫全書總目・萬曆應天府志三十三卷提要》云：「應天在明爲南京，而舊無府志，萬曆丁丑一化始創是編，凡爲紀三表九志十一傳，……」（同前，卷末），但既然《永樂大典》中載有《應天府志》，則萬曆志中「應天舊無專志」和《四庫全書總目提要》「舊無府志」的說法是不正確的。萬曆《應天府志》的修纂者在修志時，必定未見到《永樂大典》中所收的《應天府志》，否則就不會認爲「應天故文獻地，自國朝建都以來，迄無專志，茲事屬創始」。《永樂大典》修成以後僅有正副兩部，且藏於秘閣，不易見到。如果程嗣功、王一化等人見到《永樂大典》中的《應天府志》的話，那麼萬曆本的《應天府志》很可能又會是另外一番樣子了。除《永樂大典》以外，尚未見到有別的古籍收錄這部《應天府志》。從中我們也可以看出《永樂大典》對於保存佚志的重要文獻價值。

【山川】：

《大典》本中收錄的【山川】類佚文共 3 條，全部爲岩石的記載：

天開岩，在應天府上元縣攝山棲霞寺之後。去寺三里有天開岩，石多特立，中有石礜相向，其直如截，殆非人力所至，故以天開名其岩。岩之左有張稚圭、祖無擇諸公題字。又《金陵新志》云：岩因崇報禪寺左有千佛嶺，後有天開岩、碧鮮亭、白雲庵、迎賢石、醒石、中峰澗、石房、白雲泉，亦云品外泉。〔冊一百卷九七六三頁三　二十二覃〕（《輯佚》四六二頁）

〔註53〕（明）程嗣功修，王一化纂：萬曆《應天府志》卷首，《四庫全書存目叢書》史部二〇三，齊魯書社 1997 年版，據日本內閣文庫藏明萬曆五年刻本影印。

　　佚文介紹了天開岩的位置、形態，以及人文遺迹等。萬曆《應天府志‧山川志》「攝山」條云：「……，又名繖山，齊時隨山勢大小鑿佛像千餘，名千佛嶺，下爲天開岩。沈傳師、徐鉉、張稚圭、祖無擇題名尚存。」（同前，卷十五）景定《建康志‧山川志》載：「千佛嶺，在攝山棲霞寺之側，齊文惠太子、豫章文獻王、竟陵文宣始安王及宋江夏、王霍姬、齊田奐等琢石建像，梁瑩川靖惠王復加瑩飾，嶺之中道石壁有沈傳師、徐鉉張稚圭題名。」〔註54〕《大典》本《應天府志》基本上原文錄入了景定《建康志》中該條的內容，首句中加入「應天府上元縣」，後半段補入了《金陵新志》的內容。

　　張稚圭，《宋史》無傳，「益都人，著籍臨安（今屬浙江）。仁宗慶曆六年進士，嘉祐中爲秘書丞，神宗熙寧三年（1070），知宗正丞。五年，權提點刑獄。」〔註55〕《宋史‧職官四》「大宗正司」下載：「舊制，擇宗室賢者爲知大宗正事，次一人爲同知；其後，位高屬尊者爲判。熙寧三年，始以異姓朝臣二員知丞事，置局爲睦親、廣親宅。是歲省管幹睦親、廣親宅及提舉郡、縣主等它官，以其事歸宗正。自熙寧中置丞，始以都官員外郎張稚圭爲之。神宗疑用異姓，王安石言：前代宗正固有用庶姓者，乃錄春秋時公侯大夫事。神宗曰：『此雖無前代故事，行之何害？』安石曰：『聖人創法，不必皆循前代所已行者。』於是召稚圭對而命之。」〔註56〕《宋史‧藝文三》記有其《大宗正司條》六卷，宋李燾《續資治通鑑長編》載其事若干則。

　　祖無擇，《宋史》本傳載：「字擇之，上蔡人。進士高第。歷知南康軍、海州，提點淮南廣東刑獄、廣南轉運使，入直集賢院。……無擇爲人好義，篤於師友，少從孫明復學經術，又從穆修爲文章。兩人死，力求其遺文匯次之，傳於世。以言語政事爲時名卿，用小累鍛鍊放棄，訖不復振，士論惜之。」（同前，卷三百三十一）其爲人好義，篤於師友。少學經術文章，又以言論政事爲名卿，卻曾因小節而爲王安石所惡，其傳載：「初，詞臣作誥命，許受潤筆物。王安石與無擇同知制誥，安石辭一家所饋不獲，義不欲取，置諸院梁上。安石憂去，無擇用爲公費，安石聞而惡之。熙寧初，安石得政，乃諷監司求無擇罪。」（同前）然而據《宋史》所載，其並無貪賄之行，因而史曰「用小累

〔註54〕（宋）馬光祖修，周應合纂：景定《建康志》卷十七，《中國方志叢書》據清嘉慶六年刊本影印，臺北成文出版社1983年3月臺一版。

〔註55〕北京大學古文獻研究所編：《全宋詩》卷四〇八，北京大學出版社1991年7月第1版。

〔註56〕《宋史》卷一百六十四，中華書局1977年11月第1版。

鍛鍊放棄，訖不復振，士論惜之」，頗有同情之意。

　　《宋史》傳載：「時封孔子後爲文宣公，無擇言：『前代所封曰宗聖，曰奉聖，曰崇聖，曰恭聖，曰褒聖；唐開元中，尊孔子爲文宣王，遂以祖諡而加後嗣，非禮也。」於是下近臣議，改爲衍聖公。』」（同前）《宋名臣奏議》「禮樂門」下有其《上仁宗論孔宗願襲文宣公》文，即論此事。〔註57〕

　　　偃月岩，在應天府六合縣靈巖山。其山嶺高峻，南北爲偃月，岩下今有法義禪院。【冊一百卷九七六三頁二十二　二十二罩】（《輯佚》四六二頁）

　　萬曆《應天府志》記六合縣山川，靈巖山條云：「靈巖山在東十五里，南有偃月岩，其下爲鳳凰臺，又有鹿跑泉，白龍池，山之麓有澗，產五色石，名瑪瑙澗。（同前）光緒《六合縣志·山川》載：「靈巖山在縣東十五里，高二百二十一丈，周九十里，山無銳峰。岩巒層聳，四面如一。岩際常有靈瑞故名。」「偃月岩，在山之西偏，與城邑相望。靈巖寺嵌入岩畔，兩石相疊，懸立欲落。」〔註58〕佚文還記錄岩下今有法義禪院，可補充現存方志，此岩《景定志》、《至正志》均未記載，《大典》本《應天府志》當是最早記載此岩的方志。

　　　酆都岩，在直隸應天府句容縣酆都洞上。【冊一百卷九七六四頁十九　二十二罩】（《輯佚》四六二頁）

　　在景定《建康志》、至正《金陵新志》、萬曆《應天府志》均未記載此岩，應是首載於《大典》本《應天府志》，佚文有補闕現存方志的價值。

　　【土產】：

　　黃精。【冊九四卷八五二六頁十八】（《輯佚》四六二頁）

　　五願樹。鍾山之最高峰北有五願樹，乃柞木也。【冊一百五二卷一四五三七頁三】（《輯佚》四六二頁）

　　萬曆《應天府志》中未列土產一類，景定《建康志》記載黃精較詳（見前文《金陵志》佚文解析）。至正《金陵新志·物產》載：「黃精，《本草》云：葉大根粗，□白色，至夏華實。」〔註59〕清嘉慶《新修江寧府志》中僅記載「茅山產黃精」。

〔註57〕　（宋）趙汝愚：《宋名臣奏議》卷九十一，文淵閣《欽定四庫全書》本。

〔註58〕　（清）謝延庚修、賀廷壽纂：《六合縣志》卷一，國家圖書館藏光緒9～10年刻本（數字方志）。

〔註59〕　（元）張鉉纂：至正《金陵新志》卷七，《中國方志叢書》據元至正四年刊本影印，臺北成文出版社1983年3月臺一版。

　　五願樹，上述二志均未記載。同治《上江兩縣志·山考》載：「（鍾）山舊有五願樹。樹，五柞木也。《漢書》：武帝作五柞宮。張晏曰有五柞樹，因名。《西京雜記》曰：五柞樹皆連三抱，上枝覆蔭數十畝。宋元嘉中百姓祈禱於此，見《芥隱筆記》。王安石詩：北尋五願樹，謂此。」〔註60〕同治《志》稱此樹爲「舊有」，與《應天府志》之稱「有」不同，蓋鍾山之五願樹明初尚存，而至於清同治時已不存矣。《大典》本《應天府志》佚文，是應天府地區物產方面的珍貴資料。

　　《大典》本《應天府志》中的佚文可補後志之缺。其佚文中【官署】方面的資料有「織染局」，「鐵局」，「鐵貓局」，「鞍轡局」，「寶源局」，「軍器局」，「鑄印局」共七條相關記錄，爲後志萬曆《應天府志》所無。其內容如下：

【官署】：

　　織染局，在正北隅。初以常照庵基作信寶局，後以爲織染局，今移印引局，在淳化街。〖冊一百七八卷一九七八一頁十八　一屋〗（《輯佚》四六二頁）

　　鐵局，在上元縣羅帛市，洪武九年置。〖冊一百七八卷一九七八一頁十八　一屋〗（《輯佚》四六二頁）

　　鐵錨局，在江寧縣戒壇寺舊基。〖冊一百七八卷一九七八一頁十八　一屋〗（《輯佚》四六二頁）

　　鞍轡局，在狀元坊，玄眞觀基，初爲理問所，繼爲應天衛衙，洪武三年改今局。〖冊一百七八卷一九七八一頁二十　一屋〗（《輯佚》四六二頁）

　　寶源局，應天府火藥局東。〖冊一百七八卷一九七八一頁二十三　一屋〗（《輯佚》四六二頁）

　　軍器局，上元縣造甲局在石頭街舊洞神宮，初爲尚醴局，洪武九年二月改今局。〖冊一百七八卷一九七八一頁二十　一屋〗（《輯佚》四六三頁）

　　鑄印局，在江寧縣舊中書省東。〖冊一百七八卷一九七八一頁十八　一屋〗（《輯佚》四六三頁）

　　《大典》本《應天府志》中所載的各局：織染局，屬工部，全稱爲織染雜造局，或稱織造局，專門掌管織造各種皇室和官府使用的絲織品，見載於《明史·職官四》；鐵局，掌管殿宇輕細鐵工，《明史》不見記載，《元史·百官五》載：「大使一員，副使一員。至元七年置。」〔註61〕《百官六》載：「鐵局，提領三員，管勾三員，提控一人，掌諸殿宇輕細鐵工。中統四年置。」（同前，卷九十）由《應天府志》記載可知，此局明初仍置。鞍轡局，屬工部，負責

〔註60〕（清）莫祥芝、甘紹盤修，汪士鐸等纂：同治《上江兩縣志》卷三，《中國地方志集成·江蘇府縣志輯》江蘇古籍出版社1991年6月第1版。
〔註61〕《元史》卷八十九，中華書局1976年4月第1版。

督造鞍轡，更名爲盔甲廠；寶源局，屬工部，掌管鑄錢，元順帝至正二十一年（1361），明太祖朱元璋在應天府（南京）設立寶源局，鑄造「大中通寶錢」，至正二十四年（1364）在江西設置寶泉局，鑄造五種大中通寶錢幣；軍器局，屬工部，負責督造各種兵器，後又成立兵仗局；鑄印局，屬禮部，掌鑄造皇帝寶印及各衙門印信；以上四局各設大使，正九品；付大使，從九品，《明史・職官二》中有記載，其他章節也有記載。佚文中提到的火藥局，不見載於《明史・職官志》，但《明史・五行二》有「（崇禎元年）八月丁酉，火藥局又災」的記載。

　　佚文所記載之鐵貓局、以及「軍器局」中涉及到的尙醢局，在《明史》、《明會典》、《續文獻通考》以及萬曆《應天府志》中均沒有記載。《大典》本《應天府志》中的記載，是珍貴的明初官署資料，補充了正史及其他典籍記載的缺失。

　　同樣，《大典》本《應天府志》中【倉廩】方面的佚文也可作爲正史很好的補充材料。

【倉廩】：

　　大軍倉。永濟東西倉。龍江倉。東葛城廣豐倉。江浦一倉至四倉。石灰山官倉。水軍右衛倉。在城北隅。天策衛倉。在城北隅。龍江衛倉。在城北隅。豹韜衛倉。在城北隅。武德衛倉。在城北隅。神策衛倉。在城北隅。龍驤衛倉。在城北隅。金吾前衛倉。在城東隅。金吾後衛倉。在城北隅。虎賁左衛倉。四六正北隅。留守衛倉。在城北隅。留守中衛倉。在城南隅。府軍衛倉。在城北隅。府軍前衛倉。在東北隅。羽林左衛倉。在城東隅，右衛倉同處。〖冊八十卷七五一一頁十六　十八陽〗（《輯佚》四六三頁）

　　據《明史・食貨三》中記載：「明初，京衛有軍儲倉。洪武三年增置至二十所，且建臨濠、臨清二倉以供轉運。各行省有倉，官吏俸取給焉。……二十四年儲糧十六萬石於臨清，以給訓練騎兵。二十八年置皇城四門倉，儲糧給守禦軍。增京師諸衛倉凡四十一。」〔註62〕

　　《應天府志》中所記載的諸倉有二十五所，其中衛倉有十六所。由《明史》記載可知，至洪武二十八年，京師諸衛倉又增四十一所，遠遠超過《應天府志》中所記的十六所。顯然《大典》本《應天府志》中所記載的諸倉應是洪武初之數，應在洪武三年之後不久。這也說明了《大典》中的《應天府志》是洪武二十八年以前編纂的。又前文述及《大典》本《應天府志》的編

─────────────

〔註62〕《明史》卷七十九，《中華書局》1974年4月第1版。

修時間在洪武九年以後，可知此志編修應在洪武九年以後至二十八年以前的
這段時間內。

這段倉廩方面的資料，記載了洪武前期南京諸衛倉的名稱與位置。從佚
文內容可知，這一時期，京城衛倉，除城東有三處，城東北一處，城南一處
外，其餘均設在城北。京城衛倉的具體名稱和方位，不僅《明史》中沒有沒
有記載，明代方志著述如萬曆《應天府志》、《金陵世紀》、《南畿志》等書也
沒有記載。因此，《大典》本《應天府志》佚文爲我們瞭解明初京城的倉庫設
置提供了不可多得的資料。

《大典》本《應天府志》中有關【宮室】方面的資料，有「虛白齋」，「雲
瑞齋」與「日思齋「三條，亦爲萬曆《應天府志》所不載。

【宮室】：

虛白齋，在應天府冶城山，道士陳玉琳建。危素記：夫膠轕萬變而志不爲之亂，明白四
達而智不爲之鑿，此古之學道者所以大過人也。漆園氏謂之攖寧，其以是歟？陳君玉琳學老子
法於宣城之玄妙觀，既而主金陵之玄妙觀。昔我文宗出居江南，數登冶城山，觀在其處，眷遇
甚厚。及即皇帝位，改玄妙爲大元興永壽觀，陞宮錫君虛白之號，乃題其齋曰虛白，昭君賜也。
侍御史濟南張公書其額，又爲著銘，而縉紳之士多爲之記，君又屬筆於臨川危素。素惟昔文宗
舊勞於外，周知民事，公卿大夫有文武才德知能者，悉取而用焉，至於方外之臣，雖長往於山
林，無事乎祿爵，而亦不欲遺乎其賢仁哉，帝王之用心也。君能遭值休明，錫闕嘉號，所以知
君爲深矣。夫虛室生白，惟至靜者能之。君爲人慷慨好義，處當東南都會之地，又其宮有大興
作，應接繁夥，規劃纖悉，自它人觀之，鮮不厭倦者，而君處之，恬然若無所事，苟非深有得
於其學，能如是乎！世之人焚其和柵其裏者，求一息之安，窺一闑之明，且不可得，蓋亦可悲
也哉。然則君之於道信有所受，亦豈秦漢之方士能與知也？是以名齋之義，雖屢辭不敢爲之記，
而亦卒不能終辭也。【冊二九卷二五三五頁二十六　七皆】（《輯佚》四六三頁）

危素，《明史・文苑傳》有傳，元時曾任翰林編修、禮部尙書、參知政事等
職，參與修宋、遼、金三史及注《爾雅》，入明以後，任翰林侍講學士等文職。

記文爲危素受應天府冶城山大元興永壽觀道士陳玉琳所囑託而撰寫，敘
述了虛白齋的來歷，金陵玄妙觀的更名以及元文宗與道教的人士的往來，同
時記述了作者對道家思想的理解和體會。《元史・文宗記》載文宗於泰定二年
正月，「出居於建康」，與記中「文宗出居江南」相應。文宗出居建康時，「數
登冶城山」，對道士陳玉琳「眷遇甚厚」，記文因稱文宗對方外之臣「亦不欲
遺其賢仁哉」，這些內容正史中並沒有記載，有助於我們全面地瞭解元文宗，
可作爲正史的補充。

危素的文集或存或不存。《明史·藝文一》與《藝文四》分別載有其《爾雅略義》十九卷，與《學士集》五十卷，現已不存。

《四庫全書》中錄有危素《說學齋稿》與《雲林集》兩部文集。據《欽定四庫全書·說學齋稿提要》中記載，《千頃堂書目》稱其文集本五十卷，明代已散佚不存。《四庫全書》中所收本，爲嘉靖三十八年歸有光從吳氏得素手稿傳抄。《說學齋稿提要》中稱：「其文不分卷帙，但於紙尾記所作年歲，皆在元時。所作有光跋稱共一百三十六篇，此本乃止一百三十三篇。又王懋竑《白田集》著有是集跋稱賦三贊二銘二頌三記五十有一序七十有六共一百三十八首，以有光跋爲傳寫之誤。然據懋竑所列實止一百三十七首，數亦不符，殆舊無刊板，好事者遞相傳錄，故篇數參差不能畫一，實則一本也。」〔註63〕《雲林集》中未見載此篇記文，而《說學齋稿》中收錄有危素的多篇記文，多是爲寺、齋、臺、軒、堂等所作之記或賦，亦不見這篇《虛白齋記》。

根據《說學齋稿提要》中的記載，歸有光稱此文集有一百三十六篇，王懋竑稱有一百三十八篇，而《四庫全書》實際只收錄有一百三十三篇。《四庫全書》中稱「殆舊無刊板，好事者遞相傳錄，故篇數參差不能畫一，實則一本也」。因此，該記很有可能即是《說學齋稿》的一篇佚文，即使不是《說學齋稿》佚文，也可以肯定爲危素文集的佚文。危素文集在明代有的部分即已散佚不存，《應天府志》編撰於洪武二十八年以前，這篇《虛白齋記》，可能在明時即已不易見到，而《永樂大典》則爲我們保存了下來。

馬氏《輯佚》將此條佚文歸入【宮室】類，實際上該條佚文不僅介紹了虛白齋這一古蹟建築，作爲一篇記文，也有一定的文學價值。

> 雲瑞齋，在府治忠實不欺之堂前。〔冊二九卷二五三八頁三　七皆〕（《輯佚》四六四頁）
> 日思齋，在府治忠實不欺堂前。〔冊三十卷二五三舊頁十五　七皆〕（《輯佚》四六四頁）

此二齋均在忠實不欺堂前，嘉慶《重刊江寧府志·古蹟中》載：「忠實不欺之堂，在舊建康府治內，宋理宗書賜，馬光祖、明祖懸於舊內，後建皇城，移懸宮中。」〔註64〕忠實不欺堂，堂額爲宋理宗所書賜，二齋爲《大典》本《應天府志》所收錄，估計建於明代以前或明初，而宋元明清諸志均不見載，是難得的南京古蹟資料。

〔註63〕　（明）危素：《說學齋稿》卷一，文淵閣《欽定四庫全書》本。
〔註64〕　（清）呂燕昭修，姚鼐纂：嘉慶《新修江寧府志》卷九，《中國地方志集成·江蘇府縣志輯1》，江蘇古籍出版社1991年6月第1版。

【人物】：

人物類佚文自「吳主孫皓」至「桂陽王休範舉兵反」，記魏晉時建康攻守兵防屯駐之事。

吳孫皓聞張悌沒，自選羽林精甲配沈瑩、孫震屯於板橋。

此戰正史及《資治通鑒》均有記載。《通鑒·晉記三》載：「吳主聞王渾南下，使丞相張悌督丹楊太守沈瑩、護軍孫震、副軍師諸葛靚帥眾三萬渡江逆戰。……三月，悌等濟江，圍渾部將城陽都尉張喬於楊荷。……悌與揚州刺史汝南周濬，結陳相對，沈瑩帥丹楊銳卒、刀楯五千，三衝晉兵，不動。瑩引退，其眾亂；將軍薛勝、蔣班因其亂而乘之，吳兵以次奔潰，將帥不能止，張喬自後擊之，大敗吳兵於板橋。諸葛靚帥數百人遁去，使過迎張悌，悌不肯去，靚自往牽之曰：『存亡自有大數，非卿一人所支，奈何故自取死！』悌垂涕曰：『仲思，今日是我死日也！且我為兒童時，便為卿家丞相所識拔，常恐不得其死，負名賢知顧。今以身徇社稷，復何道邪！』靚再三牽之，不動，乃流淚放去，行百餘步，顧之，已為晉兵所殺，並斬孫震、沈瑩等七千八百級，吳人大震。」〔註65〕

《通鑒》記載此役甚詳，但記張悌沒後，僅曰晉兵並斬孫震、沈瑩，未言吳主又選精兵配沈瑩、孫震屯於板橋之事，正史對此亦未記載。結合《通鑒》記載可知，此役孫皓雖又選羽林精兵，亦不免於敗亡。

吳屯兵之板橋，宋《太平寰宇記》載：「板橋浦在（江寧）縣南五十里，周迴四十里，源出觀山三十七里注大江，晉伐吳，其將張悌死於板橋即此處。」〔註66〕《清一統志·江寧府三》載：「板橋在江寧縣西南四十里，晉簡文帝為王時，嘗與恒溫與及武陵王晞同載遊於板橋。《建康志》在縣南三十里，吳丞相張悌死於板橋即此，有悌冢在橋西。」〔註67〕三志所記板橋方位略異，但大體在江寧縣南數十里。

又晉陳敏反，使弟昶將兵數萬屯烏江。昶司馬錢廣，與周玘同郡人也。玘使廣殺昶，廣勒兵屯朱雀橋南。

《通鑒·晉記八》載：「昶司馬錢廣，周玘同郡人也，密使廣殺昶，因宣言州下已殺敏，敢動者誅三族。廣勒兵朱雀橋南。」（同前，卷八十六）朱雀橋，

〔註65〕 《資治通鑒》卷八十一，中華書局元刊胡注本，1956年6月第1版。
〔註66〕 （宋）樂史纂：《太平寰宇記》卷九十，文淵閣《欽定四庫全書》本。
〔註67〕 （清）徐乾學、方苞等纂：《清一統志》卷五十二，文淵閣《欽定四庫全書》本。

《方輿勝覽‧江東路》「建康府」下載：「晉孝武帝建朱雀門，上有兩銅雀，故橋亦以此得名。去烏衣巷不遠。」〔註68〕

佚文記載陳敏使弟昶將兵數萬屯烏江。烏江在和州境地，宋《輿地廣記‧淮南西路》載：「中烏江縣本秦東城縣之烏江亭，項羽欲渡烏江即此。二漢屬九江郡，晉置烏江縣，屬淮南郡。魏置江都郡，北齊改爲齊江郡陳改臨江郡，後漢改爲通江郡，隋開皇初郡廢屬和州。」〔註69〕《太平寰宇記‧淮南道二》載：「烏江縣，（和州）東北四十里，舊十五鄉，今四鄉。本秦烏江亭，漢東城縣地。項羽敗於垓下，東走至烏江亭，艤船待羽處也。魏國黃初三年，曹仁據烏江以討吳，晉太康六年始於東城界至烏江縣。」（同前，卷一百二十四）《江南通志‧和州圖說》載：「烏江、當利二浦爲州境之津要。」〔註70〕烏江地處津要，故陳敏使其弟屯兵於此。（按，晉烏江縣治今安徽和縣東北烏江鎮。）

又王含等水陸五萬奄至江寧南岸，人情恟懼。嶠移屯水北，燒朱雀桁，以鈌其鋒。

王含爲東晉權臣王敦之兄，王敦謀反，王含爲元帥。時溫嶠都督東安北部諸軍事，與右將軍卞敦守石頭，應詹爲護軍將軍、都督前鋒及朱雀橋南諸軍事。《通鑒‧晉記十五》載：「（太寧二年）秋，七月，壬申朔，王含等水陸五萬奄至江寧南岸，人情恟懼。溫嶠移屯水北，燒朱雀桁以挫其鋒，含等不得渡。」（同前，卷九十三）此事《晉書》亦有記載，朱雀桁，即建康南城門朱雀門外的浮橋，橫跨於秦淮河上。三國吳時稱南津橋，晉改名朱雀桁。桁爲連船而成，長九十步，廣六丈。因在臺城南，又稱「南航」。秦淮河上二十四航，此爲最大，故又稱「大航」。景定《建康志‧疆域志二》「橋梁」下載：「鎮淮橋，在今府城南門裏，即古朱雀航所。舊志。考證按《世說敘錄》及《輿地志》、《丹陽記》，皆云吳時南津橋也，名曰朱雀航。太寧二年，王含軍至，丹陽尹溫嶠燒絕之以遏南眾，定後，京師乏良材無以復之，故爲浮航。至咸康三年，侍中孔坦議復橋，於是稅航之行者。具材乃值苑宮初創，材轉以治城，浮航相仍。至太元中，驃騎府立東航，改朱雀爲大航。《晉起居注》曰：白舟爲航，都水使者王遜立之，謝安於橋上起重樓，上置兩銅雀，又以朱雀觀名之。《實錄》云：咸康二年新立朱雀航對朱雀門，本吳南津大航橋也。王敦作亂，溫嶠燒絕之，權以浮橋往來。至是始議用杜預浮橋法，長九十步，廣六丈，多

〔註68〕　（宋）祝穆纂：《方輿覽勝》卷十四，文淵閣《欽定四庫全書》本。
〔註69〕　（宋）歐陽忞纂：《輿地廣記》卷二十一，文淵閣《欽定四庫全書》本。
〔註70〕　（清）趙弘恩等監修：《江南通志》卷二，文淵閣《欽定四庫全書》本。

夏隨水高下浮航相仍，至陳每有不虞之事則剔之。」〔註71〕從景定《志》記
載可知，朱雀桁原爲吳南津大航橋，謝安曾於橋上起重樓，置兩銅雀。溫嶠
拒敵時將橋燒毀，後又建浮橋以通往來。

又蘇峻反，陶侃、溫嶠帥眾趣建康，軍於茄子浦，舟師直指石頭。至於蔡洲，侃屯查浦，
嶠屯沙門浦，用將軍李根計，據白石頭築壘以自固，使庾亮守之。嶠又於四望磯築壘以逼賊。

此役《晉書》及《通鑒》均有載，蘇峻謀反，陶侃、溫嶠帥師衛建康，《通
鑒·晉記十六》載：「（咸和三年五月）丙辰，侃等舟師直指石頭，至於蔡洲，
侃屯查浦，嶠屯沙門浦。峻登烽火樓，望見士眾之盛，有懼色，謂左右曰：『吾
本知溫嶠能得眾也。』⋯⋯諸軍初至石頭，即欲決戰，陶侃曰：『賊眾方盛，
難與爭鋒，當以歲月，智計破之。』既而屢戰無功，監軍部將李根請築白石
壘，侃從之。夜築壘，至曉而成。⋯⋯侃使庾亮以二千人守白石，峻帥步騎
萬餘四面攻之，不克。」（同前，卷九十四）

佚文「嶠於四望磯築壘逼賊」，見載於《晉書·溫嶠傳》。

又盧循寇建康，至淮口，中外戒嚴。琅邪王德文都督宮城諸軍事，屯中堂，劉裕屯石頭，
恐循侵軼，伐樹柵石頭淮口，修治越城，築查浦、藥園、廷尉三壘。

《通鑒·晉記三十七》載：「（義熙六年五月）乙丑，盧循至淮口，中外戒
嚴。琅邪王德文都督宮城諸軍事，屯中堂，劉裕屯石頭，諸將各有屯守。裕
子義隆始四歲，裕使諮議參軍劉粹輔之，鎮京口。⋯⋯裕登石頭城望循軍，
初見引向新亭，顧左右失色；既而回泊蔡洲，乃悅。於是眾軍轉集。裕恐循
侵軼，用虞丘進計，伐樹柵石頭淮口，修治越城，築查浦、藥園、廷尉三壘，
皆以兵守之。」此役劉裕從北伐趕回，本屬倉促應戰。徐道覆主張立即登陸
與劉裕決戰，盧循多疑少決，貽誤戰機，使劉裕得以集中兵力，周密部署。
軍隊受挫，盧循下令退卻。（同前，卷一百十五）

又桂陽王休範舉兵反，蕭道成將前鋒兵出屯新亭，張永屯白下，沈懷明戍石頭。道成至
新亭治城壘未畢，休範前軍已至新林。〔冊五二卷三千五百八十六〕（《輯佚》四六五頁）

《通鑒·宋紀十五》載：「（元徽二年）夏五月壬午，桂陽王休範反。⋯⋯
庚寅，大雷戍主杜道欣馳下告變，朝廷惶駭。護軍褚淵、征北將軍張永、領
軍劉勔、僕射劉秉、右衛將軍蕭道成、游擊將軍載明寶、驍騎將軍阮佃夫、
右軍將軍王道隆、中書舍人孫千齡、員外郎楊運長集中書省計事，莫有言者。

〔註71〕（宋）馬光祖修，周應合纂：景定《建康志》卷十六，《中國方志叢書》據清
嘉慶六年刊本影印，臺北成文出版社 1983 年 3 月臺一版。

道成曰：『昔上流謀逆，皆因淹緩致敗。休範必遠懲前失，輕兵急下，乘我無備。今應變之術，不宜遠出；若偏師失律，則大沮眾心。宜頓新亭、白下，堅守宮城、東府、石頭，以待賊至。千里孤軍，後無委積，求戰不得，自然瓦解。我請頓新亭以當其鋒。征北守白下，領軍屯宣陽門為諸軍節度；諸貴安坐殿中，不須競出，我自破賊必矣！』因索筆下議。眾並注『同』。孫千齡陰與休範通謀，獨曰：『宜依舊遣軍據梁山。』道成正色曰：『賊今已近，梁山豈可得至！新亭既是兵衝，所欲以死報國耳。常時乃可屈曲相從，今不得也！』坐起，道成顧謂劉勔曰：『領軍已同鄙議，不可改易！』袁粲聞難，扶曳入殿。即日，內外戒嚴。道成將前鋒兵出屯新亭，張永屯白下，前南兗州刺史沈懷明戍石頭，袁粲、褚淵入衛殿省。時侖猝，不暇授甲，開南北二武庫，隨將士意所取。蕭道成至新亭，治城壘未畢，辛卯，休範前軍已至新林。」

（同前，卷一百三十三）

　　此役，右衛將軍蕭道成臨危畫策，主張以守為攻，合乎當時形勢。王休範後被以詐降策殺，其餘眾攻城甚厲，後亦被蕭道成等所平。

　　佚文約取《通鑑》和建康攻守史事，上述幾條佚文所記之板橋、朱雀橋、朱雀桁、茄子浦、石頭、蔡洲，查浦，沙門浦，四望磯、新亭、白下、新林等地皆是建康軍事要衝，佚文內容有一定的軍事地理價值。

　　王敦引軍垂至大桁，明帝自出中堂，溫嶠為丹陽尹，帝令斷大桁，故未斷，帝大怒瞑目，左右莫不悚懼。召諸公來，嶠至不謝，但求酒炙。王導須臾至，徒跣下地，謝曰：「天威在顏，遂使溫嶠不容得謝。」嶠於是下謝，帝乃釋然。諸公共歎王機悟名言。〖冊六六卷六八二七頁十三　十八陽〗（《輯佚》四六五頁）

　　此段內容出自《世說新語・捷悟》，記王導善言化解僵局之事。其中「帝大怒瞑目」中的「瞑」字當作「瞋」，今本《世說》不誤。然而，《世說》謂「帝令斷大桁，故未斷，帝大怒瞑目」云云，亦令人費解。故南朝劉孝標注云：「按《晉陽秋》、鄭《紀》皆云：敦將至，嶠燒朱雀橋以阻其兵。而云未斷大桁，致帝怒，大為訛謬。」《晉書・溫嶠傳》云：「今王含、錢鳳奄至都下，嶠燒朱雀桁以挫其鋒，帝怒之，嶠曰：『今宿衛寡弱，徵兵未至，若賊豕突，危及社稷，陛下何惜一橋。』賊果不得渡。」當王敦叛軍逼臨朱雀桁時，並非明帝令斷大桁（即朱雀桁）而未斷，而是溫嶠為了阻擊叛軍而主動燒毀朱雀桁，明帝因惜橋而怒，由此知《世說》記載有誤。至於王導善言化解明帝與溫嶠間僵局，則是正史未載逸事。

　　梁昭明太子愛文學士，常與王筠、劉孝綽、陸倕、到洽、殷鈞等遊宴玄圃，太子獨執筠袖，撫孝綽肩曰：「所謂左挹浮丘袖，右拍洪崖肩。」其見重如此。太子性愛山水，於玄圃穿築更立亭館，與朝士名素者遊其中。嘗泛舟後池，番禺侯軌稱此中宜奏女樂，太子不答，詠左思《招隱詩》云：「何必絲與竹，山水與有清音。」軌慚而止。〔冊九七卷八八八四四頁二　二十二尤〕（《輯佚》四六五頁）

　　佚文記昭明太子蕭統雅愛文士與山水，取自於《梁書·昭明太子傳》與《梁書·王筠傳》。昭明太子為梁武帝長子，性情仁孝清雅，而又愛好文學，《梁書》本傳載：「性寬和容眾，喜慍不形於色。引納才學之士，賞愛無倦。恒自討論篇籍，或與學士商榷古今；閒則繼以文章著述，率以為常。於時東宮有書幾三萬卷，名才並集，文學之盛，晉、宋以來未之有也。性愛山水，於玄圃穿築，更立亭館，與朝士名素者遊其中。嘗泛舟後池，番禺侯軌盛稱『此中宜奏女樂。』太子不答，詠左思《招隱詩》曰：『何必絲與竹，山水有清音。』侯慚而止。」〔註72〕昭明太子自幼就聰慧，博學能文，且信佛，曾招聚文學之士，商榷古今文學，編集文選30卷，共收錄作者130位，作品514題。以賦、詩、文分類，稱《昭明文選》，是現存我國最早的一部詩文集。「事出於沉思，義歸於翰藻」，是《文選》入選的標準，對後世影響頗大。唐宋時人科舉取士，《文選》乃必讀之書籍。唐初李善曾注《文選》，後世研究《文選》之風日盛，乃至逐漸形成「文選學」。然其文集已有散佚，故後人輯有《昭明太子集》。

　　《王筠傳》中所記昭明太子遊宴之玄圃，《江南通志·輿地志》「古蹟」載：「元（玄）圃在上元縣臺城，南齊文惠太子築。《輿地志》云：「圃內有明月觀、宛轉廊、徘徊橋，《梁書》云昭明太子立館於圃，以延朝士。番禺侯軌盛稱宜奏女樂，太子不答，惟詠左思《招隱詩》：何必絲與竹，山水有清音。軌慙而止。」〔註73〕《梁書》中記太子與賓客「嘗泛舟後池」，景定《建康志·山川志三》「河港」載：「善泉池，一名九曲池，在臺城東東宮城內，周迴四百餘步。事蹟：梁昭明太子所鑿，中有亭榭州島，曲盡幽深之趣，太子泛舟池中，嘗曰：何必絲與竹，山水可忘情。」〔註74〕知太子泛舟之後池，名善泉池，又名九曲池，為其所親鑿。

〔註72〕《梁書》卷八，中華書局1973年5月第1版。
〔註73〕（清）趙弘恩等監修：《江南通志》卷三十，文淵閣《欽定四庫全書》本。
〔註74〕（宋）馬光祖修，周應合纂：景定《建康志》卷十九，文淵閣《欽定四庫全書》本。

　　昭明太子所言「左挹浮丘袖，右拍洪崖肩」之句，出自晉代隱士郭璞之《遊仙詩》。詩中「浮丘」即「浮丘伯」《漢書・儒林傳》載：「申公，魯人也。少與楚元王交俱事齊人浮丘伯受《詩》。漢興，高祖過魯，申公以弟子從師入見於魯南宮。呂太后時，浮丘伯在長安，楚元王遣子郢與申公俱卒學。」〔註75〕其人應是秦漢之際的一位儒士，楚元王與魯人申公曾從其受《詩》。蓋其有隱士之風，清趙翼《陔餘叢考》曰：「世以安期生、浮丘伯皆爲列仙之徒。」〔註76〕洪崖，上古之隱士，世稱洪崖先生，相傳爲黃帝樂臣伶倫，據徐世溥《西山紀勝》載：「洪崖先生，三皇時人也。……石間大水出流爲洪，峭石壁爲崖。邃古之初，姓氏未起，依事立名，因其得道處，稱之爲洪崖先生。」據明郭子章《豫章書》載：「洪崖先生者，得道居西山洪崖，或曰即黃帝之臣伶倫也」，曾受帝命「自大夏之西，崑崙之陰，取竹於谷，生其竅厚而均者，斷兩節而吹之，以爲黃鍾之管。」皇甫謐《高士傳序》曰：「孔子稱舉逸民，天下之民歸心焉，洪崖創高道於上皇之代，許由善卷不降節於唐虞之朝。」〔註77〕

　　臨海松陽人柳榮，從張悌至揚州。榮病死船中二日，時軍已上岸，無有埋之者，忽然大呼，言「人縛軍師！人縛軍師！」聲激揚，遂活。人問之，榮曰：「上天北斗門下，卒見人縛張悌，意中大愕，不覺大呼，言『何以縛張軍師！』門下人怒榮，叱逐使去。榮便去，怖懼，口餘聲發揚耳。」其日，悌戰死。【冊一百三九七卷一○三○九頁二　二紙】（《輯佚》四六五頁）

　　此段佚文錄自晉干寶《搜神記》卷十五，記臨海松陽人柳榮病中魂遊上天北斗門，見人縛張軍師悌，其日張悌戰死，其事頗有神異色彩。三國吳丞相張悌死於板橋之役，《晉書・武帝紀》載：「王渾、周俊與吳丞相張悌戰於板橋，大敗之。斬悌及其將孫震、沈瑩，傳首洛陽。孫皓窮蹙請降，送璽綬於琅邪。」〔註78〕詳情參見前面的佚文解析。

　　晉吳隱之與韓康伯鄰居，隱之事母孝謹，及執喪，哀毀過禮。康伯母殷氏聞隱之哭聲，輟飡投筋，爲之悲泣。既而謂伯曰：「汝若居銓衡，當舉如此輩人。」【冊一百六卷一○八一三頁十一　六姥】（《輯佚》四六六頁）

　　吳隱之，爲東晉著名廉吏，清高廉潔，又以孝聞名。《晉書・良吏傳》載：「字處默，濮陽鄄城人，魏侍中質六世孫也。隱之美姿容，善談論，博涉文

〔註75〕《漢書》卷八十八，中華書局1962年6月版。
〔註76〕（清）趙翼：《陔餘叢考》，中華書局2006年10月版。
〔註77〕（晉）皇甫謐：《高士傳》卷首，文淵閣《欽定四庫全書》本。
〔註78〕《晉書》卷三，中華書局1974年11月第1版。

史，以儒雅標名。弱冠而介立，有清操，雖日晏歠菽，不饗非其粟，儋石無儲，不取非其道。年十餘，丁父憂，每號泣，行人爲之流涕。事母孝謹，及其執喪，哀毀過禮。家貧，無人鳴鼓，每至哭臨之時，恆有雙鶴警叫，及祥練之夕，復有群雁俱集，時人咸以爲孝感所至。嘗食鹹菹，以其味旨，掇而棄之。」（同前，卷九十）佚文所載韓康伯母聞其哭聲，爲其孝心感動，至於輟食悲泣，亦出自本傳。

其爲官尤以廉潔著稱，傳載其事曰：「雖居清顯，祿賜皆班親族，冬月無被，嘗浣衣，乃披絮，勤苦同於貧庶。」又載：「廣州包帶山海，珍異所出，一篋之寶，可資數世，然多瘴疫，人情憚焉。唯貧窶不能自立者，求補長史，故前後刺史皆多黷貨。朝廷欲革嶺南之弊，隆安中，以隱之爲龍驤將軍、廣州刺史、假節，領平越中郎將。未至州二十里，地名石門，有水曰貪泉，飲者懷無厭之欲。隱之既至，語其親人曰：『不見可欲，使心不亂。越嶺喪清，吾知之矣。』乃至泉所，酌而飲之，因賦詩曰：『古人云此水，一歃懷千金。試使夷齊飲，終當不易心。』及在州，清操逾厲，常食不過菜及乾魚而已，帷帳器服皆付外庫，時人頗謂其矯，然亦終始不易。」（同前）廣州刺史多貪，朝廷以隱之革其弊，其於赴廣州任上，酌引貪泉，賦詩明志之事，堪爲傳世佳話。其廉潔的作風對其後人亦產生很大的影響，因而史贊之曰：「唯嘗吳水，但挹貪泉。人風既偃，俗化斯遷。」（同前）

> 阮孝緒至孝，於鍾山聽講，母王氏忽有疾，兄弟欲召之，母曰：「孝緒至性靈通，必當自到。」果心驚而反，隣里嗟異之。《北史》：裴納之，字士言，弱冠爲平原公書記，從至并州。其母在鄴，忽得心痛疾，訥之是日不勝思慕，心亦驚痛，乃請急而還。當時以爲孝感。〔冊一百六卷一〇八一四頁三　六姥〕（《輯佚》四六六頁）

此二則均記孝感之事，阮孝緒事出自《梁書·處士傳》，傳載：「阮孝緒，字士宗，陳留尉氏人也。父彥之，宋太尉從事中郎。……幼至孝，性沉靜，雖與兒童遊戲，恆以穿池築山爲樂。年十三，遍通《五經》。十五，冠而見其父，彥之誡曰：『三加彌尊，人倫之始。宜思自勖，以庇爾躬。』答曰：『願迹松子於瀛海，追許由於穹谷，庶保促生，以免塵累。』自是屏居一室，非定省未嘗出戶，家人莫見其面，親友因呼爲『居士』。……後於鍾山聽講，母王氏忽有疾，兄弟欲召之。母曰：『孝緒至性冥通，必當自到。』果心驚而返，鄰里嗟異之。合藥須得生人參，舊傳鍾山所出，孝緒躬歷幽險，累日不值。忽見一鹿前行，孝緒感而隨後，至一所遂滅，就視，果獲此草。母得服之，

遂愈。時皆歎其孝感所致。」〔註79〕阮孝緒十五歲時即言其志慕古之高隱，非是俗流，且性情至孝，爲當時所稱歎。

裴納之，裴陀之子，讓之之弟，裴矩之父，《北史》傳載：「訥之，字士言。純謹有局量。弱冠爲平原公開府墨曹，掌書記，從至并州。其母在鄴，忽得心痛，訥之是日不勝思慕，心亦驚痛，乃請急而還。當時以爲孝感。」〔註80〕佚文「納之」當爲「訥之」之誤。

初，金陵以鄧及爲狀元，以羅穎爲末綴。時主司上試卷，後主遂遷穎爲第二，因以筆於榜上圍穎之名。穎於是夕夢有物如堤障之狀，黑墨環其身，懼而莫知所自，俄有長人自上以手挽而出之，因覺。迨旦看榜，方悟其夢。【冊一百三六卷一三一四〇頁十七　一送】（《輯佚》四六六頁）

羅穎，《馬氏南唐書·歸明傳》載：「羅穎，南昌人也。與里人彭會友善，皆以詞賦稱。開寶中，詣金陵，舉進士第，例以黃衣守選。及王師問罪，穎再應鄉舉下第，道經漢高祖廟，穎題詩，其落句云：『嫚侮群豪誇大度，可憐容得辟陽侯。』少頃，則自免冠，鞠伏廟廷，口陳自咎之言，掖而去，數日卒。穎初就舉金陵，試《銷刑鼎賦》、《儒術之本論》，有司以鄧及爲第一，穎爲末綴。榜既上，後主遷穎第二，手筆圈其名。穎是夕夢黑氣環身，有長人自上挽而出之」〔註81〕佚文所載與《馬氏南唐書》相合，當出自《馬氏南唐書》。

【遺事】：

宋馬亮守金陵，子城東北即南唐德昌宮地，後庭鉛粉在焉。亮令掘地，得汞二百餘斤，鬻之，以備朝會供帳器服。元梁隆吉《觀鉛汞交媾》：一點鼠氳氣，純陽感至陰。火炎丹鶴舞，水晝白龍擒。勢激成爭戰，神交忽嘯吟。洪爐才有意，瓦礫亦黃金。【冊一百三五卷一三〇八四頁十八　一送】（《輯佚》四六六頁）

佚文記宋臣馬亮於金陵德昌宮，掘地得汞之事以及元梁隆吉所賦詩。佚文所記之德昌宮爲南唐朝廷庫府，儲備金帛兵器之地。《明一統志》「南京」載：「德昌宮，南唐即金陵府建爲宮，外又建德昌宮，金帛貨泉皆在焉。」〔註82〕

馬亮，《宋史》傳載：「馬亮，字叔明，盧州合肥人。舉進士，爲大理評事、知蕪湖縣，再遷殿中丞、通判常州。……亮有智略，敏於政事，然其所

〔註79〕《梁書》卷五十一，中華書局1973年5月第1版。
〔註80〕《北史》卷三十八，中華書局1974年10月第1版。
〔註81〕（宋）馬令：《南唐書》卷二十三，文淵閣《欽定四庫全書》本。
〔註82〕（明）李賢等：《明一統志》卷六，文淵閣《欽定四庫全書》本。

至無廉稱。呂夷簡少時，從其父蒙亨爲縣福州，亮見而奇之，妻以女。妻劉恚曰：『嫁女當與縣令兒邪？』亮曰：『非爾所知也。』陳執中、梁適爲京官，田況、宋庠及其弟祁爲童子時，亮皆厚遇之，曰：『是後必大顯。』世以亮爲知人。亮卒，時夷簡在相位，有司謚曰忠肅，人不以爲是也。」〔註 83〕馬亮敏於政事，有智識謀略，雖無廉名，卻能識人。

詩作者梁隆吉，名梁棟，宋末詩人，《宋詩鈔》載：「棟字隆吉，其先湘州人。生於鄂州，後遷居鎮江。弱冠領漕薦，登戊辰第，選寶應簿，調錢塘仁和尉，入帥幕。一時聲明張甚，旋避地建上。丙子宋亡，歸武林。弟柱字中砥，入茅山從老氏學，棟往依焉。庚寅遭詩禍，名益著，時往來茅山。建康間，江東人士從者甚眾，乙巳無疾卒。平日好吟詠，稿無存者。門人問故，曰：吾詩堪傳人，將有腹稿在，宋遺民之皭然者也。」〔註 84〕《元詩紀事・宋遺老》載：「棟字隆吉，其先湘州人，後遷居鎮江。登咸淳四年進士，官錢塘仁和尉。宋亡，弟柱入茅山從老氏學，棟往依焉。乙巳，無疾卒。有梁隆吉詩鈔。」〔註 85〕梁棟卒於元成宗大德九年，其遺著由元金華胡迺裒集棟門人所記爲《梁先生詩集》，事見《宋遺民錄》卷一二胡迺《梁先生詩集序》。〔註 86〕《四庫》本《宋詩鈔》收錄有梁隆吉詩一卷，19 首詩。《全宋詩》以《知不足齋叢書》明程敏政《宋遺民錄》爲底本，與新輯集外詩合編爲一卷，計 28 首詩，散句 2。佚文這首《觀鉛汞交媾》寫煉丹之術，梁隆吉曾依其弟入茅山，此詩或爲其居茅山時所作。然《全宋詩》與現存之《四庫》本《宋詩鈔》均未收錄此詩，佚文中的這首《觀鉛汞交媾》當是梁棟的一首佚詩，可以輯補其現存詩集，由此亦可見《大典》佚文之價值。

劉孝綽《侍宴集賢堂應令》：北閣時見啓，西園又已闢。官屬引鴻鷺，朝行命金碧。伊臣獨何取，隆恩徒自昔。布武登玉墀，委坐陪瑤席。綢繆參宴笑，淹留奉觴醳。壺人告漏晚，煙霞起將夕。反景入池林，餘光映泉石。〖冊七十卷七二三七頁十二　十八陽〗（《輯佚》四六七頁）

佚文錄南朝梁文士劉孝綽詩一首，此詩應是劉孝綽陪昭明太子宴飲時所作，《梁書・劉孝綽傳》載：「時昭明太子好士愛文，孝綽與陳郡殷芸、吳郡

〔註 83〕《宋史》卷二九八，中華書局 1977 年 11 月第 1 版。

〔註 84〕（清）吳之振、呂留良等：《宋詩鈔》卷一百六，文淵閣《欽定四庫全書》本。

〔註 85〕（清）陳衍：《元詩紀事》卷三十一，商務印書館 1935 年版。

〔註 86〕北京大學古文獻研究所編：《全宋詩》卷三六四〇，北京大學出版社 1991 年 7 月第 1 版。

陸倕、琅邪王筠、彭城到洽等，同見賓禮。太子起樂賢堂，乃使畫工先圖孝
緒焉。」〔註87〕說明其人很為昭明太子所欣賞。傳載：「字孝緒，彭城人，本
名冉。祖勔，宋司空忠昭公。父繪，齊大司馬霸府從事中郎。孝緒幼聰敏，
七歲能屬文。舅齊中書郎王融深賞異之，常與同載適親友，號曰神童。融每
言曰：『天下文章，若無我當歸阿士。』阿士，孝緒小字也。……孝緒少有盛
名，而仗氣負才，多所陵忽，有不合意，極言詆訾。領軍臧盾、太府卿沈僧
杲等，並被時遇，孝緒尤輕之。每於朝集會同處，公卿間無所與語，反呼騶
卒訪道途間事，由此多忤於物。孝緒辭藻為後進所宗，世重其文，每作一篇，
朝成暮遍，好事者咸諷誦傳寫，流聞絕域。文集數十萬言，行於世。」（同前）
孝緒文才超絕，少有盛名，為高祖及昭明太子所賞識。但恃才傲物，不能融
眾，可見文人習氣尚濃。佚文其《侍宴集賢堂應令》詩，《藝文類聚》、《文苑
英華》、《詩紀》諸書均收錄之，今逯欽立輯校之《先秦漢魏晉南北朝詩》收
錄其詩六十餘首，即據《藝文類聚》、《文苑英華》、《詩紀》收錄此詩，唯佚
文「北閣時見啓」與「官屬引鴻鷺」二句，逯欽立輯校本作「北閣時既啓」
與「宮屬引鴻鷺」，文字略異，俟考。

〔註87〕《梁書》卷三十三，中華書局 1973 年 5 月第 1 版。

第二章 《大典》本南京地區佚志及其佚文研究（下）

　　據《明一統志》記載，明代應天府有八個屬縣，即：上元縣、江寧縣、句容縣、溧陽縣、溧水縣、江浦縣、六合縣和高淳縣。除高淳縣外，其餘七縣的方志馬氏《輯佚》中均有收錄。《輯佚》收錄的建康府或應天府屬縣志，除宋咸淳《溧水志》和《句曲志》外，其餘均爲明代方志。（按：因句容現屬鎮江，故《大典》本句容、茅山佚志置於本文第六章鎮江地區下研究；溧陽縣現屬常州，故《大典》本溧陽佚志置於第七章常州地區下研究。）

第一節　《大典》本《上元志》、《上元縣志》及其佚文研究

一、上元縣建置沿革及方志編修情況

　　關於上元縣的由來，道光《上元縣志》載：「唐志，上元縣本江寧。武德三年，更江寧曰歸化。八年更歸化曰金陵，九年更名金陵曰白下，隸潤州。貞觀元年更白下曰江寧。肅宗上元二年又更名，此縣名上元之始。……《金陵志》云：光啓中，遷上元於鳳臺山之西，鳳臺山即鳳凰臺。按自白下隸潤州，而縣不爲郡治者在唐二百五十餘年，五代南唐昇州江寧府，楊吳置金陵府，南唐改今名。……南唐割上元十九鄉，復置江寧並領於金陵府，此上元於江寧分治郭下之始。」〔註1〕由此可知，上元縣本爲江寧，唐肅宗上元二年

〔註1〕（清）陳栻等纂：道光《上元縣志》，《中國方志叢書》據道光四年刊本影印，
　　　　臺北成文出版社1983年3月臺一版。

始名上元。南唐時割上元十九鄉爲江寧縣，與上元縣並領於金陵府，爲上元與江寧分治郭下之始。

上元縣在明代爲應天府屬縣之一，《明史・地理一》載：「上元倚。太祖丙申年遷縣治淳化鎮，明年復還舊治。東北有鍾山，山南有孝陵衛，洪武三十年置。北有覆舟山。西北有雞鳴山、幕府山。又東北有攝山。東南有方山。北濱大江。東南有秦淮水，北流入城，又西出，入大江。又北有玄武湖，東有青溪，又有淳化鎮巡檢司。」〔註2〕

關於上元縣志的修纂，明代以前的方志現存記載很少，張國淦在《中國方志考》中稱：「其縣志今可考者：《上元縣舊圖經》，《太平寰宇記》引之，當在宋代以前。宋元志乘未有著錄。」〔註3〕稱宋元時期，上元志書未見著錄，但據其《中國古方志考》中記載，宋代有上元主簿林敏若所撰《上元古蹟》，其著錄如下：「《上元古蹟》宋 佚宋林敏若纂林敏若，上元主簿。案：康熙戊申江南通志，攄佚，建康六朝故都，葉石林少蘊居留日，嘗命諸邑官能文者，收訪古蹟製圖經。時石橋林敏若子邁主上元簿考最詳，多以荊公詩引證，號《上元古蹟》，宋周輝嘗得其書，史志道修《建康志》多取材於此。」〔註4〕

宋代以後，明代正德、萬曆，清代康熙、乾隆、道光年間上元均修有方志，道光《上元縣志》中有道光二年多月陳道坦《序》中云：「邑之有志也，自明正德間白君思齊始也。思齊之後，修於明者一，修於本朝者再。蓋自乾隆辛未，迄今又六十年矣。」〔註5〕有關明代上元縣方志的修纂，現有的記載均認爲修有兩部，即一部爲明正德16年（1521），爲白思齊、管景所修。另外一部修於明萬曆21年（1593），上元知縣程三省聘李登重修縣志，登又薦盛敏耕、陳桂林共同參與其事，於同年成稿，萬曆二十五年刊刻行世。道光《上元縣志》中江寧府知府加道銜署江安督糧道事德化余霈元所撰《上元縣志序》中載：「上元縣之有志，明正德間始創爲之計。入國朝以來，修復之事亦再舉矣。」（同前）

馬氏《輯佚》所收錄的縣志佚文，給我們提供了一些新的線索，其中所

〔註2〕《明史》卷四十，中華書局 1974 年 4 月第 1 版。

〔註3〕張國淦：《張國淦文集三編・方志卷上》，北京燕山出版社 2004 年 10 月第 1 版，第 67 頁。

〔註4〕張國淦：《中國方志考》，中華書局 1962 年版，第 230 頁。

〔註5〕（清）陳栻等纂：道光《上元縣志》卷首，《中國方志叢書》據道光四年刊本影印，臺北成文出版社 1983 年 3 月臺一版。

收《上元志》、《上元縣志》（未列出《應天府上元縣志》，將該志佚文一條併入《上元志》中）至晚應當皆修於明永樂六年以前。因此，《道光志》序中稱上元邑之有志，始自明正德年間，《江蘇舊方志提要》稱正德年間的《上元縣志》，「茲編爲上元縣第一部縣志」的說法，顯然是不正確的。

　　張氏《輯本》輯錄有《上元志》、《上元縣志》、《應天府上元縣志》，並通名之爲《上元縣志》，列爲明志，其評析如下：

　　　　案：《大典》引《上元縣志》凡八條，又《應天府上元縣志》凡一條，又《上元志》凡三條，茲據錄作明志。《文淵閣書目‧舊志》：「《上元縣志》六冊，」當即是志。〔註6〕

　　張氏僅作結論，未對《大典》中的三部上元方志爲何列爲明志，作詳細論證，今試補證如下。《大典》本《上元縣志》【山川】類佚文中有「鍾嶺，《金陵志》曰：在蔣山南。」的記載，《金陵志》爲元代作品（參見前文《大典》本《金陵志》研究），《上元志》徵引《金陵志》，說明編纂時間應在《金陵志》之後。如前所論，《金陵志》撰於大德四年（1300）至大德九年（1305）之間，《大典》本《上元志》引《金陵志》文，則應當纂於元大德九年（1305）至明永樂六年（1408）之間，《文淵閣書目‧舊志》中載有《上元縣志》六冊，張氏《輯本》稱《大典》所載之《上元縣志》即《文淵閣書目‧舊志》中之《上元縣志》。洪武年間，朱元璋詔修天下郡縣志書，《文淵閣書目‧舊志》中所收錄的方志多爲此時所作，《大典》中收錄的《上元縣志》與《上元志》應當即此時的作品。

　　該志【倉廩】類佚文中，有「軍儲倉，在懷遠門。」（《輯佚》四六九頁）的記載。軍儲倉，明代隸屬於戶部管轄，《明史‧職官一》載：「洪武初，置軍儲倉二十所，各設官司其事。」，「軍儲倉，大使一人，從九品 副使一人，後大使、副使俱革。」〔註7〕《明史‧食貨三》：「明初，京衛有軍儲倉。洪武三年增置至二十所，且建臨濠、臨清二倉以供轉運。」（同前，卷七十九）可見，明代軍儲倉洪武三年以前即已設置，至洪武三年增至二十所。佚志中有軍儲倉的記載，初步推斷，《大典》本《上元縣志》的編纂時間應當在明初至永樂六年（1408）之間。

　　《大典》本洪武《京城圖志》【官署】下也有軍儲倉的記載：「軍儲倉，在鼓樓西馬鞍山下及各衛營。」（《輯佚》四四六頁）《上元縣志》佚文稱軍儲倉在

〔註6〕張國淦：《永樂大典方志輯本》，《張國淦文集四編》，北京燕山出版社2006年
　　　5月第1版，第835頁。
〔註7〕《明史》卷七十二，中華書局1974年4月第1版。

懷遠門，懷遠門即後來的定淮門。清嘉慶《重刊江寧府志‧山水》載：「馬鞍山，在上元定淮、清涼二門之內。俗曰小匡廬，有大悲嶺。」〔註8〕可見，《大典》本《上元縣志》中所記之軍儲倉與洪武《京城圖志》中的軍儲倉應是同一倉，但記錄方位的方式不同而已。洪武《京城圖志》所記載的南京城門中只見定淮門而不見懷遠門，說明此時懷遠門已經更名爲定淮門。《大典》本《上元縣志》記載軍儲倉在懷遠門，說明該志編纂時，懷遠門尚未更名爲定淮門。洪武《京城圖志》成書於洪武二十年，顯然《大典》本《上元縣志》的編纂早於洪武《京城圖志》，應成書於洪武二十年（1387）以前。

這樣看來，《大典》本《上元縣志》的成書時間應當在明初至洪武二十年之間，但該志的撰者已無從考證。《大典》中還收錄有《上元志》，而現存其他文獻中，沒有《上元志》的記錄，志書曰《上元縣志》，曰《上元志》，應當是《大典》中收錄抄手著錄書名不嚴謹所致，二者實爲一書，即明初編修的《上元縣志》。

二、《大典》本《上元縣志》佚文研究

張氏《輯本》中輯出《上元縣志》佚文9條，《上元志》3條，《應天府上元縣志》1條。馬氏《輯佚》中未列出《應天府上元縣志》，將該志佚文一條併入《上元志》中，三部志實際上爲一書，現規範其書名爲《上元縣志》，並對上元縣《大典》本三部方志佚文一併進行研究。《大典》本《上元縣志》的佚文包括【山川】、【倉廩】、【水利】、【宮室】、【人物】、【詩文】、【祥異】、和【遺事】八個方面的資料，現逐條對其進行分析。

【山川】：

鍾嶺，《金陵志》曰：在蔣山南。《南史》：宋散騎常侍劉勔，經始鍾嶺之南，以爲棲息，聚石蓄水，朝士雅素者多從之遊。〖冊一百二二卷一一九八〇頁一 十九梗〗（《輯佚》四八六頁）

屏風嶺，《乾道志》曰：鍾山其峰最秀者有屏風嶺，巧石青林，幽邃如畫，在明慶寺前。〖同前〗

清道光《上元縣志‧輿地志下》「山川」載：「鍾山在城東北十五里，……峰之秀者曰屏風嶺，後曰桂嶺。」〔註9〕萬曆《應天府志》所載與道光《上元

〔註8〕（清）呂燕昭修，姚鼐纂：嘉慶《重刊江寧府志》卷六，臺北成文出版社1974年6月臺一版。

〔註9〕（清）陳栻等纂：《上元縣志》卷四，《中國方志叢書》據清道光四年刊本影印，臺北成文出版社1983年3月臺一版。

縣志》同，僅記錄了屏風嶺的名稱，而《大典》佚文中還記錄了此嶺的方位和狀貌。

　　鍾嶺，後志中未見記載。而景定《建康志》與至正《金陵新志》中均未記鍾嶺、屏風二嶺。佚文中載其在蔣山之南，蔣山即鍾山，標出了該嶺的方位。《大典》本《上元縣志》中關於鍾嶺和屏風嶺的記載，不僅可以輯補現存記載，而且保留了已佚方志《金陵志》和《乾道建康志》的兩條佚文。佚文中提到的宋散騎侍郎劉勔，《宋書》本傳載：「劉勔，字伯猷，彭城人也。祖懷義，始興太守。父穎之，汝南、新蔡二郡太守，征林邑，遇疾卒。勔少有志節，兼好文義。」〔註10〕《隋書·經籍四》收錄有司空《劉勔集》二十卷，錄一卷。佚文記其遊於鍾嶺頭之南，亦出自本傳：「（泰始）五年，汝陰太守楊文萇又頻破虜於荊亭及戍西。詔進勔號平西將軍、豫州刺史，餘如故，不拜。其年，徵拜散騎常侍、中領軍。勔以世路糾紛，有懷止足，求東陽郡。上以勔啟遍示朝臣，自尚書僕袁粲以下，莫不稱讚，咸謂宜許。上曰：『巴陵、建平二王，並有獨往之志。若世道寧晏，皆當申其所請。』勔經始鍾嶺之南，以為棲息，聚石蓄水，彷彿丘中，朝士愛素者，多往遊之。」（同前）佚文應是出自《宋書》，《南史》卷三十九《劉勔傳》亦相關記載。

　　【水利】：

　　直隸府斗門，按圖經，斗門在秦淮南北岸。天聖中，上元、溧水等縣積歲水潦浸民田。六年，知府馬亮始命開畎雍塞，置東西斗門各一座，引水入大江，救良田千頃。〖冊四九卷三五二六頁二十　九真〗（《輯佚》四六七頁）

　　這條佚文介紹了北宋天聖六年，知江寧府知府馬亮所設立的水利設施斗門。景定《建康志》、至正《金陵新志》、萬曆《應天府志》、道光《上元縣志》、同治《上江兩縣志》中均未見記載，但景定年間馬光祖所修建康府之「斗門橋」在志書中卻有記載，不知「斗門橋」之得名是否與此斗門有關。佚文中修置斗門的知府馬亮，《宋史》有傳（詳前文《應天府志》解析），道光《上元縣志·秩官表》中載其咸平至天禧間三任昇州知州，天聖間又再任江寧府知府。〔註11〕萬曆《應天府志·宦迹》載：「馬亮，字叔明，合肥人。景德初，自潭州徙知昇州事。屬歲旱，民饑，湖湘漕米數十舟適至。亮移文守將發以賑貧民。因

〔註10〕　《宋書》卷八十六，中華書局 1974 年 10 月第 1 版。
〔註11〕　（清）陳栻等纂：《上元縣志》卷二十，《中國方志叢書》據清道光四年刊本影印，臺北成文出版社 1983 年 3 月臺一版。

奏憑江諸郡皆大歉，而吏不之救，願罷官糴，令民轉粟相周。在郡務求民瘼，
舊俗失意相仇，往往乘風縱火。亮發覺，誅惡少數人。又冶城東北乃唐德昌
宮故地，獲鉛四百餘斤，鬻之以備供帳。亮四守是郡，有智略，敏於政事，
官至太子少保，謚忠肅。」〔註12〕馬亮四次在此為官，敏於政事。佚文記載
的馬亮知江寧興修水利的事蹟，可為後志與正史作補充。《大典》本《應天府
志》佚文記載其掘地得汞二百斤，鬻之以備供帳，與萬曆《應天府志》記載
獲得鉛四百餘斤略異。

【倉廩】：

軍儲倉，在懷遠門。〖冊八一卷七五一六頁三　十八陽〗（《輯佚》四六九頁）

永濟東倉，在羅帛市。〖冊八一卷七五一頁二十六　十八陽〗（《輯佚》四六九頁）

此二倉萬曆《應天府志》及道光《上元縣志》均不見記載。前文已述洪
武《京城圖志》對此亦有記載。正史中惟《元史》與《明史》對軍儲倉有記
載，最初見於《元史·列傳第三十八》：「南征時，置軍儲倉於汴、衛，歲輸
河北諸路粟以實之」。〔註13〕《明史》關於軍儲倉的資料較元史詳實，《職官
志》、《食貨志》中均有記載，可參見前文。但正史中均未記載應天府軍儲倉
的方位，方志的記載是一個很好的補充，有一定的史料價值。

【宮室】：

仙人臺，《上元縣志》：在幕府山西，有石棋盤。說者云：有仙人對奕於此，故徐君子《幕
府山詩》云：「仙去棋枰草，白繁是也宮。」〖冊三十卷二六〇三　七皆〗（《輯佚》四六九頁）

《苑記》云：閬風亭、甘露寺、瑤臺，皆在覆舟山上。〖冊三十卷二六〇三　七皆〗（《輯
佚》四六九頁）

萬曆《應天府志·山川》載：「石灰山，在西二十里。王導從元帝渡江建
幕府於此，初名幕府山。隴多石，居人煆以取灰，更今名。……，峰南曰北
固峽，中有石洞幽邃。中峰上有仙人臺、虎跑泉西北峰曰夾蘿，亦名翠蘿。
上有達摩洞。覆舟山在太平門內與鍾山支脈相連，以狀若覆舟故名。又名龍
山，又名龍舟山。宋時以山臨玄武湖改玄武山，陳高祖與北齊兵大戰，即此。
舊有甘露亭、瑤臺、閬風亭，山陰藏水井，今皆廢。」〔註14〕

〔註12〕　（明）程嗣功修、王一化纂：《應天府志》卷三十五，《四庫存目叢書·史部
　　　　　二〇三》齊魯書社 1996 年 8 月第 1 版。

〔註13〕　《元史》卷一百五十一，中華書局 1976 年 4 月第 1 版。

〔註14〕　（明）程嗣功修、王一化纂：《應天府志》卷十五，《四庫存目叢書·史部二〇
　　　　　三》，齊魯書社 1996 年 8 月第 1 版。

道光《上元縣志》卷十四《古蹟》載：「甘露亭，在覆舟山，今無有迹。
《陳書·宣帝紀》：太建七年秋，甘露降於樂遊苑，詔於院內龍舟山立甘露亭。
按龍舟山即覆舟山，詳《山水志》。」〔註15〕甘露亭建於太建七年，因甘露降
於樂遊苑而建。

把兩條佚文內容結合現存方志記載來看，應屬上元境內山川、或古蹟類
的資料，但《輯佚》將其列入【宮室】類下，不知依據爲何，似不妥。文中
關於仙人臺的記載較現存方志記載略詳，可補闕現存志書。

【人物】：

> 元牟應龍，字佝成。其先蜀人，後徙居吳興。擢咸淳進士第。宋相留夢炎事世祖爲吏部
> 尙書，以書招之，不答。已而，起家教授溧陽州。晚以上元縣主簿致仕。學者稱之曰隆山先生。
> 〔冊一百五四卷一四六○九　六暮〕（《輯佚》四六九頁）

《元史·儒學二》載：「牟應龍，字伯成，其先蜀人，後徙居吳興。祖子
才仕宋，贈光祿大夫，諡清忠。父巘，爲大理少卿。應龍幼警敏過人，日記
數千言，文章有渾厚之氣。應龍當以世賞補京官，盡讓諸從弟，而擢咸淳進
士第。時賈似道當國，自儗伊、周，謂馬廷鸞曰：『君故與清忠遊，其孫幸見
之，當處以高第。』應龍拒之不見。及對策，具言上下內外之情不通、國勢
危急之狀，考官不敢置上第。調光州定城尉，應龍曰：『昔吾祖對策，以直言
忤史彌遠，得洪雅尉，今固當爾，無愧也。』沿海制置司辟爲屬，以疾辭不
仕，而宋亡矣。故相留夢炎事世祖，爲吏部尙書，以書招之，曰：『苟至，翰
林可得也。』應龍不答。已而起家教授溧陽州，晚以上元縣主簿致仕。初，
宋亡時，大理卿已退不任事，一門父子，自爲師友，討論經學，以義理相切
磨，於諸經皆有成說，惟《五經音考》盛行於世。應龍爲文，長於敘事，時
人求其文者，車轍交於門，以文章大家稱於東南，人儗之爲眉山蘇氏父子，
而學者因應龍所自號，稱之曰隆山先生。泰定元年卒，年七十八。」〔註16〕
由正史的記載可知牟應龍其人不媚權貴，而以學問文章著稱於世，「一門父
子，自爲師友，討論經學，以義理相切磨，於諸經皆有成說」，乃至於時人「儗
之爲眉山蘇氏父子」。《上元縣志》中的記載與正史基本一致，似取自正史而
加以刪略，《元史》成書於洪武三年，而《大典》本《上元縣志》編纂於洪武

〔註15〕（清）陳栻等纂：道光《上元縣志》卷首，《中國方志叢書》據道光四年刊本
　　　　影印，臺北成文出版社1983年3月臺一版。
〔註16〕《元史》卷一百九十，中華書局1976年4月第1版。

三年至洪武二十年之間，這種情況是完全可能的。

【遺事】：

宋孝建三年，建康人陳文詔訴父饒爲竟陵王誕府史，恆使入山圖畫道路，不聽歸家。誕大怒，使人殺饒。〖冊四四卷三一三三頁一　九眞〗（《輯佚》四六九頁）

此事見載於《南史·宗室及諸位王列傳下》，及《宋書·竟陵王傳》，佚文所記與《南史》同，應是取自《南史》。而此事來龍去脈以《宋書》所載爲詳：「三年，建康民陳文紹上書曰：『私門有幸，亡大姑元嘉中蒙入臺六宮，薄命早亡，先朝賜贈美人，又聽大姑二女出入問訊。父饒，司空誕取爲府史，恆使入山圖畫道路，勤劇備至，不敢有辭，不復聽歸，消息斷絕。姑二女去年冒啓歸訴，蒙陛下聖恩，賜敕解饒史名。誕見符至，大怒，喚饒入交問：汝欲死邪？訴臺求解。饒即答：官比不聽通家信，消息斷絕。若是姊爲啓聞，所不知。誕因問饒：汝那得入臺？饒被問，依實啓答。既出，誕主衣莊慶、畫師王強語饒：汝今年敗，汝姊誤汝。官雲小人輩敢持臺家逼我。饒因叛走歸，誕即遣王強將數人逐，突入家內縛錄，將還廣陵。至京口客舍，乃歿死井中，託云：饒懼罪自殺。抱痛懷冤，冒死歸訴。』」〔註17〕《南史》所載過於簡略，未能記錄事情的全過程。佚文中「陳文詔」，中華書局本《南史》之校勘記中稱，《南史》諸本均作「陳文詔」，據《宋書》改作「陳文紹」，說明《宋書》中建康人名爲「陳文紹」，這也證明《永樂大典》此條的確錄自於未經校勘之《南史》。

河間國兵張䶵、經曠二人相與諧善。太元十四年五月五日，共升鍾嶺，坐於山麓。䶵酒酣失性，拔刀斬曠。曠託夢於母，自說爲䶵所殺，屍在澗內，脫裳覆腹，尋覓之時，必難可得，當令裳飛起此處也。明晨進捕，一如所言。䶵知事露，將謀叛逸，出門見曠手執雙刀來擬其面，遂不得去。母遂報官，䶵伏辜。〖冊一百三五卷一三一三六頁五　一送〗（《輯佚》四六九頁）

此二則遺事，道光《上元縣志》及萬曆《應天府志》等志中均見不載，張䶵、經曠二人事，宋《太平廣記》對此事有記載，內容完全相同，並注此事出自《還冤記》。《還冤記》爲北齊顏之推所著，此書尚存。〔註18〕因此，佚文取自《太平廣記》或直接取自原書，二者皆有可能。

【祥異】：

吳黃龍六年冬十二月，赤烏群集前殿，大赦。改明年爲赤烏元年。赤烏十二年，兩烏銜鵲墜於東觀。〖冊二五卷二三四五頁六　六模〗（《輯佚》四七〇頁）

〔註17〕　《宋書》卷七十九，中華書局1974年10月第1版。
〔註18〕　（宋）李昉等撰：《太平廣記》卷一百一十九，文淵閣《欽定四庫全書》本。

　　此條佚文所記祥異之事，《三國志》與《晉書》皆有比較詳細的記載。改元之事，《三國志·吳主傳》記載：「赤烏元年春，鑄當千大錢。夏，呂岱討廬陵賊，畢，還陸口。秋八月，武昌言麒麟見。有司奏言麒麟者太平之應，宜改年號。詔曰：『間者赤烏集於殿前，朕所親見，若神靈以爲嘉祥者，改年宜以赤烏爲元。』群臣奏曰：『昔武王伐紂，有赤烏之祥，君臣觀之，遂有天下，聖人書策載述最詳者，以爲近事既嘉，親見又明也。』於是改年。」〔註19〕

　　後者，《晉書·五行中》載：「吳孫權赤烏十二年四月，有兩烏銜鵲墮東館，權使領丞相朱據燎鵲以祭。案劉歆說，此羽蟲之孽，又黑祥也。視不明、聽不聰之罰也。是時權意溢德衰，信讒好殺，二子將危，將相俱殆，睹妖不悟，加之以燎，昧道之甚者也。明年，太子和廢，魯王霸賜死，朱據左遷，陸議憂卒，是其應也。東館，典教之府；鵲墮東館，又天意乎？」〔註20〕

　　佚文首曰：「吳黃龍六年冬十二月，赤烏集前殿」，而《三國志》中僅記載：「詔曰：間者赤烏集於殿前。」，佚文中所記時間準確，是對正史很好的補充。

　　瑞麥，景定二年，帷政鄉獻瑞麥，有旨獎諭。〖冊一百八八卷二二一八一頁十二　八陌〗（《輯佚》四六七頁）

　　《宋史》中不見此條關於獻瑞麥的記載，《宋史·五行一上》載：「舊史自太祖而嘉禾、瑞麥、甘露、醴泉、芝草之屬，不絕於書，意者諸福畢至，在治世爲宜。祥符、宣和之代，人君方務以符瑞文飾一時，而丁謂、蔡京之奸，相與傅會而爲欺，其應果安在哉？高宗渡南，心知其非，故《宋史》自建炎而後，郡縣絕無以符瑞聞者，而水旱、箚瘥一切咎徵，前史所罕見，皆屢書而無隱。於是六主百五十年，兢兢自保，足以圖存。」〔註21〕稱《宋史》中祥瑞之事自太祖時起，不絕於書。但後朝祥符、宣和之代，以符瑞文飾一時，仍有姦臣爲欺。高宗南渡以後，心知其非，因此，《宋史》自建炎以後，郡縣絕無以符瑞上聞的。這也就不難理解爲何佚文中有景定二年，上元帷政鄉獻瑞麥的記錄，史書中卻並不見記載。但佚文中既稱「有旨獎諭」反映了宋末朝廷對祥瑞的態度與南宋前期有所不同。

〔註19〕《三國志》卷四十七，中華書局 1959 年 12 月第 1 版。
〔註20〕《晉書》卷二十八，中華書局 1974 年 11 月第 1 版。
〔註21〕《宋史》卷六十一，中華書局 1977 年 11 月第 1 版。

【詩文】：

《上元志》：李白《玩月金陵城西孫楚酒樓達曙歌吹日晚乘醉著紫綺裘烏紗中與酒客數人棹歌秦淮往石頭訪崔四侍御》：昨玩西城月，青天垂玉鈎；朝沽金陵酒，歌吹孫楚樓。忽懷繡衣人，乘船往石頭。草裏烏紗巾，倒披紫綺裘。兩岸拍手笑，疑是王子猷。酒客十數公，崩騰醉中流。謔浪棹海客，喧呼傲陽侯。半道逢吳姬，捲簾出揶揄。我憶君到此，不知狂與羞。一月一見君，三杯便回橈。捨舟共連袂，行上南渡橋。興發歌綠水，秦客爲之謳。雞鳴復相招，清晏逸雲霄。贈我數百字，字字淩風飆。繫之衣裘上，相憶每長謠。〖冊三四卷二七四四頁八　八灰〗（《輯佚》四六八頁）

道光《上元縣志》卷二十四《詩文》中也收錄了此詩，《全唐詩》卷一七八中亦收錄了此詩。但佚文中「興發歌綠水，秦客爲之謳」一句在《四庫全書》本與中華書局點校本《全唐詩》中均爲「興發歌綠水，秦客爲之搖」，而道光《上元縣志》中此句與《大典》本《上元縣志》中相同，有可能是承襲《大典》本方志而來。此句前一句爲「捨舟共連袂，行上南渡橋」，既已捨舟上橋，則《全唐詩》中「秦客爲之搖」似不如佚文中「秦客爲之謳」妥當。中華書局點校之《全唐詩》中字句有不同版本可供參考者，一般以「或作」的形式用小字注出，而此處並未注明「搖」或作「謳」，或編者未見《大典》本所致。李白集中，現存有酬贈崔侍御詩十一首，除了兩首之外，其餘都是在金陵一帶寫的。這些詩有助於我們更好地瞭解李白的行蹤、生活和思想。但其詩中的崔侍御到底是何人，目前尚有爭議，其身世如何，有待進一步研究。

第二節　《大典》本《江寧志》、《江寧縣志》及其佚文研究

一、江寧縣建置沿革及志書的編修情況

江寧在明代是應天府下的一個屬縣，《明一統志》載：「江寧縣，附郭，本秦秣陵縣地。晉分秣陵北，置建業；復析建業置江寧縣，在今縣南七十里。隋徙治治城，省秣陵、建康、同夏三縣入焉。唐武德中改江寧曰歸化，尋改歸化曰金陵，又改金陵曰白下。貞觀中改白下曰江寧，上元初改江寧爲上元。南唐復析上元置江寧縣，宋元仍舊，本朝因之，編戶一百三十四里。」〔註22〕

〔註22〕（明）李賢等：《明一統志》卷六，文淵閣《欽定四庫全書》本。

先來看江寧縣方志的編修情況。同治《上江兩縣志‧藝文中》中「地理之屬」下載：「王誥正德《江寧縣志》二卷，劉雨等纂修，管景等後來增修之。……周詩、石永珍萬曆《江寧縣志》十卷，李登、盛敏耕等同纂。《千頃堂書目》別載登《江寧縣志》誤。」〔註23〕沒有關於明代正德以前江寧縣方志的記載。

張國淦先生《中國方志考》列出的江寧縣方志志目如下：

《江寧縣圖經》《輿地紀勝》十七，江南東路，建康府江寧縣引，佚。

《江寧縣舊志》《太平寰宇記》九十，江南東路，建康府江寧縣引，佚。

《江寧縣志》四冊《文淵閣書目》十九《舊志》，佚。

《江寧縣志》十卷正德十六年，知縣王誥修，縣人劉雨、管景等纂。北平圖書館正德刊本。

《江寧縣志》十四卷萬曆二十六年，知縣周詩、石允珍修，上元李登、盛敏畊，顧起元纂。

北平圖書館萬曆刊本　存卷一至四。

《江寧縣志》十四卷清康熙二十二年，佟世燕修，歷陽戴本孝纂。日本內閣文庫康熙刊本。

《江寧縣新志》二十六卷乾隆十三年，知縣袁枚修。故宮圖書館乾隆刊本，存一至二十卷。日本內閣文庫。〔註24〕

同書「敘論」載：「其縣志今可考者：《江寧縣圖經》，《輿地紀勝》引之，不能詳其時代。《江寧縣舊志》，《太平寰宇記》引之，當在宋代以前。宋、元志乘未有著錄。明凡四修。《江寧縣志》四冊，見《文淵目‧舊志》，當是洪武修。《江寧縣志》，見《文淵目‧新志》，當是永樂年修。（以上今俱佚）正德十六年，知縣王誥延請縣人劉雨等纂《江寧縣志》十卷，首圖二。……更七十七年，爲萬曆二十六年，知縣周詩等延上元李纂《江寧縣志》十卷，首圖二。」

（同前75頁）

正德《江寧縣志》編纂時，正值正德皇帝南巡至應天府，索看縣志，知縣王誥奉命限期主修，遂委諸名宿劉雨，雨即在正德初龔弘、許光庭《南京志》的草稿基礎上，僅用四十五天編成。此志編寫雖然倉促，但仍然保存了不少珍貴資料。另一部萬曆年間，周詩、石允珍修，李登等纂的《江寧縣志》，

〔註23〕（清）同治《上江兩縣志》卷十二中，《中國地方志集成‧江蘇府縣志輯》，江蘇古籍出版社1991年6月第1版。

〔註24〕張國淦：《張國淦文集三編》，北京燕山出版社2004年10月北京第1版，第74頁。

《續修四庫全書提要》曾稱它爲「體嚴而事廣，文簡而義賅」，視爲良志，評價頗高。

正德《江寧縣志》卷首前南京刑部郎中邑人徐瑤《序》載：「……故自我朝開國以來，百六十年於茲司是邑者，官凡幾人，治凡幾更，是志皆闕而弗講，至王君而始修，可謂文獻一賀也。」〔註25〕其中稱王誥、劉雨所修纂的正德《江寧縣志》爲江寧縣志的始修，《江蘇舊方志提要》大概是據此序稱正德《江寧縣志》爲「江寧縣志之祖」，顯然是不正確的說法。因爲《永樂大典》中就收錄有江寧縣方志兩部，一部是《江寧志》，另一部是《江寧縣志》，說明《江寧縣志》在明永樂六年以前就已有人編纂了，但後志中對此沒有記錄。至於這兩部志書是否爲同書異名，則另當別論。

明代以前有《太平寰宇記》中所引之《江寧縣舊志》，《太平寰宇記》撰於宋太宗太平興國年間，則此《江寧縣舊志》應撰於太平興國年間以前，而馬氏《輯佚》中所收錄之《江寧縣志》中記載有元代事蹟，顯然不是《太平寰宇記》所引之書。

張氏《輯本》對《大典》收錄的《江寧縣志》作了簡單的評述：

案：《大典》引用《江寧縣志》凡十四條，又《江寧志》凡二條，茲據錄作明志。《文淵閣書目·舊志》：「《江寧縣志》四冊」，當即是志。〔註26〕

張先生僅曰《大典》本《江寧縣志》、《江寧志》「茲據錄作明志」，有啓發意義，但未具體列舉證據，現作進一步的補證。

馬氏《輯佚》引《江寧縣志》共 14 條，《江寧志》2 條。其中，《江寧縣志》【倉廩】中有這樣一條佚文：「常平倉，《金陵新志》曰：至元五年，因監察御史建言，於錄事司西北隅舊廣儲倉地屋建。」（《輯佚》四七一頁）此志引《金陵新志》，說明應修於至正《金陵新志》以後，其編纂時間應在《金陵新志》成書的至正四年（1344）到永樂六年（1408）64 年之內。另一條佚文曰：「元大軍倉，即宋咸淳平糴爲大軍倉。」（《輯佚》四七一頁）說明此志應編纂於明代。如此，《文淵閣書目·舊志》中記載的《江寧縣志》四冊，應當即是《大典》中所載之《江寧縣志》，其編纂時間大致應在明代洪武年間，但作者及卷數已不可考。從現存記載來看，江寧縣方志至今尚未見名爲《江寧志》者，所以

〔註25〕（明）王誥修、劉雨纂：正德《江寧縣志》卷首，《北京圖書館古籍珍本叢刊24》，書目文獻出版社 2000 年 7 月版。

〔註26〕張國淦：《張國淦文集四編》，北京燕山出版社 2004 年 10 月北京第 1 版，第837 頁。

《大典》中的《江寧志》與《江寧縣志》可視爲同一部志書，很可能《永樂大典》編纂者錄入時採用了不同的書名，志書名當以《江寧縣志》爲正。

二、《大典》本《江寧縣志》佚文研究

馬氏《輯佚》中《江寧志》收錄佚文兩則，1 則【人物】，記陶回。1 則【遺事】，記梁武帝放生事。《江寧縣志》中共收錄的佚文【倉廩】類資料 7 條，【宮室】1 條，【人物】1 條，【遺事】5 條，記丁咸序、陶回、沙門寶意、釋法融四人事蹟。二志既爲一書，現一併考釋如下：

【人物】：

陶回，性雅正，不憚強禦。丹陽尹桓景佞事王導，甚爲導所昵，回常慷慨謂景非正人，不宜親狎。會熒惑守南斗經旬，導語回曰：「南斗，揚州分，而熒惑守之，吾當遜位以厭此譴。」回答曰：「公以明德作相，輔弼聖主，當親忠貞遠邪佞而已。」〖冊一百五一卷一四四六四頁二　五御〗（《輯佚》四七〇頁）

據《晉書》記載，陶回爲丹陽人，此則佚文與下文【遺事】中分別記陶回直言進諫、陣前獻策與開倉振饑的事蹟，均與《晉書》中所載基本相同，應是取自《晉書》陶回本傳，《晉書》中對其評價是：「陶回規過，言同金石」〔註27〕，佚文事蹟體現出其爲人正直，機智有謀且關心百姓安危疾苦的優良品格。

元吳澄，字幼清，撫州崇仁人。幼穎悟，既長，於經傳皆習通之，知用力聖賢之學。身若不勝衣，正坐拱手，氣融神邁，答問亹亹，使人煥若冰釋。初所居草屋數間，程鉅夫題曰草廬，故學者稱之爲草廬先生。〖卷八五七〇頁二十八　十九庚〗（《輯佚》四七二頁）

此則佚文記元代著名學者、理學家、教育家、詩人吳澄的學問、風格，以及其號「草廬先生」之由來，出自《元史》吳澄本傳。《元史》本傳載：「吳澄，字幼清，撫州崇仁人。……，澄身若不勝衣，正坐拱手，氣融神邁，答問亹亹，使人渙若冰釋。弱冠時，嘗著說曰：『道之大原出於天，神聖繼之，堯、舜而上，道之元也；堯、舜而下，其亨也；洙、泗、鄒、魯，其利也；濂、洛、關、閩，其貞也。分而言之，上古則羲、黃其元，堯、舜其亨，禹、湯其利，文、武、周公其貞乎！中古之統：仲尼其元，顏、曾其亨乎，子思其利，孟子其貞乎！近古之統：周子其元，程、張其亨也，朱子其利也，孰爲今日之貞乎？未之有也。然則可以終無所歸哉！』其早以斯文自任如此。故出登朝署，退歸於家，與郡邑之所經由，士大夫皆迎請執業，而四方之士

〔註27〕《晉書》卷七十八，中華書局 1974 年 11 月第 1 版。

不憚數千里，躡屬負笈來學山中者，常不下千數百人。少暇即著書，至將終，猶不置也。於《易》、《春秋》、《禮記》，各有纂言，盡破傳注穿鑿，以發其蘊，條歸紀敘，精明簡潔，卓然成一家言。作《學基》、《學統》二篇，使人知學之本與爲學之序，尤有得於邵子之學。校定《皇極經世書》，又校正《老子》、《莊子》、《太玄經》、《樂律》，及《八陣圖》、郭璞《葬書》。

初，澄所居草屋數間，程鉅夫題曰草廬，故學者稱之爲草廬先生。天曆三年，朝廷以澄耆老，特命次子京爲撫州教授，以便奉養。明年六月，得疾，有大星墜其舍東北，澄卒，年八十五。贈江西行省左丞、上護軍，追封臨川郡公，謚文正。」〔註28〕

吳澄早年即以斯文自任，退歸於家，士大夫皆迎請執業，四方之士不憚數千里，躡屬負笈來學山中，其道德學問可知。（江西）撫州崇仁人，並非江蘇人，其傳記亦未有在江寧任職的記錄，或許其元時曾講學於江寧縣一帶，故《縣志》收之。

【倉廩】：

常平倉，《金陵新志》曰：至元五年，因監察御史建言，於錄事司西北隅舊廣儲倉地屋建。〖冊七九卷七五○七頁十九　十八陽〗（《輯佚》四七一頁）

制司倉，《景定志》曰：制司米，舊附廣濟倉。咸淳元年四月，內即廣儲倉側隙地令蓋爲敖四，前後屋共三十一間。又有小倉三所，曰東倉、西倉、中倉，並在南門裏沙窩一帶。〖卷七千五百一十二　十八陽〗（《輯佚》四七一頁）

廣儲倉，《景定志》曰：咸淳二年，馬光祖重修建府城下倉，更名廣儲。《金陵志》曰：倉七廒，在南門裏沙窩。」〖冊八一卷七五一四頁二十六　十八陽〗（《輯佚》四七一頁）

永濟西倉，在鹽倉街，舊江東書院基也。〖冊八一卷七五一四頁二十六　十八陽〗（《輯佚》四七一頁）

軍儲倉，在通濟門外。〖冊八一卷七五一六頁三　十八陽〗（《輯佚》四七一頁）

元大軍倉，即宋咸淳平糶倉爲大軍倉。〖同前〗（《輯佚》四七一頁）

稻子倉，在大軍倉後。〖冊八一卷七五一六頁十六　十八陽〗（《輯佚》四七一頁）

上述內容明正德《江寧縣志》中未見記載，其中「制司倉」條可糾正現存志書之誤，嘉靖六年刊本《景定志》與《四庫》本中有關內容如下：「制司倉，附本府廣濟倉內，又有小倉三所，曰東倉曰西倉曰中倉，並在南門裏沙窩一帶。」「創制司倉，制司米，舊附廣儲倉，咸淳元年四月內，即廣儲備倉側隙地令蓋制司倉，爲廒四，前後屋共三十一間，糜錢三萬九千九百餘貫十

〔註28〕《元史》卷一百七十一，中華書局1976年月第1版。

八界。」〔註29〕結合《大典》本《江寧縣志》中記載可知後二志中「制司米，舊附廣儲倉」應爲「舊附廣濟倉」之誤。

另外幾條佚文，「永濟西倉」「稻子倉」「軍儲倉」皆《景定志》所未載，「大軍倉」條記載了元代大軍倉由宋咸淳平糴倉改置而來，這些都是古代江寧縣倉儲資料的重要補充。

【遺事】：

　　梁武帝曰：「市鵝鴨雞豚之屬，放洲中。」因名長命洲，置十家常以谷粟飼之，歲各千數，而爲狐狸所食及掌戶竊而烹之者各半。魏使李恕來聘，帝時於此放生，問恕曰：「北主頗知此事乎？」對曰：「魏國不殺亦不放。」帝無以應之。【卷八千五百六十九　十九庚】（《輯佚》四七〇頁）

至正《金陵新志》中載：「長命洲，梁武帝放生之所也。梁武帝曰：『市鵝鴨雞豚之屬，放洲中。』名爲長命洲，置十家常以穀粟飼之，歲各千數，而爲狐狸所食及掌戶竊而烹之者各半。《輿地志》云：魏使李恕來聘，帝時於此放生，問恕曰：『北主頗知此事乎？』對曰：『魏國不殺亦不放。』帝無以應之。」〔註30〕《大典》本《江寧縣志》中此條內容，當是承襲至正《金陵新志》而來。佚文中，「魏使李恕來聘」前，略去了出處《輿地志》。

　　丁咸序，南唐時，應數舉，忽夜夢乘龍白地而起，顧見一駱駝隨之，私自喜，幸必登科第。復應，又不捷。尋歸宋，應十數上，凡踐場屋迨三十餘年，嘗自思以其夢爲憑。至咸平三年，王公知貢舉，咸序上詩曰：常憶金陵應舉時，壯心頻欲挹丹枝，蹉跎三十年中事，一度思量一淚垂。」於是奏名。及殿試，以第三甲放之。其亞之者則龍起，又亞之者又駱起。及觀榜，方悟其夢。【冊一百三十六卷一三一三九頁一　一送】（《輯佚》四七二頁）

丁咸序，正史不見記載，至正《金陵新志·耆舊》載：「丁咸序，秣陵人，耽儒學，進修士業，授衡陽判官，太守賢之。」〔註31〕佚文中內容應是取自筆記小說。宋代吳處厚《青箱雜記》亦有此記載，其文如下：「丁咸序，應舉時，夢唱名已過，續有一龍蜿蜒騰上，又有一駱駝繼之，不知其然，比唱名有龍起、駱起二人在其後。」〔註32〕《四庫全書》本《分門古今類事》卷七

〔註29〕　（宋）馬光祖修，周應和纂：景定《建康志》卷二十三，《中國方志叢書》據清嘉慶六年刊本影印，臺北成文出版社1983年3月臺一版。

〔註30〕　（元）張鉉纂：至正《金陵新志》卷五，《中國方志叢書》據元至正四年刊本影印，臺北成文出版社1983年3月臺一版。

〔註31〕　（元）張鉉纂：至正《金陵新志》卷十三下，《中國方志叢書》據元至正四年刊本影印，臺北成文出版社1983年3月臺一版。

〔註32〕　（宋）吳處厚：《青箱雜記》卷三，文淵閣《欽定四庫全書》本。

《夢兆門中》中亦記載有此事，題爲「丁序唱名」內容與《青箱雜記》所載相同，後注出處爲錄自《青箱雜記》。而《青箱雜記》成書於北宋元祐二年，記事不如佚文詳細，佚文不僅記丁咸序爲南唐人、且記錄其登第的具體時間爲北宋咸平三年，還保留有丁咸序所作詩一首，可補現存資料之缺失。且佚文記丁咸序之夢在三十年前，《四庫》本《青箱雜記》記此夢爲應舉時，兩者相去甚遠，或此事別有出處。《青箱雜記》首有吳處厚所作序曰：「前世小說有《北夢瑣言》、《酉陽雜俎》、《玉堂閒話》、《戎幕閒談》，其類甚多，近代復有《閒花》、《閒錄》、《歸田錄》，皆採摭一時之事，要以廣記資講話而已。余自筮仕未嘗廢書，又喜訪問，故聞見不覺滋多，況復遇事裁量，動成品藻，亦輒紀錄，以爲警勸，而所紀皆叢脞不次，題曰青箱雜記，凡一十卷。」〔註33〕說明在《青箱雜記》之前，已存在不少記載「一時之事」的小說，《江寧縣志》中此條資料很可能錄自此類小說或雜記。佚文中丁咸序於咸平三年登第，則這部小說應著錄於北宋咸平三年以後，而《青箱雜記》中此條內容應是錄自此部小說或雜記，那麼這部小說應當著於咸平三年至元祐二年這八十六年之間，但今可能已佚失，《大典》本《江寧縣志》很可能是迄今所見完整收錄這一軼事的唯一文獻。

陶回遷吳興太守，時年饑穀貴，三吳尤甚。詔欲聽相鬻賣，以拯一時之急。回上疏曰：「當今天下不普荒儉，唯獨東土穀價偏貴，聽相鬻賣，聲必遠流，北賊聞此，將窺疆場。如愚臣意，不如開倉廩以賑之。」乃不待報，輒便開倉，及割府郡軍資數萬斛米，以救乏絕，由是一境獲全。既而下詔，又敕會稽、吳郡依回賑恤，二郡賴之。【冊八二卷七五一八頁十一　十八陽】（《輯佚》四七三頁）

蘇峻將至臺城，陶回謂庾亮曰：「峻知石頭有重戍，不敢直下，必向小丹陽南道步來，宜設伏邀之，可一戰擒也。」亮不從。峻果向小丹陽，經秣陵，迷失道，逢郡人，執以爲鄉導，夜行甚無部分。亮聞之，深悔不從回言。【冊一百七十八卷一九七八三　一屋】（《輯佚》四七三頁）

此二則內容均出自《晉書》卷七十八陶回本傳，事無不同，參見上文【人物】佚文研究。

佚文中還收錄有高僧事蹟兩條，說明《大典》本《江寧縣志》之人物志應當有【仙釋】類目，佚文內容如下：

沙門寶意，以宋孝建中來至京師瓦官寺，世祖施一銅唾壺，高二尺許，常在床前，忽有人竊之，意以席一領空卷之，咒上數經，於三夕唾壺還在席中，莫測其然。【冊十七卷二二五六頁十】（《輯佚》四七三頁）

〔註33〕（宋）吳處厚：《青箱雜記》卷首，文淵閣《欽定四庫全書》本。

後志正德《江寧縣志》、清同治《上江兩縣志》中均未見載，佚文內容出自《梁高僧傳》卷三《譯經下·求那跋陀羅附阿那摩低傳》：「時又有沙門寶意。梵言阿那摩低。本姓康。康居人。世居天竺。以宋孝建中來止京師瓦官禪房。恒於寺中樹下坐禪。又曉經律。時人亦號三藏。常轉側數百貝子。立知凶吉。善能神咒。以香塗掌。亦見人往事。宋世祖施其一銅唾壺。高二尺許。常在床前。忽有人竊之。意以席一領，空卷之咒上數通。經於三夕唾壺還在席中。莫測其然。於是四遠道俗敬而異焉。齊文惠文宣及梁太祖，並敬以師禮焉。永明末年終於所住。」〔註34〕佚文記錄沙門寶意神通事蹟，其中所載瓦官寺，位於江蘇南京鳳凰臺。東晉興寧二年（364），因慧力之奏請乃詔令施捨陶官之舊地以建寺，掘地得古瓦棺，因稱瓦官寺。劉宋之後，慧果、慧璩、慧重、僧導、求那跋摩、寶意等高僧均相繼住此，或敷揚經論，或宣譯梵夾。梁時，增建瓦官閣。陳光大元年（567），高僧智顗亦居此，講《大智度論》，及禪門次第，並曾修繕此寺，益見完美。

釋法融，於牛頭山北岩下講《法華經》。於時十一月，素雪滿階，於凝冰內獲花二莖，狀如芙蓉，燦同金色。經七日，忽然失之。【冊六一卷五八四○頁一】（《輯佚》四七三頁）

唐道宣律師《續高僧傳》載：「釋法融，姓韋，潤州延陵人。年十九。翰林墳典探索將盡，而姿質都雅偉秀，一期喟然歎曰：『儒道俗文信同糠秕。般若止觀實可舟航。』遂入茅山，依炅法師剃除周羅服勤請道。炅譽動江海德誘幾神，妙理真筌無所遺隱。融縱神挹酌，情有所緣，以為慧發亂縱定開心府，如不凝想妄慮難摧，乃凝心宴默於空靜林。二十年中專精匪懈，遂大入妙門，百八總持，樂說無盡，趣言三一懸河不窮。貞觀十七年。於牛頭山幽棲寺北岩下別立茅茨禪室，日夕思想無缺寸陰，數年之中息心之眾百有餘人。……又二十一年十一月，岩下講法華經。於時素雪滿階，法流不絕。於凝冰內獲花二莖，狀如芙蓉，璨同金色。經於七日忽然失之，眾咸歎仰。」〔註35〕佚文法融禪師講《法華經》之靈瑞事蹟，當出自《續高僧傳》。

景定《建康志》未單列仙釋，該志《山川》「祖堂山」條載：「宋大明三年於山南建幽棲寺，因名幽棲山。唐貞觀初，法融禪師得道於此，為南宗第一祖師乃改為祖堂山。」〔註36〕至正《金陵新志·人物志》有法融禪師的傳，

〔註34〕（梁）釋慧皎：《高僧傳》卷三，中華書局 1992 年 10 月版。

〔註35〕（唐）釋道宣：《續高僧傳》卷第二十六，電子佛典《大正藏》二一。

〔註36〕（宋）馬光祖修，周應合纂：景定《建康志》卷十七，文淵閣《欽定四庫全書》本。

內容與《續高僧傳》基本相同。

第三節　《大典》本咸淳《溧水志》及其佚文研究

一、溧水縣建置沿革及其方志編纂源流

　　溧水縣明代是應天府八個屬縣之一，《明一統志》載：「在府東八十五里，本秦漢溧陽縣地，隋析置溧水縣，屬蔣州，尋並溧陽入焉。唐初，屬揚州，又析置溧陽縣，而溧水爲縣如故。屬宣州，後屬昇州。宋屬建康府，元元貞初升爲州，本朝洪武二年改爲縣，編戶一百十里。」〔註37〕清代溧水縣屬江寧府，因此，除各朝所修《溧水縣志》外，溧水事蹟還並載於《丹陽記》、景定《建康志》、《金陵志》、《應天府志》、《江寧府志》之中。景定《建康志‧風土志一》「風俗」門「溧水縣」下云：「溧水縣有山林川澤之饒，民勤稼穡，魚稻果茹，隨給粗足，雖無千金之家，亦罕凍餒之民。」〔註38〕大略地描述了此地的民情。

　　光緒《溧水縣志‧舊序》載明吳士詮萬曆《溧水縣志序》：「溧故有兩志矣，其一蓋創於餘干陳公憲，其一則襄陽王公從善所纂修也。」〔註39〕光緒知溧水縣事古雋李譚日襄《序》中載：「溧水在春秋爲吳楚分域。漢置溧陽，隋始名溧水。唐析復溧陽治，明析建高淳治，其先皆溧水地也。考溧水爲《禹貢》中江，其源出今高淳之固城湖。固城見左氏傳。吳爲瀨渚楚曰平陵。《史記》子胥至陵水，謂平陵之水，實固城湖也。陵溧以聲轉而僞。溧之得名由此。余自丁亥多承乏是邦。甫下車，亟考輿圖問風俗，知邑故有志始自前明正德中，我朝乾隆間凡五修焉。」（同前，卷首）光緒七年九月知縣傅觀光所作《續修溧水縣志序》，其中稱：「溧水自隋開皇十一年始置縣，舊故無志。明正德中，餘干陳君憲首搜羅遺佚，創輯邑乘。方露端倪山前，明以迄國朝，志凡六修，俱無傳本，惟乾隆丁酉淩君輯書尚存，距今已百有餘年矣。」（同前）前一《序》中記載了溧水縣之得名於「陵水」之轉聲。

　　從明至清作序者均稱溧水縣之修志始於明正德年間，是書爲明代溧水縣

〔註37〕　（明）李賢等纂修：《明一統志》卷六，文淵閣《欽定四庫全書》本。

〔註38〕　（宋）馬光祖修，周應合纂：景定《建康志》卷四十二，《中國方志叢書》據清嘉慶六年刊本影印，臺北成文出版社1983年3月臺一版。

〔註39〕　（清）傅觀光等修，丁維揚誠等纂：《溧水縣志》二十二，《中國方志叢書》據光緒九年刊本影印，臺北成文出版社，1970年5月臺一版。

第一部縣志。《江蘇舊方志提要》也認為明代溧水縣第一部志書修於明代正德年間，實際情況並非如此。

張國淦《中國方志考》中所列溧水縣明代及其以前方志共有七部，其目如下：

《溧水縣圖經》《輿地紀勝》十七，江南東路，昇州溧水縣引，佚。

《溧水縣志》宋咸淳□年，知縣周成之等修，《金陵新志‧新舊志引用古今書目》，佚。

《溧水縣志》四冊《文淵閣書目》十九《舊志》，佚。

《溧水縣志》《文淵閣書目》二十《新志》，佚。

《溧水縣志》□卷明正德四年，知縣陳憲修，縣人范祺纂，未見。

《溧水縣志》三卷嘉靖四年，知縣王從善修，教諭方彥、縣人黃志遠纂，未見。

《溧水縣志》八卷萬曆七年，知縣吳仕詮修，縣人黃汝全纂，北平圖書館萬曆刊本。

此外，張國淦《中國古方志考》中還記載了一部《溧水州志》，內容如下：

《溧水州志》元　佚至正《金陵新志》八：民俗志，風俗引《溧水州志》一條。又九：學校志，本朝學校溧水州，十三：列傳花山節婦，引本州志二條。

從張國淦所列志目來看，明代正德以前尚有《溧水縣圖經》、宋咸淳年間《溧水縣志》以及《文淵閣書目》新舊《志》中所載之兩部《溧水縣志》，此外《江蘇舊方志提要》中還收錄了元代溧水州亦修有志書兩部，一部是《溧水州志》，修於元順帝至元年間；一部是《溧水後志》，修於至元十二年之至正四年之間。馬氏《輯佚》收錄了三部溧水縣方志，分別是：《咸淳溧水志》、《溧水志》和《溧水縣志》，張氏《輯本》未收此三志。因《咸淳溧水志》是宋志，故單列一節進行研究。

二、《大典》本咸淳《溧水志》的編纂情況

張國淦雖未從《永樂大典》殘卷中輯出《咸淳溧水志》但其《中國古方志考》卻考出此志，內容如下：「至正《金陵新志》四：疆域志，地所屬州名溧水州，引《咸淳縣志》一條。又四：疆域志，坊里崇儒坊，十一：祠祀志，寺院上方寺，引用縣志二條。又十二：古蹟志，城闕古固城，引咸淳《溧水志》一條。又十三：人物志，耆舊謝安顧童。孝悌，孝子伊小乙，十四：摭遺孫鍾，引咸淳《溧水志》四條。」〔註40〕至正《金陵新志》之《疆域志》、《祠祀志》、《古蹟志》、《人物志》、《摭遺》數次引用該志，或稱咸淳《溧水志》，或稱《咸淳縣志》，或稱《縣志》，從上文可知至正《金陵新志》所引內容涉及建置沿

〔註40〕張國淦：《中國古方志考》，中華書局1962年8月第1版，第232頁。

革、坊里、祠宇、古蹟、人物，而人物又包括耆舊、孝悌等方面，同時也說明至元朝至正年四年此書尚存。此後，《永樂大典》又徵引《咸淳溧水志》，說明明初此志猶存。

咸淳《溧水志》應是修纂於南宋咸淳年間，咸淳是南宋度宗年號，時當1265 至 1274 年，元張弦的至正《金陵新志》卷前《新舊志引用古今書目》:「《咸淳溧水志》，宋周成之、方遜。」周成之，咸淳時任溧水知縣，正德《溧水縣志·官師表》與光緒《溧水縣志·官師志》均記載周成之咸淳年間爲知縣，但其與方遜生平未詳。

三、《大典》本《咸淳溧水志》佚文研究

馬氏《輯佚》收錄《咸淳溧水志》佚文 2 條，【倉廩】1 條，【宦迹】1 條。

【倉廩】:

永豐倉，在縣西六十步，政和二年置。倉屋久圮不存，景定二年，知縣潘崏之鼎新建造倉屋三間。景定三年，知縣廖由鼎新建過廊一間，倉屋三間。【冊八一卷七五一四頁二十七　十八陽】（《輯佚》四七三頁）

此倉景定《建康志》與至正《金陵新志》、清《江南通志》和光緒《溧水縣志》均不見記載。順治《溧水縣志·古蹟》載:「永豐倉，縣南一百五十里。」〔註41〕永豐倉位佚文記載在縣西六十步，《順治志》記載在縣南一百五十里，二者相去甚遠，說明該倉應是於後朝重建，順治志所載應是明代永豐倉的位置。同書《建置志》載:「便民倉在縣西南二十五里梅梁渡，明隆慶間知縣賀一桂建。萬曆間知縣傳應禎、吳仕銓相繼修增。舊在高淳水陽鎮，名永豐倉。蓋未析高淳時兌糧處也。賀令以邑民秦仁所稱不便狀聞於上，移建於此，邑人時甚德之。」（同前，卷三）高淳舊爲溧水縣地，明弘治四年始析置高淳縣，設立於高淳縣水陽鎮的永豐倉應即是明代溧水縣之永豐倉。該倉隆慶年間由溧水知縣徙建縣之西南，後更名爲便民倉。佚文對宋代永豐倉的設立和重建、增建的過程記載的比較明確，是難得的宋代建康府縣的倉儲資料。

【宦蹟】:

陳嘉善，乾道四年到任，臨政明敏，庭無留訟，監司列薦，召知江陰軍。【冊四七卷三一五五頁四　九眞】（《輯佚》四七三頁）

〔註41〕　（清）閔派魯修、林古度纂:順治《溧水縣志》卷五，《北京圖書館古籍珍本叢刊 24》，書目文獻出版社 2000 年 7 月版。

陳嘉善，正史中不見載。《赤城志・人物門二》載：「陳嘉善，臨海人，字容之，舉善之弟。終知江陰軍。」〔註42〕景定《建康志・疆域志二》載：「表孝里在溧水縣，考證乾道四年邑人伊小乙割肝以療母疾，知縣陳嘉善榜其居旌之。」〔註43〕同書《官守志四》載：「陳嘉善，乾道四年三月到任，七年三月滿替。」〔註44〕《至正金陵新志・人物志》「遊宦」下載有其名，同書《人物志二》載：「孝子伊小乙者，溧水人。乾道戊子歲剖腹割肝以療母疾，溧水令陳嘉善聞於朝，旌其裏月日孝，事具前志」〔註45〕正德《溧水縣志・官師表》與光緒《溧水縣志・官師志》亦有陳嘉善的記載，但僅記「乾道四年任」。佚文對其執政狀況，有一個大致的概括，爲諸志記載所無。由佚文知其在溧水任知縣期間，處理政事明快敏捷，官府中沒有滯留的案件，因而爲監司所稱薦。這些記錄可爲其餘諸志作很好的補充。

第四節　《大典》本《溧水縣志》、《溧水志》及其佚文研究

一、《大典》本《溧水縣志》、《溧水志》的編纂情況

馬氏《輯佚》所收錄的《溧水縣志》、《溧水志》，張氏《輯本》無。《溧水縣志》【倉廩】佚文載：「國朝際留倉，在縣治廳後。」（《輯佚》四七五頁）佚文中稱「國朝」說明此《溧水縣志》編纂於明，且編纂時間在明代永樂六年以前。《文淵閣書目・舊志》中記載有《溧水縣志》四冊，應當即是此志。其爲《文淵閣書目・舊志》所載，應是修纂於明洪武年間，但著者已不可考。

另一部《溧水志》佚文中有「應天府」字樣和「元常平倉，在州治正廳東」的記載，溧水元代始陞州，明代復爲縣；又，佚文稱「元常平倉」，說明此志當屬明志。從前面所列志目來看，永樂六年以前的明代方志，溧水並沒有任何一部方志稱爲《溧水志》，該志與《大典》中所收錄的《溧水縣志》當爲同一部方志，應是錄入時採用了不同的書名，統一書名當爲《溧水縣志》。

〔註42〕（宋）陳耆卿撰：《赤城志》卷三十三，文淵閣《欽定四庫全書》本。

〔註43〕（宋）馬光祖修，周應合纂：景定《建康志》卷十六，文淵閣《欽定四庫全書》本。

〔註44〕（宋）馬光祖修，周應合纂：景定《建康志》卷二十七，文淵閣《欽定四庫全書》本。

〔註45〕（元）張鉉纂：至正《金陵新志》卷十三上之中，文淵閣《欽定四庫全書》本。

光緒《溧水縣志‧舊序》收錄萬曆己卯邑人黃汝金萬曆七年《縣志小引》稱：「溧水故無志，國朝正德己巳，餘干陳候憲來視邑事。曰：『邑無志，國無史也。』乃索於掌故氏得鈔本，並坊郭野史殘斷無次者略爲裒益。」〔註46〕說明《大典》中收錄的這部《溧水縣志》，明正德年間在溧水縣已經不存，否則正德己巳到任的知縣陳憲不會說邑無志，由此也可見《大典》中所保存佚文的珍貴價值。

二、《大典》本《溧水縣志》、《溧水志》佚文研究

本文將《大典》本《溧水縣志》、《溧水志》佚文合併研究，共有 5 條佚文，其中【倉廩】2 條、【宮室】1 條、【山川】1 條、【詩文】1 條，注析如下：

【倉廩】：

國朝際留倉，在縣治廳後。〖冊八一卷七五一六頁十 十八陽〗（《輯佚》四七五頁）

至正《金陵新志‧地理圖》「溧水州」下載：「際留倉，在幙廳南。」〔註47〕說明溧水縣至晚在元代至正四年前，已設有際留倉。正史無際留倉的記載，據《永定縣志‧食貨志》：「前明洪武初，令天下州縣皆設『際留倉』，每歲存貯秋糧，給官吏月俸，使客續食及膳養孤貧。」〔註48〕佚文所載之際留倉，應當是洪武初所設，主要用於存放秋糧、發放俸祿及養恤孤貧。正德《溧水縣志》卷五《古蹟》中有記載，但只記錄了「際留倉」之名，佚文中記載了該倉的位置，正德志《古蹟》中記載此倉，說明此倉在明洪武間尚存而正德間已經不存在。

常平倉，在縣北六十步，唐太和六年置，宋開寶八年重修。原係贍留倉，政和二年改爲常平倉。紹興八年知縣李朝正重建。元常平倉，在州治正廳東。〖冊七九卷七五〇七頁十九 十八陽〗（《輯佚》四七五頁）

溧水縣常平倉，景定、至正二志均不見記載。清順治《溧水縣志‧古蹟》載：「舊縣治在秦淮河北，今廢，錄後。」後載有「際留倉」、「常平倉」之名，但沒有具體的記載。清光緒《溧水縣志‧建置志》載：「常平倉，在南門內。

〔註46〕（清）傅觀光等修，丁維揚誠等纂：《溧水縣志》卷首，《中國方志叢書》據光緒九年刊本影印，臺北成文出版社 1970 年 5 月臺一版。

〔註47〕（元）張鉉纂：至正《金陵新志》卷十三上之中，文淵閣《欽定四庫全書》本。

〔註48〕（清）伍煒纂修：《永定縣志》卷三，國家圖書館藏乾隆 22 年刻本（數字方志）。

前志云永賴倉，即常平倉，俗稱南倉。」〔註49〕光緒志中所載之常平倉「在南門內」，而佚文則記載在「縣北六十步」，元代在「州治正廳東」（州治位置詳下文「潛心堂」條），位置元明清三代均不相同，可能代有變更。佚文記載了此倉的來歷和變更情況，難得的溧水縣倉儲資料，可以彌補現存志書記載的不足。

《大典》本咸淳《溧水志》與明代《溧水縣志》中所保留的倉廩記錄，即宋代「永豐倉」，明代的「際留倉」，「常平倉」記錄了諸倉的方位，設置年代、規模建置等等，補充了現存溧水方志記錄的不足，具有一定的經濟史料價值。

【宮室】：

縣後廳爲潛心堂。〔冊七一卷七二四○頁十八　十八陽〕（《輯佚》四七五頁）

順治《溧水縣志》所錄舊縣治之古蹟有君子堂、絃歌堂、共濟堂，獨不見此潛心堂。光緒《溧水縣志‧建置志》中記載「官署」云：「縣署始置於隋其址未詳，唐時故址在今小東門外即城隍廟址也，元和間移縣署於舊署之西數十步奉白公季康爲城隍神，因改舊署爲廟，元升縣爲州，而址仍其舊，明初創於今所，在大東門內。洪武元年知州顧登治移於此，次年復爲縣知縣郭雲重建。」（同前）其後有關明清時縣治內建築亦未見有潛心堂的記載，佚文的記載可以補充現存方志。

【山川】：

青絲洞，在應天府溧水縣贊賢鄉贛船山南，有張沈二書堂井臼遺址，未詳何時人。〔冊一百三四卷一三○七四頁十五〕（《輯佚》四七五頁）

宋《太平寰宇記‧江南東道二》中載：「贛船山，一名感泉山，在縣南一十二里。有青絲洞，泉脈泓澄，四時不絕。」〔註50〕光緒《溧水縣志‧山川志》記贊賢鄉「洞」下僅一條即「青絲洞，縣南十二里，齊尚書墓在其前。」〔註51〕「山」下有「贛船山」條云：「縣南十二里，一名感泉山，《一統志》云：山陰有青絲洞，泉脈泓澄，四時不竭。南有張沈二士讀書堂遺址及井臼，不知何時人。」（同前）記載均較佚文爲詳。此外，《江南通志‧輿地志》載：「尚書齊泰墓，在溧水縣青絲洞。」〔註52〕

〔註49〕（清）傅觀光等修，丁維揚誠等纂：《溧水縣志》卷三，《中國方志叢書》據光緒九年刊本影印，臺北成文出版社1970年5月臺一版。

〔註50〕（宋）樂史纂：《太平寰宇記》卷九十，文淵閣《欽定四庫全書》本。

〔註51〕（清）傅觀光等修，丁維誠等纂：《溧水縣志》卷二，《中國方志叢書》據光緒九年刊本影印，臺北成文出版社1970年5月臺一版。

〔註52〕（清）趙弘恩等監修：《江南通志》卷三十七，文淵閣《欽定四庫全書》本。

【詩文】：

《過永豐入西城湖》：遠山明淡煙雲中，霏微小雨入晴空，湖波不動鏡湖碧，藕柄入稻開鮮紅，拏舟直過菭花裏，屬玉驚眼兩飛起。忽看茅屋古柳彎，牧子騎牛渡灘水。〖冊二十卷二二七〇頁二十七　六模〗（《輯佚》四七四頁）

此詩出處及作者不詳，《全唐詩》及《全宋詩》均不見記載，後志如順治《溧水縣志》與光緒《溧水縣志》亦不見載，俟考。

第五節　《大典》本《江浦縣志》及其佚文研究

張氏《輯本》未輯出《江浦縣志》，馬氏《輯佚》有此志，今據以研究。

江浦縣，明代爲應天府八屬縣之一，《明一統志》載：「在府西四十里，本楚宋邑地，晉爲秦郡地。隋爲六合縣地，唐宋元因之。本朝洪武九年始以六合縣及和滁二州地析置江浦縣，二十四年仍割江寧縣一鄉附之，編戶三十七里。」〔註53〕《明史・地理一》載：「江浦，府西。本六合縣浦子口巡檢司，洪武九年六月改爲縣，析和、滁二州及江寧縣地益之。二十五年七月移於江北新開路口，仍置巡檢司於舊治。東南濱大江，有江淮衛，洪武二十八年正月置。又有西江口巡檢司。」〔註54〕從其建置沿革可知，江浦縣漢代爲堂邑、全椒二縣地，隋代爲六合縣地，俱屬丹陽郡；自明洪武九年置江浦縣，屬應天府；清代屬江寧府，因此，江浦縣事蹟也見載於《丹陽記》、《應天府志》、《江寧府志》中。

除《大典》外，現存文獻中，最早的江浦縣方志是《文淵閣書目・新志》所記載之《江浦縣志》。另外，弘治年間還有一部《江浦縣志稿》，此志景泰年郁珍，石淮草創志稿後，知縣張鳳請縣人莊景又纂，並未完成。弘治年間知縣章文韜親自捉刀，於弘治十七年成稿，但未梓行。《江蘇舊方志提要》認爲，「歷成化而弘治僅百年，此志當爲江浦縣歷史上第一部志書。」〔註55〕《大典》本《江浦縣志》和《文淵閣書目・新志》所載之《江浦縣志》蓋爲《提要》所未見。

《文淵閣書目・新志》所載《江浦縣志》當爲永樂十六年以後所作，而

〔註53〕（明）李賢等《明一統志》卷六，文淵閣《欽定四庫全書》本。

〔註54〕明史》卷十六，中華書局 1974 年 4 月第 1 版。

〔註55〕徐復，季文通主編：《江蘇舊方志提要》，江蘇古籍出版社 1993 年 10 月第 1版，第 93 頁。

《永樂大典》中收錄的《江浦縣志》，說明《文淵閣書目・新志》所載之《江浦縣志》也非江浦縣第一部志書。馬氏《輯佚》收錄《江浦縣志》佚文僅一條：

【山川】：

高望嶺，在江浦縣白馬鄉。〔冊一百二二卷一一九八〇頁一〕（《輯佚》四七五頁）

《江浦埤乘・鄉保》載：「舊志編戶一十有九里，鄉凡七。」其中有「白馬鄉三里。」〔註56〕但未載高望嶺。由江浦縣建置沿革可知，江浦縣在明洪武九年以後才開始設置。因此，《大典》本所引《江浦縣志》的編纂時間，應當是在洪武九年（1376）至永樂六年（1408）32 年之間。《江浦埤乘・職官上》載洪武年間江浦知縣有：「劉進九年始建縣，治文廟於浦子口，進督其事。劉英。楊立。仇存仁。二十四年。徙縣治於曠口山。龐俊。」（同前，卷十八）先後共有五位知縣，《大典》本《江浦縣志》修纂者或居其一。

《大典》中的這部佚志張先生的《中國方志考》中並未列出，《江蘇舊方志提要》中也沒有提到，因而可以補闕現存之方志著述

〔註56〕 （清）侯宗海修、夏錫寶纂：《江浦稗乘》卷二，國家圖書館藏光緒 17 年刻本（數字方志）。

第三章 《大典》本淮安地區佚志及佚文研究（附《大典》本《邳州志》、《鹽城志》研究）

　　今之淮安地區，明屬淮安府。淮安府，元時爲淮安路，屬河南行省淮東道宣慰司，「（明）太祖丙午年四月爲府，領州二，縣九。西南距南京五百里。」〔註1〕明爲南直隸轄域，直隸京師。《明一統志》中所記載的淮安府下屬州縣爲山陽縣、鹽城縣、清河縣、安東縣、桃園縣、沭陽縣、海州領縣一、贛榆縣、邳州領縣二、宿遷縣和睢寧縣。馬氏《輯佚》中收錄的淮安府縣志書共有9種，分別是：《淮安府志》、《淮安志》、《山陽縣志》、《山陽志》、《淮陰縣志》、《淮安府清河縣志》、《鹽城志》、《清河縣志》、《邳州志》。張氏《輯本》輯出《山陽志》、《淮安府志》、《山陽縣志》和《邳州志》4種，馬氏《輯佚》皆輯錄，下文將按先府志後州縣志的順序，逐部進行稽考。這裡需要說明的是，按江蘇現行行政區劃，邳州屬徐州市，而鹽城現爲鹽城市，但因二志佚文內容均僅有1條，內容較少，故不再單獨列章，而是併入淮安地區下進行研究。

第一節　《大典》本淮安府佚志及其佚文研究

一、淮安府建置沿革及方志編纂情況

　　淮安府，《明一統志》載：「禹貢揚州之域，天文斗牛分野。春秋屬吳，

〔註1〕《明史》卷四十，中華書局 1974 年 4 月第 1 版。

後屬越，戰國屬楚，秦屬九江郡。漢屬臨淮郡及廣陵國。東漢屬廣陵郡，及下邳國，三國屬魏，爲臨淮廣陵二郡地。晉分淮北爲北徐州，南爲徐州。又分廣陵置山陽郡，僑立兗州於此。劉宋失淮北，乃於此立州鎭爲北兗州。東魏復爲山陽郡，隋置楚州。大業初，并入江都郡。唐爲東楚州，後改楚州。天寶初，改淮陰郡。乾元初，復爲楚州。五代時南唐升順化軍。宋仍爲楚州，建炎中，置楚泗州承州漣水軍鎭撫使，尋罷。紹定初，於此置淮安軍。端平初升爲州。元代升爲淮安路，屬河南行省。本朝改爲淮安府，直隸京師，領州二縣九：山陽縣、鹽城縣、清河縣、安東縣、桃園縣、沭陽縣、海州領贛榆縣、邳州領宿遷、睢寧二縣。」〔註2〕

由其建置沿革可知淮安府隋以前稱臨淮郡或廣郡、山陽郡，隋爲楚州，唐爲楚州或淮陰，宋爲楚州或稱淮安軍，元爲淮安路，明爲淮安府。

據張國淦《中國古方志考》記載，明代永樂以前淮安方志均已佚失。這些方志如下：

《淮陰圖經》，《太平御覽》、《太平寰宇記》、《輿地紀勝》中各引用此圖經一條。

《楚州圖經》二卷，宋錢望之修　吳莘纂。《宋史·藝文志三》中載：《楚州圖經》二卷。《直齋書錄解題》、《文獻通考·經籍考》中均有載。《輿地紀勝》引其書四條。《大明一統志》引其書一條。

（楚州）《舊志》，《輿地紀勝》三十九，引《舊志》一條。〔註3〕

《江蘇舊方志提要》所載也是上述三部方志，除此外明代永樂以前未見有其他方志的記載。《永樂大典》收錄的淮安府方志，一部稱《淮安志》，另一部稱《淮安府志》，應當是現存記載中，屬於永樂六年以前的又兩部方志。張國淦的《中國古方志考》不收錄明清的方志，而《江蘇舊方志提要》亦未在「佚志」中列出，應屬遺漏。

張氏《輯本》對《大典》本《淮安府志》、《淮安志》評析如下：

案：《大典》引《淮安府志》凡七條，又《淮安志》凡二條。宋楚州，後改淮安州；明淮安府。其新倉條「洪武元年」云云；知是洪武元年以後所修。《文淵閣書目·舊志》：「《淮安府志三冊》」，當即是志。曰「淮安」，曰「淮安府」或修《大典》時有增省字。〔註4〕

──────────

〔註2〕（明）李賢等：《明一統志》卷六，《欽定四庫全書》本。
〔註3〕張國淦：《中國古方志考》，中華書局 1962 年 8 月第 1 版，第 232 頁。
〔註4〕張國淦：《永樂大典方志輯本》，《張國淦文集四編》，北京燕山出版社 2006 年
　　　5 月第 1 版，第 851 頁。

　　張先生案語結論正確，可從。但尚不夠詳密，且該志的編纂時間還可進一步明確，今補充論證如下。《淮安志》中收錄有兩條【倉儲】方面的資料，其中「大軍倉」條云：「大軍倉，在府城內高公橋西三十步，即舊倉也。」（《輯佚》四七八頁）由其建置沿革可知，淮安宋紹定以前多稱楚州，南唐時稱順化軍，宋紹定改爲淮安軍，元代爲淮安路，至明代方改爲淮安府，其沿革中也只有明代稱其爲淮安府，佚文中稱「在府城內」，說明此《淮安志》應當爲明代所撰。

　　另一部爲《淮安府志》，其倉廩類佚文中有關於「西新倉」的記載云：「西新倉，在府城內西南隅，去今府治西南一里零九十步，洪武元年建。」（《輯佚》四八〇頁）佚文中有「在府城內西南」，「府治」等字樣，也說明此《淮安府志》纂於明代，且編修時間在洪武元年以後。

　　實際上，該志佚文中傅湖、丁湖及金剛嘴條佚文均記載有「安東縣」。安東縣（今江蘇淮陰市漣水縣），宋元稱漣水軍或安東州，明洪武二年（1369）年正月，降安東州爲安東縣，屬淮安府。〔註 5〕因此，確切地說，《大典》本《淮安府志》應當編纂於洪武二年以後永樂六年以前 39 年間內。

　　從編纂時間來看，在洪武元年以後，永樂六年以前短短四十年間內，淮安府同時編纂有兩部方志的可能性是非常小的，《文淵閣書目·舊志》中載有《淮安府志》三冊，應是此志，且編纂時間當在洪武年間。《文淵目》中未見有《淮安志》的記載，《大典》收錄的這兩部志當是同一部書，《大典》編纂時，以不同的名稱錄入該志，其規範的名稱應稱《淮安府志》。

　　《大典》本《淮安府志》與《淮安志》收錄了【倉廩】、【山川】、【湖泊】資料共 14 條。《江蘇舊方志提要》一書未考出該志，有賴於《大典》佚文使我們得以略窺此志一斑。

二、《大典》本《淮安志》、《淮安府志》佚文研究

　　《大典》中共收錄了《淮安志》與《淮安府志》佚文包括【倉廩】5 條，【山川】9 條。上文已論述，《大典》本《淮安志》與《淮安府志》實際上爲一部方志，現將其佚文一併進行考釋。

　　【倉廩】：

　　大軍倉，在府城內高公橋西三十步，即舊倉也。〖冊八一卷七五一六頁四　十八陽〗（《輯佚》四七八頁）

〔註 5〕《明史》卷四十，中華書局 1974 年 4 月第 1 版。

　　萬曆《淮安府志‧建置志》「古蹟」下載：「大軍倉，在府治西北，官廳三間，前後門二座，元泰定初建　泰字廒一十間，洪武六年知府任光祖增建天字等廒六十間，其後屢修之。」〔註 6〕乾隆、光緒、同治《淮安府志》中「山陽縣」下所記「大軍倉」內容基本相同，乾隆《淮安府志》載：「在舊城西北，元泰定元年淮安路總管脫剌海牙創建泰字廒十間，洪武六年知府任光祖增建天字廒六十間。」〔註 7〕知「大軍倉」創建於元泰定元年有總管脫剌海牙創建，洪武六年又增建。光緒《淮安府志‧舊倉附》載：「大軍倉，城西北。元代泰定元年建。」〔註 8〕佚文雖然不若後志記載詳細，但稱「大軍倉」方位「在府城內高公橋西三十步」，記錄此倉方位，較後志記載更爲具體。

　　山陽縣轉般倉，在郡神運河西岸，唐漕江淮等道米，於此轉送關陝。北有神運堰，周世宗始置滿浦閘，以通水路，舊廢。【冊八一卷七五一五頁四　十八陽】（《輯佚》四七八頁）

　　萬曆《淮安府志‧建置志》「古蹟」下載：「在郡城運河西岸，唐漕運，江淮運米於此，轉送關陝。北有運河堰，周世宗始置滿浦關，以通水路。」〔註 9〕康熙《山陽縣志‧古蹟》載：「轉般倉，在運河西岸，唐時漕運，凡江淮米暫儲此倉，轉送關陝。北有運河堰，周世宗始置滿浦關，以通水路。」〔註 10〕乾隆《淮安府志‧古蹟》載：「古轉般倉，在運河西岸，唐建。周世宗始置滿浦關以通水路，今關名尚存。」〔註 11〕

　　佚文和後志記載大體一致，但相比較而言，《大典》佚文關於「山陽轉般倉」沿革的記載，更加準確，佚文中稱「舊廢」，估計倉在明以前已經不存。

　　通濟倉，在城東街北，去州治四十步。【冊八一卷七五一四頁二十三　十八陽】（《輯佚》四七九頁）

〔註 6〕　（明）郭大綸修，陳文燭纂：萬曆《淮安府志》卷三，《天一閣藏明代方志選刊續編》，上海書店據明嘉靖刻本影印，1990 年 12 月版。

〔註 7〕　（清）衛哲治等《淮安府志》卷十一，《中國方志叢書》據清乾隆十三年修，咸豐二年重刊本影印，臺北成文出版社 1983 年 3 月臺一版。

〔註 8〕　（清）孫雲錦等修、吳昆田等纂《淮安府志》卷三，《中國方志叢書》據清光緒十年刊本影印，臺北成文出版社 1983 年 3 月臺一版。

〔註 9〕　（明）郭大綸修，陳文燭纂：萬曆《淮安府志》卷三，《天一閣藏明代方志選刊續編》，上海書店據明嘉靖刻本影印，1990 年 12 月版。

〔註 10〕　（清）金秉祚、丁一燾《山陽縣志》卷十七，國家圖書館藏乾隆 14 年刻本（數字方志）。

〔註 11〕　（清）衛哲治等《淮安府志》卷二十八，《中國方志叢書》據清乾隆十三年修，咸豐二年重刊本影印，臺北成文出版社 1983 年 3 月臺一版。

東新倉，在府城內東南隅，去今府治南三百八十六步，吳元年建。〖冊八一卷七五一六頁十三　十八陽〗（《輯佚》四七九頁）

西新倉，在府城內西南隅，去今府治西南一里零九十步，洪武元年建。〖同前〗（《輯佚》四七九頁）

東新倉，萬曆《淮安府志·建置志》「古蹟」下載：「在府學東迤北，官廳三間，前門一座。洪武初，知府范中創建『智』字等廒七十間。」佚文對此倉位置的記載較詳，但據萬曆《志》，佚文稱此倉「吳元年建」，或有誤。（同前）乾隆《淮安府志》中未見有此三倉的記載，光緒《淮安府志》中「舊倉」下僅記有「東新倉，府學東」，另外兩倉亦未見記載。《大典》佚文的記載對研究明初淮安府倉儲有一定史料價值。

【山川】：

金剛嘴，在安東縣，去縣西南三里，突出淮岸，以禦淮水衝擊之勢，今圮毀。〖冊一百十卷一一〇七七頁二十二　八賄〗（《輯佚》四七九頁）

萬曆《淮安府志·建置志》「古蹟」下載：「金剛嘴，去治西南三里當淮水沖激之要，因築之突出淮岸以殺水勢，爲西城之護，或曰殘磚上有尉遲恭字，廢基見存。」〔註12〕乾隆《淮安府志·古蹟》載：「金剛嘴，治西南三里當淮水之衝。築以殺水勢，爲西城之護，《南畿志》云：或曰殘磚上有尉遲恭字。」（同前）《南畿志》載「或曰殘磚上有尉遲恭」字，則金剛嘴估計應修築於唐初，而佚文記載「今圮毀」說明此水利設施在明初時已不存。

傅湖，在安東縣。傅湖去縣北八十里，北通接太湖。〖冊二十卷二二六六頁二十二　六模〗（《輯佚》四七九頁）

萬曆《淮安府志·建置志》載：「治東北六十里，西自大湖流入，東通官河，袤十里，廣六里。」雍正《淮安府安東縣志·方輿》載：「傅湖，去治東北八十里，西通大湖，東通官河，東西六里，南北十里。」〔註13〕乾隆《淮安府志·山川》載：「傅湖，治東北六十里，西通太湖，東通官河。」〔註14〕後志如《安東縣志》所載，不僅記錄方位，且記錄了湖的大小，較佚文記載

〔註12〕　（明）郭大綸修，陳文燭纂：萬曆《淮安府志》卷三，《天一閣藏明代方志選刊續編》，上海書店據明嘉靖刻本影印，1990 年 12 月版。

〔註13〕　（清）余光祖，孫超宗：雍正《淮安府安東縣志》卷一，中國國家圖書館藏清抄本（數字方志。

〔註14〕　（清）衛哲治等《淮安府志》卷四，《中國方志叢書》據清乾隆十三年修，咸豐二年重刊本影印，臺北成文出版社 1983 年 3 月臺一版。

為詳。後志皆曰在縣治東北，西通太湖，而唯佚文記載曰在縣北，北通接太湖，佚文所記或不準確。

丁湖，在安東縣西北五十里，東連官河。〖冊二十卷二二六六頁二十三　六模〗（《輯佚》四七九頁）

萬曆《淮安府志·建置志》載：「丁湖，治西北五十里，今湮塞。」〔註15〕雍正《淮安府安東縣志·方輿》載：「丁湖，去治西北五十里，接大湖，東通官河。（同前）乾隆《淮安府志·山川》載：「丁湖，治西北五十里，今淹。」（同前）與佚文所載基本相同，而後志略詳。

周湖，亦在永興，居平壤，環以群山，若處於湖中。〖冊二十卷二二六六頁二十二　六模〗（《輯佚》四七九頁）

後志未見記載。

馬鞍湖，去鹽城縣西三十里西村，方環二里，北邊流入侍家汉。〖冊二十卷二二七○頁十七　六模〗（《輯佚》四七九頁）

萬曆《淮安府志·建置志》載：「乾隆《淮安府志·山川》：「馬鞍湖，治西三十里，北入侍其汉，達射陽湖。」（同前）佚文中記有湖的大小「方環二里」，可補清志之缺。

碩項湖，在沭陽縣東九十里，東西闊四十里，南北長八十里，與安東縣、海州各分湖三分之一為界。按《輿地要覽》云：秦時童謠曰：「城門有血，城當陷沒」，後有殺犬以血塗門，母見便走，水至城陷，今俗呼大湖。〖冊二十卷二二七○頁十七　六模〗（《輯佚》四七九頁）

太湖，在安東縣西北一百二十里，而接沭陽縣桑墟湖，南北長八十里，東西闊四十里，與海州、沭陽三分之一為界，即碩項湖也。〖冊一百十卷一一○七七頁二十二　八賄〗（《輯佚》四七九頁）

萬曆《淮安府志·建置志》載：「碩項湖，治西北一百二十里，一名大湖。西通沭陽桑墟湖。東南各有小河達於淮，袤四十里，廣八十里。海州、沭陽、安東各得三分之一。」（同前）雍正《淮安府安東縣志·方輿》載：「碩項湖，去治西北一百二十里，即石護湖，一名大湖。西通沭陽縣桑墟湖。東南有關頭河、白頭河、鹽場河、平旺河分洩入海。袤四十里，廣八十里。西南屬沭陽縣，東北屬海州，南屬安東縣各得三分之一。約四千五百五十餘頃，上通海州、沭陽、宿遷。諸水彙入湖內，四季不涸。今陸續升科變為畂田。海州

〔註15〕　（明）郭大綸修，陳文燭纂：萬曆《淮安府志》卷三，《天一閣藏明代方志選刊續編》，上海書店據明嘉靖刻本影印，1990 年 12 月版。

民人不守舊制，多侵安界，當事大人自有秦鏡耳。」〔註16〕安東縣志記載側
重於其地理態勢，而略於故事。

乾隆《淮安府志‧山川》載：「碩項湖，治西北一百二十里，一名大湖，
西通沭陽縣桑墟湖東南各有小河達於淮。袤四十里，廣八十里，東北屬海州，
西北屬沭陽縣，南屬安東縣，各得三分之一。世傳秦時童謠云：「城門有血，
城當陷沒」，有姆憂懼，每旦往窺。門者問知，乃以血塗門，姆見之即走，須
臾大水，城果陷。姆走至伊萊山得免。」〔註17〕乾隆《志》中所述秦故事較
佚文詳細。又載：「太湖，在安東縣西北一百二十里，而接沭陽縣桑墟湖，南
北長八十里，東西闊四十里，與海州、沭陽三分之一爲界，即碩項湖也。」（同
前）所記太湖規模與佚文相同。上述三志記碩項湖方位，皆曰在去（安東縣）
治西北一百二十里，唯佚文記方位曰在沭陽縣東九十里。

清河縣有三角湖，去縣西北八里，東西闊一里半，南北長七里。〖冊二十卷二二七一頁
四　六模〗（《輯佚》四八〇頁）

萬曆《淮安府志‧建置志》載：「三角湖，治西北八里，四圍高阜，積雨
水泛則開注於大清河以殺水勢。」〔註18〕乾隆《淮安府志‧山川》：「三角湖，
治西北八里，四面圍高阜，積雨水，泛則開注於大清河。」明清二志未記此
湖規模，而《大典》佚文記其規模爲「東西闊一里半，南北長七里。」（同前）

射陽湖，在今山陽縣東七十里，寶應縣東六十里，鹽城縣西一百二十里。漢廣陵王胥有
罪，其相勝之奏奪王射陂，即此也。今謂之射陽湖，縈回三百里，至喻口北沙入海。湖之東屬
鹽城，西至故晉屬山陽，由故晉而上至射陽，屬寶應，三縣分湖爲界。按舊志引《寰宇記》云：
闊三十丈，長三百里。《地理志》：廣陵國江都有江水祠，渠水首受江，北至射陽入湖。」〖冊
二十卷二二七一頁四　六模〗（《輯佚》四八〇頁）

萬曆《淮安府志‧建置志》載：「去治東南七十里，漢廣陵王胥有罪，其
相勝之奏奪王射陂，即此。今謂之射陽湖，闊約三十里許，縈回三百里，自
故晉經喻口至廟灣入海。山陽、鹽城、寶應三縣分湖爲界。」（同前）萬曆《志》
所記當源自《大典》本《淮安府志》，而不若《大典》佚文詳盡。

〔註16〕　（清）余光祖，孫超宗：雍正《淮安府安東縣志》卷一，中國國家圖書館藏
　　　　　清抄本（數字方志）。
〔註17〕　（清）衛哲治等《淮安府志》卷四，《中國方志叢書》據清乾隆十三年修，咸
　　　　　豐二年重刊本影印，臺北成文出版社1983年3月臺一版。
〔註18〕　（明）郭大綸修，陳文燭纂：萬曆《淮安府志》卷三，《天一閣藏明代方志選
　　　　　刊續編》，上海書店據明嘉靖刻本影印，1990年12月版。

　　乾隆《淮安府志‧山川》載：「射陽湖。治東南七十里山陽、鹽城、阜寧三縣分湖爲界，闊約三十里，周回約三百里，自故晉口，至喻口白沙入海，詳水利志。按《前漢書》：廣陵王胥子南利侯寶有罪，其相勝之奏奪王射陂草田。即此。」(同前) 佚文稱「漢廣陵王胥有罪，其相勝之奏奪王射陂，即此也。」《漢書‧廣陵厲王劉胥傳》載：「始，昭帝時，胥見上年少無子，有覬欲心。而楚地巫鬼，胥迎女巫李女須，使下神祝詛。女須泣曰：『孝武帝下我。』左右皆伏。言『吾必令胥爲天子』。胥多賜女須錢，使禱巫山。會昭帝崩，胥曰：『女須良巫也！』殺牛塞禱。及昌邑王徵，復使巫祝詛之。後王廢，胥浸信女須等，數賜予錢物。宣帝即位，胥曰：『太子孫何以反得立？』復令女須祝詛如前。又胥女爲楚王延壽后弟婦，數相饋遺，通私書。後延壽坐謀反誅，辭連及胥。有詔勿治，賜胥黃金前後五千斤，它器物甚眾。胥又聞漢立太子，謂姬南等曰：『我終不得立矣。』乃止不詛。後胥子南利侯寶坐殺人奪爵，還歸廣陵，與胥姬左修奸。事發覺，繫獄，棄市。相勝之奏奪王射陂草田以賦貧民，奏可。胥復使巫祝詛如前。」〔註 19〕廣陵王劉胥有野心，以巫術謀逆，的確有罪，但從《漢書》的記載來看，劉胥射陂被奪的直接原因當是劉胥子南利侯寶的被誅，《大典》志文所言不如乾隆《淮安府志》準確。

第二節　《大典》本山陽縣佚志及其佚文研究

一、山陽縣建置沿革與方志編修情況

　　明代山陽縣是淮安府的屬縣之一，《明史‧地理一》載：「山陽，倚。北濱淮。高家堰在其西南。南有運河，永樂中濬。西南有永濟河，萬曆九年開，長六十五里，亦謂之新運河。東南有射陽湖，東北有馬邏鄉、廟灣鎮、羊寨鄉三巡檢司。」〔註 20〕《明一統志》記載：「山陽縣，附郭。本漢臨淮郡射陽縣地，東漢屬廣陵郡，晉末立山陽郡。以境內有地曰山陽故名。南宋置淮安軍，縣亦改名淮安。元以馬羅軍寨置山陽縣，後以淮安縣省入，本朝因之，編戶一百十五里。」〔註 21〕

〔註 19〕《漢書》卷六十三，中華書局 1962 年 6 月第 1 版。
〔註 20〕《明史》卷四十，中華書局 1974 年 4 月第 1 版。
〔註 21〕（明）李賢等：《明一統志》卷六，《欽定四庫全書》本。

同治《山陽縣志》卷首張兆棟《序》中曰：「山陽地居淮東，海濱為近，春秋吳城。邗溝通江淮而道始通，自有明因河流入淮，以為運道。歲漕東南稻四百萬石，輸於京師，遂為總匯之區，故漕臣駐節其地，以筦領天下之轉輸，而東南土物之作貢者……，皆經纖其地，以直達於天津。山陽與天津南北兩大鎮，屹然相對，五百年來莫之有改矣。」〔註 22〕可知山陽的地理位置非常重要，

山陽志書的編纂主要集中在清代，清代以前所纂志書見於記載的很少。《康熙山陽縣志稿》張鴻烈《序》中云：「宋嘉定時，有《山陽專志》，經兵燹散失，後遂未有續者，則今日之志乃創也，非述也」，〔註 23〕此外，《文淵閣書目·舊志》也載有《山陽志》六冊。

民國《續纂山陽縣志》卷首纂者周鈞《序》中載：「縣率有志凡以鑒古知今，俾宰是邑者施於□□□□□獻之足徵。山陽蕞而邑。歷朝以來，南北兵爭，代居衝要。稽其志乘，有楚州、淮陰二圖經，皆佚不傳。宋有嘉定志，僅見於顧氏《郡國利病書》所引，當世久無完書。閱五百年邑人張岸齋太史毅為之。闕後一修於乾隆戊辰，再修於同治癸酉。凡夫山川、風土、民物賦役，諸位端粲然具備，雖同治癸酉至辛亥又將四十年矣。」〔註 24〕

據《序》中所載山陽縣志源流，宋代以前有《楚州圖經》和《淮陰圖經》，此二志前文已經敘述，宋代嘉定年間修有《山陽專志》，這三部志書均已佚失。《序》中稱「閱五百年邑人張岸齋太史毅為之」，指清康熙年間任翰林院檢討張鴻烈，所纂之《山陽縣志》五十六卷，但該志最終未能付梓刊刻。

《永樂大典》收錄的山陽方志有《山陽志》和《山陽縣志》。張氏《輯本》對《山陽志》評析如下：

案：《大典》引《山陽志》凡八條。其大軍倉條：「淳熙十一年」云云，又戟門儀門條「乾道六年」云云。據康熙《山陽縣志稿》張聲烈《序》：「宋嘉定時有《山陽專志》，」知是嘉定時所修。《文淵閣書目·舊志》：「《山陽志》六冊，當即是志。」〔註 25〕

〔註 22〕 （清）張兆棟、文彬修，丁晏、何紹基纂：《同治重修山陽縣志》卷首，《中國地方志集成·江蘇府縣志輯 55》，江蘇古籍出版社 1991 年 6 月第 1 版。

〔註 23〕 （清）金秉祚、丁一燾：《山陽縣志》卷首，國家圖書館藏乾隆 14 年刻本（數字方志）。

〔註 24〕 （民國）周鈞修、段朝瑞等纂：《續纂山陽縣志》卷首，《中國方志叢書》據民國十年刊本影印，臺北成文出版社 1983 年 3 月臺一版。

〔註 25〕 張國淦：《永樂大典方志輯本》，《張國淦文集四編》，北京燕山出版社 2006 年 5 月第 1 版，第 61 頁。

案語中「張聲烈《序》」爲「張鴻烈《序》」之誤，張氏據佚文中年代線索，及康熙縣志《序》認爲《大典》本《山陽志》爲宋嘉定《山陽志》的論斷可從，今略詳之。該志「大軍倉」條佚文云：「大軍倉，在州倉後。乾道七年，知州事陳敏建。淳熙十一年，知州事章沖增建。每歲淮東總領所截撥綱運，赴倉下卸，應大軍月遣。」（《輯佚》四七七頁）「楚州儀門」條云：「乾道六年，知州事陳敏興修。」（《輯佚》四七七頁）所載均爲宋代故實，且止於宋代，說明《大典》本《山陽志》應爲宋代方志。從現存文獻所記載的修志源流來看，明代以前，除嘉定《山陽志》志以外，並未見到有其他以「山陽」命名的志書，且嘉定爲南宋寧宗趙擴年號，時當 1208 至 1224 年，去佚文中淳熙十一年僅二十多年。因此，《大典》中所收錄的《山陽志》基本可確定爲嘉定《山陽志》。《文淵閣書目·舊志》所記載的《山陽志》六冊，應是此志，《江蘇舊方志提要》一書中也持此種看法。筆者發現《大典》本《山陽志》佚文中有嘉定九年資料，故知此志當編修於嘉定九年以後。

同治《重修山陽縣志》凡例第一條曰：「邑舊有宋《嘉定志》，顧炎武《郡國利病書》多采其說，蓋當時猶有傳本，久而佚去，元明以來修葺無聞。」〔註26〕顧炎武在其《郡國利病書》中多採納《嘉定志》之說，亦足見該志具有重要的資料價值。由上述凡例中的記載可知，元明以來山陽縣並無志書傳世，而宋《嘉定志》很可能在明末清初尚存，入清以後成爲佚志。

張氏對《大典》本《山陽縣志》考釋則更簡略，云：

案：《大典》引《山陽縣志》凡一條，茲據錄作明志。〔註27〕

張氏把《大典》本《山陽縣志》錄作明志，未作論證，語焉不詳，缺乏說服力。爲作進一步論證，今將其僅有的一條佚文移錄如下：

愧陶齋，紹熙元年，知縣事章深記略云：昔淵明令彭澤居八旬，小不如意，幡然賦歸。今予宰窮邊，不如意事十常八九。乃方茸茅蓋頭，以苟歲月。聞淵明之風，寧不媿乎！因榜其室曰愧陶。今廢。〖冊二九卷二五三六頁二 七皆〗（《輯佚》四七八頁）

後志不見此齋的記載，知縣章深也不見載，應視爲山陽縣南宋古蹟的一條資料。但佚文稱紹熙元年章深作記。紹熙元年下距嘉定九年 26 年，因此此條資料被收入《嘉定志》是自然的事。也就是說《大典》本《山陽志》、《山

〔註26〕（清）張兆棟、文彬修，丁晏、何紹基纂：同治《重修山陽縣志》卷首，《中國地方志集成·江蘇府縣志輯55》江蘇古籍出版社 1991 年 6 月第 1 版。

〔註27〕張國淦：《永樂大典方志輯本》，《張國淦文集四編》，北京燕山出版社 2006 年 5 月第 1 版，第 852 頁。

陽縣志》實爲一志，即南宋嘉定《山陽縣志》。其所以有異名者，乃《大典》抄手不謹所致。

二、《大典》本《山陽縣志》佚文研究

馬氏《輯佚》收錄有《山陽志》佚文 9 條，《山陽縣志》佚文 1 條，《山陽志》佚文內容包括【湖泊】2 條、【倉廩】3 條、【村寨】1 條、【宮室】2 條、【歷代攻守事實】1 條；《山陽縣志》佚文內容爲【宮室】方面資料。因《大典》本《山陽志》、《山陽縣志》實爲一志，故此處合併考釋。

《山陽志》中「管家湖」條佚文，是宋代山陽縣重要的水利治理資料，內容如下。

【湖泊】：

管家湖，在望雲門外。隔舊仁濟橋爲南北湖。嘉定九年，安撫秘閣應監臣申本州形勢：東南皆坦夷之地，艱於設險；向北一隅，有地不廣，而淮河限之；惟西南一帶，湖蕩相連，迴環甚廣，四維多有畔岸，而泄水之處止有數里。今若取土放無水之地，築堤防，補低岸，聚水於內，作一斗門爲減水之所，則一望彌漫沮洳，敵人不可向邇。設使水爲盜決，泥淖深遠，斷不能渡。平居無事，盡可教習舟師，緩急之際，又可擺渡船隻。此築既舉，則城西一面，必不可攻，庶乎一意經理東、南、北三面爲戰守之計。續申所築管家湖岸，初來相視，欲於舊運河與湖相際淺水去處，用椿幇築。今參之眾論，見得水內築岸，工役難施，不能經久。合別開新河，與運河連接，取土填壘圍岸，卻使舊運河與湖通連，益使水面深闊。遂創開一河，於湖岸之北築壘，湖岸底闊四丈，面闊三丈，高及一丈，以限湖水。又自馬家渡西至陳文莊，就湖灘築岸二百七十餘丈。自管家湖南與老鸛湖相接岸處平地開深，方圓及二十丈，置斗門水閘。自此兩湖之浸相雄，楚城西北隱然有難犯之勢。【冊卷二五三六六頁　六模】（《輯佚》四七六頁）

「管家湖」佚文不僅記載了對該城周圍的地理水利環境的分析和規劃，論述了管家湖一帶水利的軍事價值，並且提出實際治理方案，其中所記築壘岸的具體尺寸，是難得的宋代軍事水利資料。顧祖禹《讀史方輿紀要》載：「管家湖，在府城西望雲門外，宋嘉定間郡守應純之言本州向西一帶湖蕩相連，可以設險，合別開新河一道與運河接。取土填壘捍岸，則舊運河與湖通連。水面深闊，形勢益便。遂開河於湖北，築壘湖岸以限湖水，自馬家灣西至陳文莊，於是管家湖與老鸛河相接。楚州西北宛然巨浸，且練習舟師爲戰守計。敵不敢犯，一名西湖。其接老鸛河處亦謂之新路。」〔註 28〕其中所載管家湖

〔註28〕　（清）顧祖禹：《讀史方輿紀要》卷二二《南直四》，《續修四庫全書·六〇一》，上海古籍出版社 2002 年版。

與佚文內容基本一致，但不如佚文中所載詳細具體。

萬曆《淮安府志》載：「管家湖，在望雲門外。按《嘉定山陽志》：隔舊仁濟橋爲南北二湖。宋嘉定間，安撫應純之申本州形勢：東南皆坦夷之地，艱於設險；向北一隅，有地不廣，而淮河限之；惟向西一帶，湖蕩相連，迴環甚廣，而泄水之處止有數里。作一斗門爲減水之所，則一望彌漫，敵人不可向。設使水爲盜決，泥淖深遠，斷不能渡。平居無事，盡可教習舟師，緩急之際，又不可擺泊船隻。此築既舉，則城西一面，必不可攻，庶乎一意經理東、南、北三面爲戰守之計。續申水內築岸，工役難施，不能經久。合別開新河，與運河接，取土塡壘捍岸，卻使舊運河與湖通連，水面深闊，形勢益便。遂開一河，於湖岸之北築壘，湖岸底闊四丈，高及一丈，以限湖水。又自馬家渡西至陳文莊，就湖灘築岸二百七十餘丈。自管家湖南與老鸛湖相接岸處平地開深，方圍二十丈，置斗門水閘。自此西湖之浸相灌，楚城西北隱然有難犯之勢。」〔註29〕顯然佚文與萬曆《淮安府志》的記載當皆源自宋《嘉定山陽志》，而萬曆《志》的記載較之佚文多有脫略，如「泄水之處止有數里」後脫「今若取土放無水之地，築堤防，補低岸，聚水於內」；「續申」之後脫「所築管家湖岸，初來相視，欲於舊運河與湖相際淺水去處，用樁幫築。今參之眾論」；又「遂開一河，於湖岸之北築壘，湖岸底闊四丈，高及一丈，以限湖水」一句，記湖岸大小漏「面闊三丈」，由此可見，佚文對萬曆《志》的記載具有校勘補闕的珍貴文獻價值。

後世方志中對此湖亦有記載，同治《重修山陽縣志‧水利志》僅記載道：「……，平江伯陳瑄爲總漕修治運河，故老言城西管家湖西北至鴨陳口僅二十里，與清河口相值，宜鑿爲渠引湖入淮，以便漕運。」〔註30〕乾隆《淮安府志‧山川》中記載如下：「管家湖，在城西望雲門外，又謂西湖，《嘉定志》云：即仁濟橋之北湖，按宋嘉定間安撫應純之築斗門，蓄水以陷敵，無事則於此教習舟師者也。」〔註31〕與《嘉定志》所記一致，但內容遠不及佚文詳細，由此也可看出佚文內容的史料價值。

〔註29〕 （明）郭大綸修，陳文燭纂：萬曆《淮安府志》卷三，《天一閣藏明代方志選刊續編》，上海書店據明嘉靖刻本影印，1990年12月版。

〔註30〕 （清）張兆棟、文彬修，丁晏、何紹基纂：同治《重修山陽縣志》卷三，《中國地方志集成‧江蘇府縣志輯55》江蘇古籍出版社1991年6月第1版。

〔註31〕 （清）衛哲治等纂修：《淮安府志》卷四，《中國方志叢書》據清乾隆十三年修，咸豐二年重刊本影印，臺北成文出版社1983年3月臺一版。

老鸛湖，在城西。周顯德中，世宗別開老鸛河，此其舊迹也。〖冊二十卷二二七〇頁九　六模〗（《輯佚》四六七頁）

老鸛湖，萬曆《淮安府志・建置志》「古蹟」下記載：「去治西七十里，按《五代史》：周世宗顯德五年伐唐，至北辰堰。齊雲艦大不能過，遂開此河，今塞，有舊迹。」〔註32〕乾隆《淮安府志・山川》「名河」下載：「老鸛河，在郡西七十里，詳古蹟志。」（同前）《古蹟志》中記載「老鸛河」與萬曆《淮安府志》相同，（同前，卷四）與《大典》本《嘉定志》佚文的記載，可互相補充，但從《大典》本《山陽志》佚文可知「老鸛湖」即「老鸛河」之舊迹，先有「老鸛湖」後有「老鸛河」，《五代史》對此亦未記載。《讀史方輿紀要》中載：「老鸛河，在城西七十里。五代周顯德四年略唐，淮南欲引戰艦自淮入江。阻北神堰，不得渡。因鑿楚州西北鸛水以通其道，旬日而成。巨艦數百艘，皆達於大江。蓋由鸛河出山陽瀆以入江也，或謂之灌口。隋大業中，築汴堤自大梁至灌口即此。」〔註33〕對老鸛河記述較詳，但其中也沒有提到老鸛湖。

從現存的資料看，山陽縣方志中，有關記載「管家湖」與「老鸛湖」的資料，應當是《大典》本《山陽志》即嘉定《山陽縣志》最早進行的記載。

【倉廩】：

大軍倉，在州倉後。乾道七年，知州事陳敏建。淳熙十一年，知州事章沖增建。每歲，淮東總領所截撥綱運，赴倉下卸，應大軍月遣。」〖冊八一卷七五一六　十八陽〗（《輯佚》四七七頁）

西河倉基，在城西面運河西岸。舊爲南北鹽倉。〖同前〗（《輯佚》四七七頁）

山陽縣常平倉，在廣儲新倉之東。〖冊七九卷七五〇七頁十九　十八陽〗（《輯佚》四七七頁）

萬曆《淮安府志・建置志》「古蹟」下載：「大軍倉，在府治西北，官廳三間，前後門二座，元泰定初，建『泰』字廒一十間，明洪武六年，知府任光祖增建『天』字等廒六十間，其屢修之。」（同前）清同治《山陽縣志》載：「大軍倉，城西北，元泰定元年，淮安路總管脫剌海牙創建，明洪武六年，知府任光祖增建。」〔註34〕後志記錄最早至元代，宋代建倉情況未記，乾隆

〔註32〕（明）郭大綸修，陳文燭纂：萬曆《淮安府志》卷三，《天一閣藏明代方志選刊續編》，上海書店據明嘉靖刻本影印，1990 年 12 月版。

〔註33〕（清）顧祖禹：《讀史方輿紀要》卷二二《南直四》，《續修四庫全書・六〇一》上海古籍出版社 2002 年版。

〔註34〕（清）張兆棟、文彬修，丁晏、何紹基纂：同治《重修山陽縣志》卷二，《中國地方志集成・江蘇府縣志輯》，江蘇古籍出版社 1991 年 6 月第 1 版。

《淮安府志》中的記錄大體相同。因此，佚文於「大軍倉」記載時間更早，至南宋乾道七年，說明山陽縣至晚在南宋乾道七年已經開始設立大軍倉，並非如明清志書所言爲元泰定元年淮安路總管海牙所創建。

另外兩倉，「西河倉基」與「山陽縣常平倉」，萬曆《淮安府志》、乾隆《淮安府志》與同治《山陽縣志》均未見記載，乾隆《山陽縣志・古蹟》僅記「西倉」之名。「常平倉」則僅記清代內容，《大典》本《山陽志》佚文中所記爲宋代倉廩資料，爲我們提供了南宋山陽縣倉廩方面的資料，有一定的史料價值。

【村寨】：

三阿村在寶應縣黃莆之南白馬湖之東。晉謝元自廣陵西討解三阿圍，即此也，至今耕者時得故鐵。〔冊五十卷三五七九頁五　九眞〕（《輯佚》四七七頁）

三阿村，現存之清代山陽諸志中未見記載，此村可能清代已不存或已更名。清《重修寶應縣志》也不見載。嘉靖《寶應縣志・地理志》載寶應縣：「鄉有九，三阿四里，在縣之東。」〔註35〕佚文所記三阿村位置，較嘉靖《寶應縣志》具體。佚文謝元即謝玄，志書避宋諱故稱謝元，東晉名士謝安的侄子。爲東晉著名將領，指揮淝水戰役獲得巨大勝利，成爲以少勝多的著名戰例。《晉書》本傳載：「玄字幼度。少穎悟，與從兄朗俱爲叔父安所器重。」又載：「超（符堅將領）復進軍南侵，堅將句難、毛當自襄陽來會。超圍幽州刺史田洛於三阿，有眾六萬。……玄於是自廣陵西討難等。何謙解田洛圍，進據白馬，與賊大戰，破之，斬其僞將都顏。」〔註36〕符堅將領彭超南侵，與句難，毛當二將把幽州刺史田洛圍困於三阿，謝玄自廣陵西討之，並解除田洛之困境。由佚文知《晉書》中之「三阿」即寶應縣之「三阿村」，佚文稱「至今耕者時得故鐵」，應是此役所遺之兵器。

【宮室】：

平心堂，在淮安府通判廳之西，亦名西廳。〔冊七一卷七二四〇頁十五　十八陽〕（《輯佚》四七七頁）

乾隆《淮安府志・古蹟》中記載「堂」僅兩條：一爲「籌邊堂，在舊府志，宋建。」另一爲「志清堂，在舊府治後，舊府臣宋守臣孫虎臣書額。」〔註37〕

〔註35〕（明）聞人詮修、宋佐纂：嘉靖《寶應縣志》卷一，《天一閣藏明方志選刊》，上海古籍書店1962年4月版。

〔註36〕《晉書》卷九十七，中華書局1974年11月版。

〔註37〕（清）衛哲治等纂修：乾隆《淮安府志》卷二十八，《中國方志叢書》據咸豐二年陳琦等重刊，臺北成文出版社1983年3月臺一版。

但並未見有「平心堂」的記載。

　　楚州儀門，去鼓角樓三十許步，設廳後迴廊列屋，方抵黃堂，堂下庭井可容千人，規模宏敞，輪奐壯觀。乾道六年，知州事陳敏興修。【冊四九卷三五二五頁十二　九真】（《輯佚》四七七頁）

　　佚文中所記錄的「楚州儀門」，清代志書中未見記載。《大典》本《山陽志》佚文中的【宮室】類的記載，爲我們留下宋代山陽古蹟的珍貴資料，可作爲後志《古蹟志》的補充。

　　【歷代攻守事實】：

　　後漢建安元年，袁術攻劉備以爭徐州，備使司馬張飛守下邳，自將拒於盱眙、淮陰，相持經月，更有勝負。下邳相曹豹，陶謙故將也，與張飛相失，飛殺之，城中乖亂。袁術與呂布書，勸令襲下邳，許助以軍糧。布大喜，引軍水陸東下，備中郎將許耽開門迎之，張飛敗走。布虜備妻子及將吏家口，備聞之引還。比至下邳，兵潰，備收餘兵東取廣陵。」【冊三五卷二八○七頁十　八灰】（《輯佚》四七七頁）

　　嘉定《志》中的這段史實與《資治通鑒》卷六十二《漢紀》的記載相對比，除「許耽」前脫「丹陽」二字，「備收餘兵東取廣陵」後脫「與袁術戰，又敗，屯於海西」外，文字完全一樣，可知宋嘉定《志》曾取材於司馬光《資治通鑒》。山陽古代東近大海，北枕黃河（當時改道的黃河），西襟洪澤湖，中有大運河貫絡南北，地理位置十分重要，宋嘉定《山陽志》中專門記有「歷代攻守事實」，當南北對峙時期，山陽縣具有重要的軍事地位。亦說明山陽縣具有重要的軍事價值。

第三節　《大典》本《淮陰縣志》、《清河縣志》、《淮安府清河縣志》及其佚文研究

一、《大典》本《淮陰縣志》及其佚文研究

　　張氏《輯本》無《淮陰縣志》，馬氏《輯佚》收錄《淮陰縣志》佚文一條，屬【湖泊】類：

　　北平湖，在本縣西南八十里瀆頭村。【冊二十卷二二七○頁三十一　六模】（《輯佚》四七七頁）

　　關於淮陰的建置沿革，《漢書·地理志》稱淮陰縣屬臨淮郡。《後漢書·地理志》稱淮陰屬下邳國。晉志稱其屬廣陵。以後歷代地志皆載有淮陰。至

元代時淮陰併入他縣。《元史・地理志》：淮安路，唐楚州。又改臨淮郡，又仍爲楚州。宋爲淮安州。元至元十三年，行淮東安撫司。十四年，改立總管府，領山陽、鹽城、淮安、淮陰、新城、清河、桃園七縣，設錄事司。二十年，升爲淮安府路，並淮安、新城、淮陰三縣入山陽。」〔註38〕

顧祖禹《讀史方輿紀要》載淮陰史事甚詳：「淮陰城，府西北四十里，秦縣，漢仍爲淮陰縣。韓信以楚王改封淮陰侯是也，尋屬臨淮郡治。東晉時建爲重鎮，建興末祖狄渡江屯淮陰。起冶鑄兵，募兵而前。大興四年，以劉隗爲青州刺史，鎮淮陰。永和五年，荀羨鎮淮陰，以地形都要，屯兵無地，乃營立城池。八年，以荀凱監青州軍事，鎮淮陰。太元三年，符秦將俱難等寇陷淮陰。既而謝玄等進攻，帥舟師乘潮而上，夜焚淮橋，秦人敗遁。淮橋，秦人作於淮上以渡兵者也。十年，謝玄鎮陰。明年，以朱序代玄。義熙五年，以南燕屢寇，淮北詔并州刺史劉道憐鎮淮陰。宋泰始三年，使行蕭道成鎮淮陰。五年，盡失淮北地，淮陰益爲重鎮。移兗州治焉。七年，謂之北兗州，後又改置淮州及淮陰郡。太清三年，沒於東□，亦曰淮州及淮陰郡，而改淮陰縣曰淮恩，後齊因之。陳太建五年伐齊淮陰。降九年，沒於後周，又改縣曰壽張，僑置東平郡治焉。隋開皇初，復改郡曰淮陰，尋廢郡，以縣爲淮陰縣，屬楚州。大業初，州廢又並縣入山陽。唐乾封一年，復析置淮陰縣，仍屬楚州，宋因之。紹興五年廢爲鎮，明年復故。三十一年金亮南侵，將自清口渡淮，劉錡次於淮陰，列兵運河岸以遏之，敵不敢進。嘉定七年，移縣於八里莊，尋復舊治，至元二十年併入山陽縣。」〔註39〕

明清淮安府皆無淮陰縣，直至民國三年方改清河縣爲淮陰縣。因此，從建置沿革上來推斷，《大典》本《淮陰縣志》應當著於元代至元二十年（1283）淮陰併入山陽縣以前。佚文中所記載的北平湖，下文《大典》本《淮安府清河縣志》記載較此爲詳。

二、《大典》本《淮安府清河縣志》、《清河志》及其佚文研究

張氏《輯本》無此二志。馬氏《輯佚》輯得《淮安府志清河縣志》佚文2條、《清河縣志》佚文1條，皆爲湖泊類資料，不能直接反映志書的編纂時間，僅可從其建置沿革上作出大致的判斷。

〔註38〕 《元史》卷五十九，中華書局 1976 年 4 月版。
〔註39〕 （清）顧祖禹《讀史方輿紀要》卷二二《南直四》，《續修四庫全書・六〇一》，上海古籍出版社 2002 年版。

　　《明一統志》載：「清河縣在府城西五十里，本宋代泗州清河口地。紹興初，屯重兵於此，咸淳末年始置清河軍及縣。元至元中，廢軍以縣屬淮安路。本朝因之，編戶二十里。」〔註40〕《明史‧地理志》載淮安府領州三、縣九，其中即有清河縣。

　　清河志書目前記錄最早爲明代成化年間所撰。明吳宗吉嘉靖《清河縣志》中有嘉靖四十四年吳宗吉作《後序》中云：「……此予始至清河，嘗深苦於是，而亦莫可如何也。咨訪之餘，即索縣志，以爲考鏡之資。有漫應者曰：『縣頻於廢，奚志之云？久之，乃得一帙，僅載舊迹遺文，而於田賦、丁徭諸凡有關政理者，乃皆略焉不悉。考其時，成化初年知縣朱海同教諭歐陽映所修者。蓋熙洽之際，天下物力殷阜，茲邑猶未告戇，故志者備錄景致，頗涉文飾。然文亦不雅，又未有刻本，蓋亦未成之書也。」成化年間朱海、歐陽映所修《清河縣志》卷數、佚於何時均不詳，從《後序》中看，此書在明嘉靖四十一年至四十四年間尚存。

　　《永樂大典》則爲我們提供了有更早的《清河縣志》的記錄。其中收錄《淮安府清河縣志》佚文兩條：夏家湖與北平湖，《清河縣志》佚文一條：萬家湖。均爲湖泊方面資料。三條資料均出於《大典》第二十冊二二七〇卷。此二志雖然名稱不同，而很有可能即是一志，《大典》編纂者在「清河縣志」名稱前又加「淮安府」三字，該志的規範名稱當是《清河縣志》。志名「淮安府清河縣」者，清河隸屬於淮安府縣，故《大典》編者在《清河縣志》衍出淮安府「三字。據《明史‧地理志》，淮安府縣創置於「太祖丙午年以後」，至明永樂六年。嘉靖間吳宗吉修《清河縣志》前，於清河縣僅僅得到成化年間志書一帙，說明《大典》中所收之《清河縣志》可能在明嘉靖前就已經不存。

　　《大典》本《淮安府清河縣志》和《清河縣志》收錄佚文共 3 條，內容如下：

【湖泊】：

　　夏家湖，去縣西二十里，湖面周圍三里，以上二湖，積潦則泛溢彌漫，旱則涸，蓋無源也。【冊二十卷二二七〇頁十　六模】（《輯佚》四八一頁）

　　北平湖，去縣東南九十里瀆頭村東一里，通於淮。遇淮水泛濫，則入此湖彙而爲澤，水退則涸。【冊二十卷二二七〇頁三十一　六模】（《輯佚》四八一頁）

　　萬家湖，在東南一十五里。西通邗溝，入淮。湖東南二十里有萬家莊在焉。【冊二十卷二二七〇頁九　六模】（《輯佚》四八一頁）

<hr>

〔註40〕　（明）李賢等：《明一統志》卷六，文淵閣《欽定四庫全書》本。

萬曆《淮安府志・建置志》載：「夏家湖，治西二十里，周圍三里。北平湖，治東南九十里，通淮，多涸，淮漲則復入湖。萬家湖，治東南一十五里，西通七里溝，入淮。」〔註 41〕佚文記載了清河縣夏家湖、北平湖、萬家湖的位置、面積大小、流向等內容，萬曆《淮安府志》對三湖的記載，不若佚文所記詳細具體，清乾隆《淮安府志》，光緒《清河縣志》中均未見記載上述諸湖，光緒《淮安府志》中僅見載夏家湖但未作注解。佚文內容是珍貴清河縣河湖類資料，對其他縣志有一定的補闕作用。

第四節　《大典》本《邳州志》、《鹽城縣志》及其佚文研究

一、《大典》本《邳州志》及其佚文研究

《元史・地理二》中，「歸德府」下亦有關於邳州的記載：「邳州，下。唐初爲邳州，後廢屬泗州，又屬徐州。宋置淮陽軍。金復爲邳州。金亡，宋暫有之。元初以民少，並三縣入州。至元八年，以州屬歸德府。十二年，復置睢寧、宿遷兩縣，屬淮安。十五年，還來屬。領三縣：下邳、宿遷、睢寧。」〔註 42〕邳州明代爲淮安府屬州，「元屬歸德府。洪武初，以州治下邳省入。四年二月改屬中都。十五年來屬，東南距府四百五十里。領縣二：宿遷、睢寧。」〔註 43〕

據《江蘇舊方志提要》中載，邳州現在尚存的唯一的明代方志，是嘉靖十六年陳柏修，楊輔纂十卷本的《重修邳州志》。此外，嘉靖年間，還有單艾山的《邳州志稿》，屬於佚志。《江蘇舊方志提要》中載：「艾山，姓單氏，失名，此以地望稱呼，《重修邳州志・楊輔序》曰：數年前曾與艾山單使君議及郡志，艾山慨然自許，當先草創，予相謝而別。而別後逾一載，復予曰：『稿已成帙，但缺校正之功耳。』未幾物故，稿遺乃甥湯候處。候守備金山，予告郡守遺使致書往索，得之，與予輩所編者參互考訂。」〔註 44〕據此，可推測《邳州志稿》纂於明嘉靖之初。

〔註 41〕（明）郭大綸修，陳文燭纂：萬曆《淮安府志》卷三，《天一閣藏明代方志選刊續編》，上海書店據明嘉靖刻本影印，1990 年 12 月版。
〔註 42〕《元史》卷五十九，中華書局 1976 年 4 月第 1 版。
〔註 43〕《明史》卷四十，中華書局 1974 年 4 月第 1 版。
〔註 44〕徐復、季文通主編：《江蘇舊方志提要》，江蘇古籍出版社 1993 年 10 月第 1 版，第 208 頁。

《大典》中也收錄了一部《邳州志》，其纂修時間顯然應在嘉靖《邳州志稿》之前。張國淦先生《輯本》考曰：

> 《大典》引《邳州志》凡一條。此條「在邳州睢寧縣西北」云云。邳州，宋淮陽軍屬縣，無睢寧；元、明曰邳州，俱有睢寧縣，茲據錄作明志。〔註45〕

張氏論斷可從，但尚不夠具體，今稍加補證。該志僅有的一條佚文【村寨】載：

> 鍾蜀村，在邳州睢寧縣西北五十里。鍾蜀村，乃魏帝征呂布駐於此，後改爲唐池村。（《輯佚》四七五頁）

其中有「在邳州睢寧縣西北五十里」的記載，從《元史》地理志的記載來看，邳州在唐初即已存在，而據《元史》中記載，至元十二（1275）年，邳州置睢寧、宿遷兩縣。這說明，該志編纂於元至元十二年睢寧縣設置以後，明永樂六年以前的這一段時間內，因元明二代皆有邳州睢寧建置，故《大典》本《邳州志》可能是明志，也可能是元志。但由於佚文資料過少，而且嘉靖《邳州志》未提到《大典》本《邳州志》的編纂，該志的作者尚無從考證。儘管如此，我們仍然可以看出《永樂大典》佚文的文獻價值。佚文中提到的鍾蜀村、唐池村不見載於後志，可以補闕後志關於邳州建置的記載。

二、《大典》本《鹽城志》及其佚文研究

張氏《輯本》無此志。馬氏《輯佚》收錄《鹽城志》佚文1條。鹽城縣，明代爲淮安府下屬縣城。《明一統志》載：「在府城東南二百三十里，本漢鹽瀆縣，屬臨淮郡，東漢屬廣陵郡或屬臨淮郡。晉因之，北齊置射陽郡。陳改爲鹽城縣。隋屬江都郡，後爲韋所據，置射州及射陽、新安、安樂三縣。唐廢射州省三縣入鹽城縣，屬楚州。五代時，南唐屬泰州。宋屬楚州，紹興初屬漣水軍。元屬淮安路，本朝因之，編戶八十九里。」〔註46〕

萬曆《鹽城縣志》卷首楊端雲所撰《序》中載：「鹽城，淮之大縣也，故無志。夫志者，識也。識之以考鏡古昔而相土辨治也。縣無志何觀焉。予自己卯歲蒞鹽城，鹽城人士，蓋數以志請於時。」〔註47〕其《序》中稱鹽城「故

〔註45〕 張國淦：《永樂大典方志輯本》，《張國淦文集四編》，北京燕山出版社2006年5月第1版，第853頁。

〔註46〕 （明）李賢等：《明一統志》卷六，文淵閣《欽定四庫全書》本。

〔註47〕 （明）楊端雲修、夏應星纂：萬曆《鹽城縣志》卷首，《中國方志叢書》據明萬曆十一年刊本影印，臺北成文出版社1983年3月臺一版。

無志」。清光緒《鹽城縣志》中前翰林院編修，國史館纂修官謝元福所撰《序》中云：「鹽城之有縣志肇於有明南海楊氏。」〔註48〕南海楊氏指的是萬曆七年來鹽城任知縣的南海人楊端雲，他任職期間政事精勤，有「江北神明」之稱。萬曆十一年與邑人夏應星修成《鹽城縣志》。

乾隆《縣志》邑人沈儼《序》也稱「鹽城古無志，自萬曆間創之，迄晚近重修之。」且其《序》中謂《萬曆志》對鹽城此後的縣志影響很大：「搜羅考覈，最為精祥，嗣經本朝歷任邑尊先後續修，悉本楊《志》之舊。其一時校讎者，皆當時之宿學臣儒，其聞見真，故考據確，後之人欲別出心裁以翻前案也難矣。」（同前）清順治十四年，知縣賈國泰補修明刻版，仍舊志以付剞劂，前增賈《序》，說它「立例簡而賅，事盡條次，合輕重之宜。」（同前）

《江蘇地方志提要》據明清時《鹽城縣志序》稱此《萬曆志》為鹽城最早的志書。然而，從《永樂大典》中收錄方志的情況來看，該志卻並非如光緒國史館纂修官謝元福所言為鹽城縣志之肇始，《永樂大典》中收錄《鹽城志》，佚文一條：「大蹤湖，在縣西南一百二十里。蒲魚之利，邑人賴之。」（《輯佚》四八二頁）這說明在明代永樂六年以前的《大典》本《鹽城志》，可能才是最早的鹽城縣志。但由於該志佚文提供信息太少，我們只能斷定該志編修於永樂六年以前，究竟是何代志已不可考，其纂修人及卷數均不可考。

佚文中所載湖泊，後志中亦有記載，如萬曆《鹽城縣志》記載：「大縱湖，在縣治西南一百里，南北三十里東西十五里，與興化縣中外湖為界，其源子魚蹤湖由馬長河，達射陽湖入於海。」〔註49〕但《大典》本《鹽城縣志》中所記方位略有差異，《萬曆志》稱在縣治西南一百里，而《大典》佚文中稱在縣西南二十里。並稱此湖是「蒲魚之利，邑人賴之。」所載內容可與後志相互參證補充。

光緒《鹽城縣志》載：「大縱湖，縣治西南，彙高寶興泰之水為湖，北流入新官河，東流入興鹽界河，西北分流由西□河入射陽湖。□舊府縣志及《方輿紀要》、《郡國利病書》皆作大蹤湖，《揚州府志》、《高郵州志》、《興化縣志》《海國聞見錄》、《水道提綱》作大縱湖，作大縱於意為長，《元史・董摶霄傳》

〔註48〕 （清）劉崇照修，陳玉樹纂：光緒《鹽城縣志》卷首，《中國地方志集成・江蘇府縣志輯59》，江蘇古籍出版社1991年6月第1版。

〔註49〕 （明）楊端雲修，夏應星纂：萬曆《鹽城縣志》卷一，《中國方志叢書》據明萬曆十一年刊本影印，臺北成文出版社1983年3月臺一版。

亦作縱，今從之。」〔註50〕但《大典》佚文中亦作「大蹤湖」，從現存記載來看，《大典》本《鹽城縣志》是現知鹽城縣最早的一部縣志，其記錄應當是比較準確的，《方輿紀要》、《郡國利病書》亦皆作「大蹤湖」，《光緒志》稱「作大縱於意爲長」。蓋由於南北曰縱，東西曰橫，而此湖南北長，故云。今且兩存之。

第五節　《大典》本《鳳陽盱眙縣志》及其佚文研究

　　《大典》本鳳陽府屬縣志僅有此志屬於今江蘇方志，故附與淮陰府縣諸志之末加以考釋。

　　盱眙縣，明代屬鳳陽府泗州，今屬江蘇淮安，故馬氏《輯佚》將其錄入江蘇省下。鳳陽府，《明一統志》載：「禹貢揚州之域，天文斗分野。古爲塗山氏之國。戰國時屬楚淮南郡，秦屬九江郡。漢更郡爲淮南國，武帝初復屬九江郡。東漢爲鍾離侯國。晉復屬淮南郡，安帝時置鍾離郡，屬徐州。劉宋泰始末改屬南兗州，後置北徐州，治鍾離。北齊改爲西楚州。隋開皇初改爲濠州，大業初復改爲鍾離郡。唐復爲濠州，天寶初又改爲鍾離郡，乾元初復爲濠州，貞元中改屬徐州，後復爲濠州。五代時，南唐改置定遠軍。宋代建炎間，復爲濠州。元至元中，置濠州安撫司，後升爲濠州路，未幾改臨濠府，後復爲濠州屬安豐路。本朝爲興業之地，吳元年改臨濠府，洪武三年改中立府，立爲中都，七年改爲鳳陽府，自舊城移治中都城，直隸京師，領州五縣十三：鳳陽縣、臨淮縣、懷遠縣、定遠縣、五河縣、虹縣、壽州（霍丘縣、蒙城縣）、泗州（盱眙縣、天長縣）、宿州（靈璧縣）、潁州（潁上縣、太和縣）、亳州。」〔註51〕

　　鳳陽古爲塗山氏之國，漢屬淮南國、九江郡，後又稱鍾離、濠州。明太祖吳元年改爲臨濠府、洪武七年始更名爲鳳陽府。《明史‧地理一》載：「鳳陽府，元濠州，屬安豐路。太祖吳元年升爲臨濠府。洪武二年九月建中都，置留守司於此。六年九月日中立府。七年八月日鳳陽府。」〔註52〕

　　泗州盱眙縣，《明一統志》載：「泗州，在府東二百一十里，禹貢徐州周青州之域。春秋時徐子國，秦屬薛郡，漢初爲東海郡地，元鼎中爲泗水國，

〔註50〕（清）劉崇照修，陳玉樹纂：光緒《鹽城縣志》卷三，《中國地方志集成‧江蘇府縣志輯》，江蘇古籍出版社1991年6月第1版。
〔註51〕（明）李賢等：《明一統志》卷七，文淵閣《欽定四庫全書》本。
〔註52〕《明史》卷四十，中華書局1974年4月第1版。

後爲厹猶縣。晉爲宿預縣，屬淮陽國，後爲宿預郡，尋改東徐州，又爲東楚州，陳改安州，後周改泗州，隋爲下邳郡。唐仍改泗州，天寶初改臨淮郡，乾元初復爲泗州，五代宋元仍舊。本朝因之，以附郭臨淮縣省入，編戶五十里，領縣二（盱眙、天長）。盱眙縣，在州城南七里，春秋時爲吳善道地，漢置盱眙縣，屬臨淮郡。東漢屬下邳國，晉爲臨淮郡治，後置盱眙郡。南齊於此置北兗州，陳屬北譙州。唐屬楚州、宋置盱眙軍，後仍爲縣。紹定中改招信軍，元升招信路，尋改臨淮府，後仍爲盱眙縣，屬泗州，本朝因之，編戶三十七里。」（同前）《明史·地理一》：「泗州，元屬淮安路。太祖吳元年屬臨濠府。洪武二年九月直隸中書省。四年二月還屬府，後以州治臨淮縣省入。南濱淮，有汴水自城北南流入焉。西距府二百十里，領縣二：盱眙，州南。東南有都梁山。東北有龜山。西有浮山。北濱淮，有池河自西來入焉。又東北有洪澤湖，淮水之所彙也。又西有舊縣巡檢司。」（同前）盱眙縣漢代即已設立，屬臨淮郡，明代屬泗州。

乾隆《盱眙縣志·舊序》錄萬曆二十二年新安戴任《序》曰：「盱眙自漢唐以來稽故無選，迄宋南渡，知盱眙軍清江劉荀始作《都梁記問》，嗣後太守霍篪修《都梁志》八卷，續志一卷，至今虛存以名。……自國初詔下，郡縣訪搜遺錄以資采輯，當時所進惟《方輿勝覽》，至天順間邑庠周博士考編未競。正德戊寅，陳博士乃修成志而草上非全體。」盱眙南宋修有《都梁記問》、《都梁志》等志書，盱眙東南有都梁山，此以都梁爲盱眙之別名，其志書修於宋者，多以「都梁」名。宋代盱眙雖曾稱縣，但現存宋代盱眙志書的記載中無有以《盱眙縣志》命名者。據戴《序》，明代天順間盱眙司訓周福所撰。

馬氏《輯佚》所收錄有一部《鳳陽盱眙縣志》（張氏《輯本》無），佚文中有「宋紹興五年，金人自六合北歸」的記載，說明此志應是撰於宋代以後至永樂六年的這段時間內，顯然此志應早於天順間周福所撰之志，推斷應撰於明初洪武間。

馬氏《輯佚》收錄【人物】類佚文1條：

崔德明，宋紹興五年，金人自六合北歸，張浚遣王進追之，虜眾潰，墮淮水而死。崔德明又敗之於盱眙。〖冊三三卷二七四一頁十五　八灰〗（《輯佚》四八二頁）

此事《宋史》亦有記載：（高宗）五年春正月庚戌，張俊遣統領楊忠閔、王進夾擊金人於淮河南岸，敗之，降其將程師回、張延壽。辛亥，淮東統制

崔德明襲敗金兵於盱眙。〔註53〕又《續資治通鑒》載：「紹興五年夏四月，甲寅，京東淮東宣撫處置司統制官、果州團練使呼延通，特遷永州防禦使，諸將王權、劉寶、岳超、許世安、劉銳、崔德明、單德忠、杜琳等十八人，並進官有差，賞淮陽之捷也。」〔註54〕紹興五年春正月張浚敗金兵於淮水，崔德明又敗之於盱眙。同年夏四月，崔德明因此捷而受賞進官，佚文所載出自《宋史》

〔註53〕《宋史》卷二十八，中華書局1977年11月第1版。
〔註54〕（清）畢沅撰《續資治通鑒》卷一百一十五，《續修四庫全書》第343-346冊，上海古籍出版社據清嘉慶六年馮集梧等遞刻本影印。

第四章 揚州地區《大典》本佚志及其佚文研究（上）

揚州自古以來即爲名郡，嘉靖《維揚志敘》中稱：「古揚九州之一，彭蠡、震澤、會稽之隅罔不統屬，而茲以一郡擅名。蓋先王經理疆界，設官立牧，擇其中土而蒞治之。古今相沿，文獻之萃彙，風俗之睹記，惟茲則古揚之首也。」〔註1〕

馬氏《輯佚》中收錄的揚州府州縣志書 15 種，其中府志有：《廣陵續志》、寶祐《惟揚志》、《揚州志》和《揚州府志》。所屬州縣志書有：紹熙《儀眞志》、《儀眞志》、《揚州府儀眞志》、《泰州志》、《寶應志》、《江都志》、《江都縣志》、《高郵志》、《高郵州志》、《興化縣志》和《海門縣志》。張氏《輯本》收錄的府志有《廣陵續志》、（寶祐）《惟揚志》、《揚州府志》。所屬州縣志有紹熙《儀眞志》、《儀眞志》、《高郵州志》、《寶應志》和《海門縣志》，馬氏《輯佚》均收錄，現據《輯佚》對《大典》中這 15 種方志及其佚文逐一考釋。

第一節　揚州建置沿革與方志編修源流

據《明一統志》記載：「建置沿革：禹貢揚州之域，天文牛斗分野。春秋時地屬吳，後屬越，戰國屬楚，秦爲九江郡地。漢初爲淮南國，又更爲吳國，景帝更爲江都國，武帝時更名爲廣陵國，屬徐州，東漢初爲廣陵郡。三國初屬魏，後屬吳。晉廣陵郡，移治淮陰，此地屬焉。東晉分置海陵，山陽二縣。

〔註 1〕（明）朱懷幹修，盛儀纂嘉靖《惟揚志》卷首，《天一閣藏明代方志選刊》，
　　　　上海古籍書店據寧波天一閣藏明嘉靖藏本影印，1963 年 9 月版。

劉宋置南兗州，治廣陵縣，齊梁因之。北齊改爲東廣州。陳復爲南兗州，後周改爲吳州，隋始改爲揚州。大業初，改江都郡，治江陽縣。唐初復爲南兗州，改邗州，尋復爲揚州，治江都，置大都督府。天寶初年改廣陵郡，乾元初復曰揚州。置淮南節度，五代時楊吳都於此，改江都府。南唐以爲東都。周世宗取揚州仍置大都督節度，宋初因之，屬淮南東路，建炎初升帥府。元至元中，建大都督府，置江淮等處行中書省，尋改爲揚州路。屬河南行省。本朝庚子年，置淮海府，壬寅年改維揚府，丙午年復爲揚州府，直隸京師，領州三縣七。」〔註2〕

《明一統志》所載揚州所領州三縣七爲：「江都縣，附郭；儀眞縣，元末爲眞州，洪武二年（1369）改爲縣；泰興縣；高郵州，領縣二：興化縣，寶應縣；泰州，領縣一；如皋縣；通州，領縣一：海門縣。」從中可知作爲一郡的揚州，漢晉稱廣陵，隋代始改爲揚州，唐代稱揚州或廣陵，宋代爲揚州，屬淮南道或淮南東路，元代爲揚州路，明朝爲揚州府。（同前）

揚州漢晉稱廣陵，東漢南郡宜城人王逸纂有《廣陵郡圖經》，此書已佚失，爲今天可考最早的揚州郡志，侯康《補後漢書藝文志三》、顧懷三《補後漢書藝文志五》、姚振宗《後漢藝文志二》、曾樸《補後漢書藝文志考六》、章宗源《隋書經籍志考證六》等均著錄此書。此後，晉有《廣陵烈士傳》、《廣陵耆老傳》，隋有《江都圖經》，唐有《揚州記》，亦均佚失，從他書中可見諸志一斑。

宋代揚州志書的編纂較爲發達，大觀年間，江都尉劉彥惇撰有《揚州圖經》，除此以外，宋代還有《揚州事蹟》、《揚州舊經》，紹熙、嘉泰、寶祐間均有志書，明嘉靖《惟揚志》凡例中云：「今爲嘉靖《惟揚志》，以宋有紹熙《廣陵志》、嘉泰《廣陵續志》、寶祐《惟揚志》而續之也。」〔註3〕（按：紹熙《廣陵志》，或記爲淳熙年間刊行。）這些志書均已佚失。雍正《揚州府志·撰述》記載：「寶祐《惟揚志》三十六卷，見《讀書敏求記》，無作者名氏，舊《府志》繫以鄭少微。《廣陵志》十二卷，《宋史·藝文志》作十二卷，鄭少魏著，《世善堂書目》作四十二卷，少魏作。舊《府志》作十一卷，少魏作少微。卷帙與名互歧，當以《宋史》爲正。」〔註4〕

〔註2〕（明）李賢等《明一統志》卷十二，文淵閣《欽定四庫全書》本。
〔註3〕（明）朱懷幹修，盛儀纂嘉靖《惟揚志》卷首，《天一閣方志選刊》，上海古籍書店據寧波天一閣藏明嘉靖藏本影印，1963年9月版。
〔註4〕（清）尹會一修、程夢星等纂：雍正《揚州府志》卷三十五，《中國方志叢書》據雍正十一年刊本影印，臺北成文出版社1957年□月臺一版。

現存萬曆《揚州府志・經籍》記載的揚州方志有：寶祐《惟揚志》三十六卷；《廣陵續志》□□卷，宋鄭少微著；《揚州府志》十五卷，國初洪武□□□□，《惟揚新志》十二卷，成化間□□□寓賢高宗本撰。《郡乘正□》八十卷，嘉靖間副使江都趙鶴纂。嘉靖《惟揚志》二十卷，太僕卿江都盛儀修。〔註5〕

第二節　《大典》本《廣陵續志》及其佚文研究

一、《大典》本《廣陵續志》的編纂情況

張氏《輯本》輯有此志，張先生對此志考釋甚詳，其文如下：

案：《大典》引用《廣陵續志》凡四條。其祭服條、嘉定十賢堂條「寶慶改元」云云，迎恩堂條「寶祐元年」云云。宋有紹熙鄭少微《廣陵志》，故此曰《續志》。據《嘉靖惟揚志・凡例》：「宋有《紹熙廣陵志》、《嘉泰廣陵志》，《寶祐惟揚志》而續之也」云云。《大典》引嘉定、寶慶、寶祐，俱在嘉泰以後，《續志》與《惟揚志》同係寶祐先後年所修，或《廣陵續志》止於嘉泰，以後為後人所遞補也。〔註6〕

張先生引明嘉靖《惟揚志》凡例，推知《大典》收錄的《廣陵續志》即宋嘉泰《廣陵續志》，其論斷可從。嘉泰為宋寧宗年號，時當 1201 至 1204 年，知此志應編於這四年之間。因紹熙年間鄭少魏曾著有《廣陵志》，故此志稱《續志》。

該志撰於嘉泰間，《大典》佚文中卻記有嘉泰以後的事蹟。在《大典》本《廣陵續志》收錄的佚文裏，【詩文】佚文收錄有《嘉定祭服記》一篇；汪統詩一首，題為《題寶慶改元孟春中澣，敬拜七賢堂於學宮，謹哦唐律》，其中有「寶慶改元」字樣，【宮室】佚文中有「寶祐元年七月」字樣，嘉定、寶慶、寶祐均為嘉泰以後年號，因此，張氏《輯本》認為《廣陵續志》止於嘉泰，以後為後人遞補，從該志的佚文的內容看，是有道理的。

除《永樂大典》外，據張國淦《中國古方志考》：《輿地紀勝》卷七十四《歸州》「興山縣詩」引嘉泰《廣陵續志》一條，萬曆《揚州府志》卷一《附歷代風俗》引嘉泰《廣陵續志》一條，但均未載此志的編修人及卷數。按照

〔註5〕　（明）楊洵修、徐鑾纂《揚州府志》卷二十四，《北京圖書館古籍珍本叢刊25》，書目文獻出版社 2000 年 7 月版。

〔註6〕　張國淦：《永樂大典方志輯本》，《張國淦文集四編》，北京燕山出版社 2006 年 5 月第 1 版，第 41 頁。

宋代政區建置，《大典》本《廣陵續志》是南宋的一部揚州州志，志名稱「廣陵」者，是沿用的舊名。

二、《大典》本《廣陵續志》佚文研究

《大典》本《廣陵續志》共收錄有佚文 5 條，其中【宮室】1 條，【詩文】4 條。現考釋如下：

【宮室】：

迎恩門，係太祖收復李重進日赦恩，自此而入，安撫鄭公興裔立此名於橋於門。寶祐元年七月，大使賈大資重修。論曰：「建章武殿，而造橋修門，則敬君之心著矣。」〖冊四九卷三五二七頁十五　九真〗（《輯佚》四八二頁）

關於宋太祖征李重進事，《宋史‧太祖本紀》中有記載：「（建隆元年九月）己未，淮南節度李重進以揚州叛，遣石守信等討之。……丁亥，詔親征揚州，以都虞侯光義為大內都部署，樞密使吳廷祚權上都留守。……庚寅，發京師。十一月丁未，師赴揚州城，拔之，重進盡室自焚。戊申，誅重進黨，揚州平。」〔註7〕佚文中曰「赦恩」，說明太祖平揚州時僅誅重進黨羽，未濫殺於他人。

但後志中記載的揚州城諸門中，並未提到有「迎恩門」。此條佚文中所提到之鄭公興裔，《宋史‧鄭興裔傳》記載了其從政揚州的事蹟：「（乾道初）再使金，還，遷潭州觀察使。復請祠，起知廬州，移知揚州。揚與廬為鄰。初，興裔在廬嘗卻鄰道互送禮，至是按郡籍，見前所卻者有出無歸，遂奏嚴其禁，揚有重屯，糧乏，例糴他境，興裔搜括滲漏以補之，食遂足。民舊皆茅舍，易焚，興裔貸之錢，命易以瓦，自是火患乃息。又奏免其償，民甚德之。修學宮，立義冢，定部轄民兵升差法，郡以大治。」（同前，卷二百二十四）傳載其歷任四朝，卒於慶元間，其主政揚州時間當在淳熙至紹熙年間，紹熙《廣陵志》即是其在揚州時主修，並由鄭少魏等編纂而成的。

因此，佚文中稱揚州「迎恩門」是安撫鄭興裔立此名於橋於門，說明「迎恩門」得名於南宋淳熙至紹熙間，為紀念太祖而擊敗李重進的戰功而立此名，並非國初建城時就有此名稱。萬曆《志》卷二《橋梁》中有「迎恩橋在此門外二里。」的記載恰與此條印證。佚文中記載，論曰：「建章武殿，而造橋修門，則敬君之心著矣。」可知，造橋修門與建章武殿應是在同一時期。「章武殿」在《宋史‧吉禮十二》中僅有一條記錄：「神御殿，古原廟也，以奉安先

〔註7〕《宋史》卷一，中華書局 1977 年 11 月第 1 版。

朝之御容。宣祖、昭憲皇后於資福寺慶基殿。太祖神御之殿七：太平興國寺開元殿、景靈宮、應天禪院西院、南京鴻慶宮、永安縣會聖宮、揚州建隆寺章武殿、滁州大慶寺端命殿。」（同前，卷一百〇九）嘉慶《揚州府志·事略》載：「（景德七年）冬十月丁巳，詔揚州長吏正至朔望朝拜建隆寺太祖神殿。」〔註8〕《宋史》中提到的「揚州建隆寺章武殿」，即使太祖神殿，萬曆《揚州府志·寺觀》中「建隆禪寺」條下有關於「章武殿」的記載，其內容如下：「建隆寺，《寶祐志》云：舊在城西二十西華臺，按宋《燕翼貽謀錄》云：太祖親征李重進，以御營建寺，所御之榻留焉。後僧徒共建一殿，申嚴□，奉名彰武殿。且請降御容，庶民瞻仰。真宗命翰林畫工圖寫，嚴衛而往，仍賜供具。景德二年，命中使前往奉安。遇朔望州郡率官僚朝禮，王禹偁、郭正俱爲之記。建炎初，寺廢。嘉熙三年更創於城之壽寧街，今天寧寺。後寶祐間，賈似道鎮揚州，復新彰武殿，因重葺其寺。」〔註9〕揚州建隆寺，宋初在城西二十里的西華臺，是太祖征李重進的御營位置所在，章武殿是建隆寺僧所建，時間應在宋真宗時期。佚文中稱「建章武殿，而造橋修門」，說明此橋也是在章武殿後所造，大體也應是真宗時期。太祖征李重進時應當是從現在建隆寺所在方向入城，所以「迎恩橋」與「迎恩門」的方位應當在揚州城西面，「迎恩門」應當是城的西門，迎恩橋爲真宗時造，而橋與門，皆南宋淳熙至紹熙間揚州知州鄭興裔所命名。

　　該志【詩文】類佚文中有彭方《七賢堂記》，述宋代揚州重建原五賢堂，並增祀爲七賢堂之事。該記全文如下：

　　維揚自國朝慶曆以來，忠獻魏王韓公、參政文忠歐陽公、集賢學士劉公、申國正獻呂公、內翰文忠蘇公皆嘗鎮守，既去，人思立五賢祠於平山堂。大觀、政和間諫議忠肅陳公、忠敏任公貶淮郡，後葬西山，距城才三十里，考之郡志可覆也。比者邊亭俶擾，主帥備禦無策，舉城外廬舍付之一炬，於是堂不復存，且樵採不禁，卒赭二墓之木。今帥承宣使畢公方議補植松檜，且欲一新所謂平山堂者。而倥傯未暇也。歲在戊辰，戎事甫定，方適備分教，登欄檻之故址，悵舊祠之煨燼，歷戍樓而西望，傷喬木之剪棄，退而謀於同志曰：「惟七先生道德文章，議論節槩，編之汗簡，固將鏗鍧百代，不可磨滅。然此邦乃其甘棠所憩，而封斧所寓。今顧未有以爲祠祀觀瞻之所，非五徒之責與！」乃白於府，闢明倫堂之東偏，肖繪遺像，以春秋致祭。使

〔註8〕　（清）阿克當阿等修，姚文田等纂：《揚州府志》卷六十七，《中國方志叢書》據嘉慶十五年刊本影印，臺北成文出版社，1974年6月臺一版。

〔註9〕　（明）楊洵修、徐鑾纂：《揚州府志》卷二十三，《北京圖書館古籍珍本叢刊25》，書目文獻出版社2000年7月版。

忠肅公之孫桌請於參政婁公，爲大書扁榜，以七賢名堂。凡藏修遊息於是者，過其位，思其人，肅然起敬，庶知所以自勉矣。太子詹事鄒公奉使經行，問之曰：『此正學校事也。』許爲記之。會出鎮泉南，未能即請而鑱之石。方自言踐更有日，輒抒區區所以建堂之意，揭於壁間，以俟夫記之成。〔冊七十卷七二三七頁五　十八陽〕（《輯佚》四八三頁）

記文把祭五賢的七賢堂毀於戰火到七賢堂重建的過程記載的比較詳細，重建的原因也交代的十分清楚，即：「惟七先生道德文章，議論節槩，編之汗簡，固將鏗鈜百代，不可磨滅。然此邦乃其甘棠所憩，而封斧所寓。今顧未有爲祠祀觀瞻之所，非吾徒之責與！」從中可見建堂者追昔撫今的責任感和濃鬱的人文精神。《大典》本寶祐《惟揚志》「思賢堂」條云：「嘉定戊辰，教授彭方嘗建七賢堂。」其所列五賢及續至七賢所列諸賢與《大典》本《廣陵續志》完全一樣。嘉定戊辰，即嘉定元年（1208）。

明代嘉靖《維揚志》中有相關記載，但比較簡略，該志卷十一《禮樂志》中有「五賢堂七賢堂思賢堂」條，記載如下：「在州學內祀韓魏公琦、文忠歐陽公修、集賢劉公敞、正獻呂公公著、文忠蘇公軾。宋教授彭方重建，於五賢之後，增祀忠肅陳公瓘、忠敏任公伯雨，陳任揚寓賢也。州守岳珂重建於七賢之後，增祀內翰王公禹偁、正獻杜公衍、孝肅包公拯、質肅唐公介、忠穆呂公頤浩。端平以後，州人又增元憲宋公庠、侍郎鄒公浩、侍御李公衡、清獻崔公與之云。」該志只是簡要介紹此堂所祠諸賢之名，及修建該堂的彭方、岳珂增祀以及端平以後增祀賢公的名稱。彭方的《七賢堂記》則不僅敘述此堂由來，還詳細敘述了重建該堂的前後經過，可彌補明代嘉靖《維揚志》的簡略。

萬曆《揚州府志·秩官志下》有此五賢的傳記，記其在揚州的事蹟。現移錄其文如下，以供參考：

「韓琦字稚圭，相州人。以資政殿學士知揚州，增學田，奏請蠲無名之斂，又請常平倉米以備賑荒。揚民爲肖像，祀於雍熙院。蔣之奇作記云，魏公前出二府而領維揚之麾，後相三朝而建淮南之節。雖十年之間，屢更節鉞，而終不易鎮。則維揚之人挹魏公之德竟何如哉？史稱公歷揚鄆眞定等州□□□□□□帑廩治武庫勸農興學，民樂其愷悌，愛慕之如父母。

歐陽修，字永叔。廬陵人，慶曆八年，知揚州，寬簡不擾。蒞政數日，官事十減少五六。再閱月，官府閒如僧舍。或問故，曰吾寬不爲苛急，簡不爲繁碎而，非廢事也。」

　　劉敞，字原甫，臨江人。嘉祐元年，知揚州。前守政苛，敞以寬厚濟之。揚雷堂舊爲民田，其後官取瀦水而不償。民皆失業，敞據塘舊券悉還民田。天長縣鞫王甲殺人，獄既具，敞見而察其冤，親按問之，果得眞殺人者，人以爲神明。

　　呂公著，字晦權，壽州人。元豐間知揚州，性勤勵，在郡率未明而起，秉燭視案牘。□詳聽覽，小官賤胥咸得輸其情理，官有繫重囚而置酒宴會者，公著遣吏論之，皆悔懼。由是上下，咸修其職。轉運司常輦乳香萬斛販賣郡中，悉停之。郡庫雖符檄督逼，不爲強販，民尤德之。

　　蘇軾，字子瞻，眉山人。元祐七年知揚州。嘗奏揚民爲積久所壓，檢察本州於理宜縱而拘於法者六條，乞住催理。又奏舊發運司主東南漕，聽操舟者私載物貨，徵商不得留難，故所載率皆速達無虞。一切禁之，故舟弊人困，多盜所載以濟飢寒，公私皆病，請復上。皆從之。先是蔡京知揚州宴集，爲萬花會。用芍藥數十萬株。吏緣爲奸，軾悉罷之。民大悅服，未閱歲，以兵部尚書名兼侍讀。」〔註10〕

　　志中記錄了此五人在揚州的惠政，爲我們瞭解其在揚州的事蹟以及五賢堂的來歷提供了更多的背景材料，五位賢人《宋史》皆有傳。五賢堂後增祀之忠肅陳公瓘、忠敏任公伯雨，明嘉靖、萬曆，清雍正、嘉慶諸志書中不見載，但《宋史》亦皆有傳。

　　《宋史》載：「陳瓘，字瑩中，南劍州沙縣人。少好讀書，不喜爲進取學。……，瓘謙和不與物競，閒居矜莊自持，語不苟發。通於《易》，數言國家大事，後多驗。靖康初，詔贈諫議大夫，召官正彙。紹興二十六年，高宗謂輔臣曰：『陳瓘昔爲諫官，甚有讜議。近覽所著《尊堯集》，明君臣之大分，合於《易》天尊地卑及《春秋》尊王之法。王安石號通經術，而其言乃謂『道隆德駿者，天子當北面而問焉』，其背經悖理甚矣。瓘宜特賜諡以表之。』諡曰忠肅。」

　　「任伯雨，字德翁，眉州眉山人。父孜，字遵聖，以學問氣節推重鄉里，名與蘇洵埒，仕至光祿寺丞。其弟伋，字師中，亦知名，嘗通判黃州，後知滬州。當時稱；『大任』、『小任』。伯雨自幼，已矯然不群，邃經術，文力雄健。……，紹興初，高宗詔贈伯雨直龍圖閣，又加諫議大夫，采其

〔註10〕　（明）楊洵修、徐鑾纂：《揚州府志》卷九，《北京圖書館古籍珍本叢刊25》，書目文獻出版社2000年7月版。

諫章，追貶章惇、蔡卞、邢恕、黃履，明著誣宣仁事以告天下。淳熙中，賜諡忠敏。」

《宋史》對此二賢的評價是：「陳瓘、任伯雨抗迹疏遠，立朝寡援，而力發章惇、曾布、蔡京、蔡卞群奸之罪，無少畏忌，古所謂剛正不撓者歟！」〔註11〕

【詩文】類佚文收錄了一篇《嘉定祭祀記》亦頗有價值，佚文內容如下：

> 廣陵兩淮都會，屢經兵燬，文物廢闕，春秋釋菜，士子止以韋布行事。嘉定戊辰，方充員學官，念禮儀之未稱，非所以嚴通祀，乃謀及士友，相與講求制度。考之《政和新禮》、《淳熙祀式》，訪之畿郡，互相訂證，以養士之贏，制士服二十有八襲，冠用介幘，帶用間色，正錄之服以緋絹寬衫，其餘執事，衣若裳以白絹，青領緣。若佩若履，皆倣古制。己巳二月上丁，乃用初服，鏘鏘濟濟，以承祭司，亦庶可以肅威儀，備闕典。雖然記不云乎，齊明盛服，非禮不動，所以修身也。是則備服以臨祭，豈徒美觀瞻，而固將整齊此心，收聚誠意。以交乎神明。學者苟能充之，居處而恭，執事而敬，惕然戒懼，常若洋洋在其左右者，則進德修業之基立矣。此制度禮文之外，所當察者，故並及之。清明日，星江彭方記。〔冊一百七十九卷一九七九一頁十七　一屋〕（《輯佚》四八三頁）

這篇佚文介紹了揚州屢經兵火後，嘉定己巳年二月學官彭方主持恢復整齊釋菜禮及禮服的過程。釋菜禮是古代學校裏祭祀先師的一種禮儀。

《宋史・吉禮八》有關於釋菜禮有如下的記載：

「熙寧二年，又詔太常寺，修四孟釋菜儀。」

「政和三年，詔書封王安石舒王，配享；安石子雱臨川伯，從祀。《新儀》成，以孟春元日釋菜，仲春、仲秋上丁日釋奠。」

「其謁先師之禮：建隆二年，禮院準禮部貢院移，按《禮閣新儀》云：『舊儀無貢舉人謁先師之文。開元二十六年，詔諸州貢舉人見訖，就國子監謁先師，官爲開講，質問疑義，所司設食。昭文、崇文兩館學士及監內舉人亦準此。』自後諸州府貢舉人，十一月朔日正衙見訖，擇日謁先師，遂爲常禮。大觀初，大司成強淵明言：『考之禮經，士始入學，有釋菜之儀。請自今每歲貢士始入辟雍，並以元日釋菜於先聖。』其他：獻官一員，以丞或博士；分奠官八員，以博士正錄；大祝一員，以正錄。應祀官前釋菜一日赴學，各宿其次。至日，詣文宣王殿常服行禮，貢士初入學者陪位於庭，其他亦略仿釋奠之儀。」〔註12〕釋菜禮有完整的禮儀規範，《政和五禮新儀・吉禮》中有「辟

〔註11〕　《宋史》卷三百八十一，《中華書局》1977 年 11 月第 1 版。
〔註12〕　《宋史》卷九十九，中華書局 1977 年 11 月第 1 版。

雍釋菜儀」〔註13〕，禮儀分時日、齋戒、陳設、行事四個部分，記錄了「釋菜」禮的具體內容，但其中沒有關於「釋菜」禮中服飾方面的詳細資料。

古禮對服飾有專門的要求，如祭祀至聖先師孔子、昭烈武城王的釋奠禮儀，《宋史·吉禮八》記載道：「其釋奠之禮，……崇寧，議禮局言：『太學獻官、太祝、奉禮、皆以法服，至於郡邑，則用常服。望命有祀降祭服於州縣，凡獻官、祝、禮，各服其服，以盡事神之儀。』詔以衣服制度頒使州縣自造焉。」〔註14〕

元代有一篇專門強調釋奠與釋菜禮中須講求服飾，以彰貴賤，表誠敬的公文名爲《釋奠服色》，其中記載道：「中書吏禮部至元十年二月二十九日符文承奉中書省判送大司農御史丞兼領侍議司呈：至聖文宣王用王者禮樂，御王者衣冠，南面當坐。天子供祠，其於萬世之絕尊，千載之通祀，宜莫如吾夫子也。竊見外路官員提學教授，每遇春秋二丁，不變常服，以供執事，於禮未宜。及照得漢唐以來祭文，廟饗社稷，無非具公服執手板，行諸祭享之禮。且鄉人儺孔子，猶朝服而立于阼階，先聖先師安得不備禮儀者乎？釋老二家與儒一體，彼皆黃冠緇衣以別其徒，獨彼孔門衣服混然無以異於常人者。自此以往，擬合令執事官員各依品序穿著公服外據陪位，諸儒亦合衣襴帶唐巾，行釋菜之禮，似爲相應。批奉都堂鈞旨，送吏禮部擬定，連呈省部，議得衣冠。所以彰貴賤，表誠敬。況國家大禮先聖先師，不必援釋老二家之例子。凡預執事官員，及陪位諸儒自當謹嚴儀禮，以行其事。參詳如準侍議司所呈以爲相應，乞賜遍行合屬。春秋二丁，除執事官已有，各依品序製造公服。外據陪位，諸儒自備唐巾以行釋菜之禮，呈奉都堂，鈞旨送本部牒翰林院議定。連呈奉此移牒翰林院議，擬去來回準牒，該照得貴部議擬，是爲相應，準此呈奏都堂，鈞旨送本部準呈施行。」〔註15〕

文中也沒有對釋菜服飾詳細具體的描述。只云：「令執事官員各依品序穿著公服外據陪位，諸儒亦合衣襴帶唐巾，行釋菜之禮，似爲相應。」儒生的服飾。只提到「襴帶唐巾」四字。

《大典》佚文《嘉定祭祀記》的記錄不僅與《宋史》有關記載相合。且可以對《宋史》的記載做補充。「考之《政和新禮》、《淳熙祀式》，訪之畿郡，

〔註13〕 （宋）鄭居中等奉敕撰：《政和五禮新儀》卷一百二十三，文淵閣《欽定四庫全書》本。
〔註14〕 《宋史》卷一○五，中華書局1977年11月第1版。
〔註15〕 （元）不著撰人：《廟學典禮》卷一，文淵閣《欽定四庫全書》本。

互相訂正，以養士之贏，制士服二十有八襲，冠用介幘，帶用間色，正錄之服以緋絹寬衫，其餘執事，衣若裳以白絹，青領緣。若佩若履，皆倣古制」，較爲詳細地介紹了嘉定間揚州士子行釋菜禮所穿服飾的狀貌規制及其制儀服的依據，是難得的宋代禮服資料。

【詩文】類佚文另外兩首詩，內容如下：

汪統《題寶慶改元孟春中澣，敬拜七賢於學宮，謹哦唐律》：詩書流澤自宮牆，祀謹先賢配孔堂。黃道中天臨下土，清時群牧盛惟揚。固應奕世思功德，曾與皇家作棟梁。生晚敢期師軌躅，寒泉一勺薦春觴。〔冊七十卷七二三七頁五　十八陽〕（《輯佚》四八四頁）

《全宋詩》載：「汪統，字仲宗。寧宗嘉定間知高郵軍（清道光《高郵州志》卷八）。遷江東運輸判兼知眞州（明隆慶《儀眞縣志》卷四），理宗寶慶元年（1225），知揚州兼江東提刑（《宋史》卷四七六《李全傳》）。紹定元年（1228）爲浙東提刑兼權安撫使，知紹興府（《寶慶會稽續志》卷二）」〔註16〕汪統詩《全宋詩》僅收錄一首，即此詩，錄自於《大典》本《廣陵續志》，詩文表達了對先賢的讚美與仰慕之情，應是其於揚州任上所作。

岳珂《次韻》：傑宇翬聯接孔牆，盛朝人物仰堂堂。憑熊曾識棠陰芾，曦驥何堪粃政揚。配祀有人存摺檻，奉祠無路愧題梁。平山遺像猶多闕，幸趁春風薦羽觴。（同前）

寶祐《惟揚志》【宮室】類佚文中亦收錄有此詩，作者岳珂及其所作《次韻》詩參見寶祐《惟揚志》中「思賢堂」條佚文考釋。

第三節　《大典》本寶祐《惟揚志》及其佚文研究

一、《大典》本寶祐《惟揚志》的編纂情況

張氏《輯本》對此志亦有簡要考釋，其文如下：

案：《大典》引《惟揚志》凡三十四條。（揚州，宋有紹熙《廣陵志》、《嘉泰廣陵續志》、《寶祐惟揚志》。）此平耀倉條「寶祐元年」云云，知是寶祐元年以後所修。《文淵閣書目·舊志》：「《惟揚志》十五冊」，當即是志。《嘉靖惟揚志》十二：「《寶祐惟揚志》三十六卷」。〔註17〕

〔註16〕北京大學古文獻研究所編：《全宋詩》卷二九一三，北京大學出版社1991年7月第1版。

〔註17〕張國淦：《永樂大典方志輯本》，《張國淦文集四編》，北京燕山出版社2006年5月第1版，第43頁。

　　張氏根據志書佚文中明確的時間線索所作結論是正確的。「寶祐」爲宋理宗趙昀年號，時當 1253 年至 1258 年。寶祐《惟揚志》「平糴倉」條佚文云：「平糴倉在城隍廟之南，舊爲備禦柴場。寶祐元年，大使賈公似道請於朝，建敖屋三十楹，受米十萬餘石，以備振糴。」（《輯佚》四八二頁）說明此志大約撰於寶祐元年以後至寶祐末年約五年之內。

　　張國淦《中國古方志考》載：「寶祐《惟揚志》三十六卷宋，佚。蒲圻張氏大典輯本《文淵閣書目》卷十九：舊志《惟揚志》十五冊。嘉靖《惟揚志》卷十二：寶祐《惟揚志》三十六卷。萬曆《揚州府志》卷一《附舊志》歷代形勝，卷二十一《古蹟志》隋宮、雲山閣、竹四亭、宋縣圃、磨劍池、漢歷王胥冢，揚一益二引宋《寶祐志》九條。……『平糴倉』條爲寶祐元年，可知此書修於寶祐元年以後。」〔註 18〕從嘉靖《惟揚志》的記載可知此志共有三十六卷。《大典》本寶祐《惟揚志》是繼《廣陵續志》之後編修的又一部揚州州志。

　　該志的作者，前文引雍正《揚州府志》中稱「舊府志繫以鄭少微」。鄭少微，字明舉，生卒年不詳，成都人。元祐三年（1088）進士，以文知名，《全宋詞》收錄其詞作兩首。《宋史・文苑五》載：「劉涇，字巨濟，簡州陽安人。舉進士，王安石薦其才，……元符末上書，召對，除職方郎中。卒，年五十八。涇爲文務奇怪語，好進取，多爲人排斥，屢躓不伸。同時有鄭少微者，字明舉，成都人也，與涇俱以文知名，而仕不偶。」〔註 19〕元符是北宋哲宗年號，時當公元 1098 年至 1100 年，從其生活的年代來看，鄭少微不可能是寶祐《惟揚志》的作者。而上文提到的《廣陵志》作者鄭少魏爲淳熙以前人，距寶祐元年近百年，也不可能是寶祐《惟揚志》的作者，因此，從現存記載來看該志作者已難考知。

　　《永樂大典》是目前保留寶祐《惟揚志》佚文最多的文獻。其他引用《寶祐志》的文獻，除了上文提到的萬曆《揚州府志》外，清《平山堂圖志》卷一《名勝》門有：「觀音寺、宋《寶祐志》作『摘星寺』」等引文，卷十《雜識》門也曾引錄寶祐《惟揚志》中所記載的慶元間右司郎中糜師旦遊平山堂及移柳寄詩的詳細事蹟。

〔註 18〕張國淦：《中國古方志考》，中華書局 1962 年 8 月第 1 版，第 237 頁。
〔註 19〕《宋史》卷四百四十三，中華書局 1977 年 11 月第版。

二、《大典》本寶祐《惟揚志》佚文研究

馬氏《輯佚》中收錄的寶祐《惟揚志》佚文包括：【宮室】4 條，【倉廩】7 條，【湖泊】5 條，【水利】3 條，【物產】2 條，【人物】5 條，【仙釋】4 條，【藝文】51 條，資料非常豐富。現考釋如下：

【宮室】：

寶祐《惟揚志》【宮室】類「思賢堂」條佚文不僅有關於思賢堂的記述，後還載有宋代岳飛之孫岳珂的爲揚州思賢堂所作的一篇記和一首《次韻》詩，具有很高的文獻資料價值。其記述「思賢堂」的佚文如下：

思賢堂，堂在州學。嘉定戊辰，教授彭方嘗建七賢堂，以祠忠獻韓公琦、文忠歐陽公修、集賢劉公敞、正獻呂公公著、文忠蘇公軾，忠肅陳公謹，忠敏任公伯雨。寶慶元年，岳公柯攝守是邦，撤而宏大之，以內翰王公禹偁，正獻杜公衍、孝肅包公拯，質肅唐公介、忠穆呂公頤浩，學術名節亦七賢之亞，並附益焉，扁曰思賢堂。今繪像凡十有六，元憲宋公庠、侍郎鄒公浩、侍御李公衡、清獻崔公與之，皆端平以後所增也。〔冊六九卷七二三六頁一　十八陽〕（《輯佚》四八五頁）

岳珂《思賢堂》記文如下：

有土而祀於國，其享以世，古之制也。有德而祀於學，世逾久而德逾尊，其享以人，雖戾乎古，因民心也。國之祀有常，世盡而毀，禮極而殺，徵而載主，遷而勝社，所以祀者，惟其有是土地。德降而彌，衛絕以家，紀去其國，泯然而民莫之思，則昔之祀者勢也，非心也。民之祀無常，因時而置，守令設邸，而朝京師，獻酹奉祀，一於王室，其有土者固不必有祀也，遺烈在焉。桐鄉之祠，睢陽之廟，雖閱千歲，常如一日，則後之祀者，非復繫乎土也，心而已耳。是故恃德者綿，恃物者遷，綿綿者常足以動夫人加勉。一物之失所恃，則晉楚之富，齊秦之強，終不能一日強附於天下，此天理世變之相爲低昂，而非特關乎區區鐘鼓俎豆之末。言舉斯心，以占乎民，愛忘一機，斷可識矣。揚州古都會，自禹鑄鼎奠方，迄今民與地俱，歷萬古而不易者，僅可一二數。三代而上，析封啓胙，介於勾吳，弗復詳見。繇漢迄唐，裂地而王，分部而刺，建國而掌，以內史名郡，而長以太守，府而都督，軍而節度，圭組相望，前英後哲，今幾何人？方居位時，駟車駝璽，崇牙列簴，舞六佾，驅八騶，尊崇赫奕，固足以窮一時之盛。年運而往，情隨事革，凡祐於國，配於社，祭野如沔，泣碑如峴，慨不少存。惟五賢者，祀於泮宮，歲時牲幣，具體無廢，又有配位，以侑其食。斯人也，非德足以垂世，足以及民，足以固結其心，使至於久而不可解，而誰爲之也。珂生最晚，嘉定癸未歲六月，以東淮鑣節來攝守符，始至而謁先聖，又拜於東序，顧瞻遺像，問之邦人，則指而曰：「韓忠獻也，呂正獻也，歐、蘇二文忠也，集賢劉學士也，是皆嘗以名德之重，位乎吾邦也。」又指配位曰：「諫議陳、任二君也，是立節符靖間，直聲在國史，而墓乎吾鄉者也。」相與咨嗟涕洟以思，民則曰：「安得復見治平、元祐之世者乎？」士則曰：「安得數君子尚在，使人摳衣趨隅以迪聞見乎？」官

興吏則曰：「安得所事如此諸賢，得以稱其職而安其業乎？」珂退而歎曰：「彼若人也，仕而歲年，祀而百世，思而至於今弗渝，紹聲猷，繼軌躅，其無人乎哉！」既又曰：「思而祀，祀而火，是必非苟然者。棟橈杞圯，以怠於而思，是有位者之責，不可以弗葺也。」會邊聲方阨，力且未暇，居一年，珂將合簽以歸，郡有故事以錢二百萬鱐，珂顧不取則近名，又誼不可入私橐，乃侑以羨俸盡歸於學，俾博士陳君至、幕府艾君醜，撤而新焉，儀圖先賢以附益之。覽於圖牒，喟然作曰：「是邦也，昔之守者如杜正獻、呂忠穆，以勳以德，致隆平而佐中興，非韓、呂之亞歟。如王內相以文道劘致時君，沾丐後學，非歐陽、蘇、劉之倫歟。如包孝肅，如唐質肅，直節洞穹壤，勁氣沮金石，其視二諫議又異世而若合符節者。列之新祠，以對風烈，夫孰曰不宜。」於是鬆幄堊裓以尊繪事，築堂峙廡以侈神沛。亦既考室，又自鑲所，治什器，飾牖闥，御爐遣送，以相其成。竣役之日，珂既還治南徐，不克執奠，揚之士民，相帥共集祠下，酹酒以落之。有出而揚觶者曰：「君子之有斯土也，求以獲乎民者也。」是數人者，非有以獲乎民，則昔雖祀也，安在乎人之不我去；今雖增也，安知乎人之必我從。夫尚安靖，以壽國脈，起蠱危而定邦紀，振斯文以植名教，守遺直以追古誼，一於此獲乎民之具也。起敬起慕，無厭無斁，舉之而人莫敢廢，益之而龜弗克遺。是其獲之也，以心也，不以外也。世可久也，祀可損且益也，在人心者其可泯乎！彼刻楠丹楹，飾則革矣；賜瓚銘鼎，事則誇矣；抑斯堂之所託以不朽者，端不在是。繼自今建隼馮熊之士，接武以幸吾士者，苟惟登斯堂，睹斯像，尚友百世，膏澤下乎民，馨烈昭乎時，則因心之祀，方且日增月衍之未艾，奚止如今日之所觀。一或反是，則車馬羽旄不足以動喜色，詩歌金石不足以文實行，是雖輪奐之美，聲容之盛，百倍於往昔，而斯民之心，亦不過感今而慨古，徒有不勝其思者矣。有土者果何擇耶？二君以書來告，珂不走也，承乏而亟代，已無乎此，抑人有公言，蓋所以望夫居位者也，使斯言而常存也。則凡三日之謁，二序之薦，每一見之者，必且肅然動心，思有以大慰乎邦人之願，珂也蓋亦有斯須經始之榮焉。孔子曰：「見賢思齊。」顏子曰：「舜何人也，予何人也，有為者亦若是。」後之為政者，捨孔、顏其何師？用瑑樂石，以聲民意。寶慶元年四月辛卯朔，朝奉大夫、司農少卿、總領浙西江東財賦淮東軍馬錢糧、專一報發御前軍馬文字兼提領措置屯田，岳珂記並書。

　　又詩云：傑宇翬聯接孔牆，盛朝人物仰堂堂。憑熊曾識棠陰茇，曦驥何堪粃政揚。配祀有人存摺檻，奉祠無路愧題梁。平山遺像猶多闕，幸趁春風薦羽觴。〔冊六九卷七二三六頁一十八陽〕（《輯佚》四八五頁）

　　《宋史》中岳珂無傳，其事蹟散見於本人有關著作和《宋史‧岳飛傳》，《全宋詩》載：「岳珂（1182～），字肅之，號亦齋，東幾，晚號倦翁，湯陰人間（今屬河南）人，僑居江州（今江西）九江。飛孫，霖子。寧宗嘉泰二年（1202），以蔭監鎮江府戶大軍倉，曾預開禧北征之役。因預知北征之弊，於戰敗後召為朝官，歷司農寺主簿、光祿丞、太官令。嘉定十年，由大農丞權知嘉興府。十二年為江南東路轉運判官。十四年除軍器監丞、淮南路總領（《景定建康志》卷二六），並多次攝知鎮江府。理宗紹定六年（1233），因元夕詩為門人韓正倫文

致告訐，獲罪罷官。嘉熙二年（1238），起爲湖廣總領。三年，提舉江州太平興國官。四年，復起爲淮南江浙荊湖八路制置茶鹽使，兼知太平州。淳祐元年（1241），以鹽官劾橫斂罷，居吳門。卒年六十餘。珂好文學，喜書法。與劉過，辛棄疾有交往。有《岳鄂王行實編年》二卷，《金佗粹編》二十八卷、續編三十卷，《桯史》十五卷，《愧郯錄》十五卷等傳世。《玉楮集》八卷，係自編嘉熙二年至四年之詩，取《列子》刻玉爲楮三年而成之意。另《棠湖詩稿》一卷，收《宮詞》百首。又有《寶眞齋法書贊》二十八卷，其中保存了不少文獻。」〔註20〕

《宋史・藝文志》中記錄岳珂的著作有：《籲天辯誣》五卷，《鄂國金陀粹編》二十八卷（同前，卷二百○三）清代《四庫全書》中收錄有岳珂的著作有：《桯史》《愧郯錄》《玉楮集》《寶眞齋法書贊》《三命指迷賦》（舊題宋岳珂補注）《金佗粹編》《金佗續編》《九經三傳沿革例》《春秋名號歸一圖》（後蜀馮繼先撰，宋代岳珂重編），這些著作中皆未見收錄有岳珂的《思賢堂記》及爲思賢堂所作詩，因此，這應當是岳珂現存作品的一篇佚文和一首佚詩，尤其岳珂爲思賢堂所作的這首詩，《全宋詩》亦未收錄，具有珍貴的輯佚價值。

《思賢堂記》長達一千兩百多字，其中清楚地記述岳珂攝守揚州時思賢堂建造的來龍去脈，從中可窺岳珂在揚州地方從政經歷，更重要的是通過該篇紀文我們可以瞭解到岳珂的從政尤其是做地方官的理念，這些內容皆可補正史之缺，是不可多得的文獻資料。此外，通過有關思賢堂的佚文，可佐證、補充正史，校正後世方志的一些記載不準確的地方。如清嘉慶《重修揚州府志・秩官二》中記載：「淮東總領，始於建炎間。掌措置移運軍糧以充朝官。岳珂、吳淵：端平三年淮東總領財賦。」〔註21〕此記載不甚準確。據《宋史》記載：「（理宗二年）五月壬子，詔岳珂戶部侍郎，依前淮東總領兼制置使。」〔註22〕理宗元年爲寶慶元年，是則寶慶二年以前，岳珂就已擔任淮東總領。《大典》本《思賢堂記》末有：「寶慶元年四月辛卯朔，朝奉大夫、司農少卿、總領浙西江東財賦淮東軍馬錢糧、專一報發御前軍馬文字兼提領措置屯田，岳珂記並書。」的落款，寶慶元年即爲理宗元年，此記錄可爲《宋史》記載之佐證。

〔註20〕 北京大學古文獻研究所編：《全宋詩》卷二○五三，北京大學出版社1991年7月第1版。

〔註21〕 （清）阿克當阿修，姚文田等纂：嘉慶《重修揚州府志》卷三十六，《中國方志叢書》據嘉慶十五年刊本影印，臺北成文出版社1985年版。

〔註22〕 《宋史》卷四十一，中華書局1977年11月第1版。

　　岳珂的這篇《思賢堂》記中有著非常突出的民本思想，並強調有執政者有土有勢不如有德，得民心方能長久。開篇即云：「有土而祀於國，其享以世，古之制也。有德而祀於學，世逾久而德逾尊，其享以人，雖戾乎古，因民心也。國之祀有常，世盡而毀，禮極而殺，徵而載主，遷而勝社，所以祀者，惟其有是土也。德降而殫，衛絕以家，紀去其國，泯然而民莫之思，則昔之祀者勢也，非心也。民之祀無常，因時而置，守令設邸而朝京師，獻酬奉祀，一於王室，其有土者固不必有祀也，遺烈在焉。桐鄉之祠，睢陽之廟，雖閱千歲，常如一日，則後之祀者，非復繫乎土也，心而已耳。是故恃德者綿，恃物者遷。綿綿者常足以動夫人之加勉，一物之失所恃，則晉楚之富，齊秦之強，終不能一日強附於天下，此天理世變之相為低昂，而非特關乎區區鐘鼓俎豆之末。」結合祠祀之事，論德與勢之得失，說理深刻。

　　文章中又云：「夫尚安靖以壽國脈，起艱危而定邦紀，振斯文以植名教，守遺直以追古誼，一於此獲乎民之具也。起敬起慕，無厭無斁，舉之而人莫之敢廢，益之而龜弗克遺，是其獲之也。以心也，不以外也。世可久也，祀可損且益也，在人心者其可泯乎！」稱諸賢最大的收穫在於得民心，而不在於外在的功利。接著云：「彼刻楠丹楹，飾則革矣；賜瓚銘鼎，事則誇矣；抑斯堂之所託以不朽者，端不在是。繼自今建隼馮熊之士，接武以幸吾土者，苟惟登斯堂，睹斯像，尚友百世，膏澤下乎民，馨烈昭乎時，則因心之祀，方且日增月衍之未艾，奚止如今日之所觀。」說明思賢堂的不朽之處，不在堂本身建設與擺設，而在於思賢堂的諸賢的道德能夠流傳後世，士人受到感化，能夠有益百姓。

　　岳珂攝守揚州時，在原「七賢堂」的基礎上，重建「思賢堂」，祀有宋以來十二賢人。前面七賢人本文前節已作考釋，現在考釋岳珂增祀的五位賢人如下：

　　正獻杜公衍，孝肅包公拯，忠穆呂公頤浩，萬曆《揚州府志‧秩官中》均有載：「杜衍，字世昌，越州山陰人，初授揚州觀察推官後知揚州。章獻太后遣使安撫淮南，還，未及他語，即詢衍安否。使以治狀對太后歎曰：『吾知之久矣。』衍聽訟明敏而審覈甚精，其簿書出納，推折毫髮。吏不得緣為奸。及其施於民者，則簡而易行，言論風旨，惟忠惟恕，不為斬斬，其治獄自以為不免，後入相，卒，諡正獻。

　　包拯，字希仁，合肥人。知揚州，性嚴重，不輕言笑。民有事得徑造庭下陳曲直，吏不敢欺。時天長縣有訴盜割牛舌者，拯曰殺而鬻之，頃有

來告私殺牛者。拯曰何爲割牛舌而又告之，盜驚服。累遷樞密副使，諡孝肅。

呂頤浩，字元直，齊州人。高宗即位除知揚州。頤浩修築城池政績甚著。時劇賊張遇眾數萬。屯金山，縱兵焚掠。頤浩單騎造其壘，諭以逆順，賊釋甲降。進吏部尚書，會金人逼揚州。車駕南渡鎮江，召從臣問去留。頤浩叩首，願且留此爲江北聲援，不然敵勢渡江事愈急矣。駕幸錢塘，拜同簽樞密院事，江淮兩浙制置使。」〔註23〕

內翰王公禹偁，與質肅唐公介，萬曆《揚州府志》不見記載，清嘉慶《重修揚州府志·秩官二》載：「王禹偁，濟州鉅野人，以諫孝章梓宮事罷知滁州，移知揚州。案：孝章後卒於至道元年，其知揚州在滁州後，則至道二年也。《皇朝類苑》云：「眞宗初即位，召王禹偁於揚州，後復知制誥。《九朝編年》云：至道三年冬十二月，以王禹偁知制誥。眞宗三月即未改元，故仍稱至道三年。唐介，江陵人，至和元年（知揚州）」同書《宦迹一》載：「王禹偁，字元之，濟州鉅野人。至道元年爲翰林學士，罷知滁州，移知揚州。眞宗即位禹偁上疏言五事召還復知制誥。咸平初，出知黃州，奏江淮諸州大患，有三城池墮圮一也。兵仗不完二也。軍不服習三也。望陛下特紆宸斷，許江淮諸郡酌民戶眾寡、城池大小，並置守捉軍士，多不過五百人。閱習弓劍，然後漸修葺城壁，繕完甲胄。則郡國有禦之備，長吏免剽略之虞矣。疏奏，上嘉納之。《宋史》二百九十三。《嘉靖志》云：禹偁，在揚政治暇，每遊詠名勝諸迹，遂以入興辭稱重雲。唐介字子方，荊南人，爲殿中侍御史，出知揚州，歷江淮發運使。神宗即位，拜參知政事。神宗欲用王安石。介謂：安石果用天下困擾必矣。數與安石爭論上前，不勝憤悶，疽發背而卒。《東都事略》七十三。劉摯《唐質肅神道碑》云，至和元年，知揚州辭日，帝諭曰：「卿孤立不移所守，今雖在外，無忘規補賜服三品，見劉忠肅集。」〔註24〕

杜衍知揚州吏事精明，施與民者，則簡單易行，言論不違忠恕之道；包拯知揚州亦爲民做主，吏不敢欺，盜賊驚服；呂頤浩修築城池、政績甚著，單騎降賊，又不畏金兵，留守揚州，聲援江左；王禹偁上疏建言江淮守備之事，爲當時要務；唐介爭論時務，憂憤而卒。《寶祐志》「思賢堂」條佚文稱

〔註23〕 （明）楊洵修、徐鑾纂：《揚州府志》卷九，《北京圖書館古籍珍本叢刊25》，書目文獻出版社 2000 年 7 月版。

〔註24〕 （清）阿克當阿，姚文田等纂：嘉慶《重修揚州府志》卷三十六，《中國方志叢書》據嘉慶十五年刊本影印，臺北成文出版社 1985 年版。

後增祀之五賢「學術名節亦七賢之亞」，然此五賢皆北宋之名臣，其學術名節當有不遜於七賢者矣。

臺門。唐光啓初，揚州署門屋自壞，故隋之行臺門也。〔冊四九卷三五二七頁二　九眞〕（《輯佚》四九三頁）

此門後志中不見載，估計宋以後已經不存，《寶祐志》的記載保留的這條有關宮室方面的資料，有一定的價值。

【倉廩】：

常平省倉，舊名南倉，在今登賢坊之南。前乾道四年，帥守莫公濛建。淳熙十五年，帥守鄭公興裔修，並建門屋三楹。歲久頹圮。紹定間，制使翟公朝宗葺而新之，又創屋四十楹。〔冊七九卷七五○七頁十九　十八陽〕（《輯佚》四八八頁）

富安倉，舊名轉般，在常平省倉之南，慶元二年，帥守趙公鞏被旨重建。嘉熙三年，制使趙公葵更名，交受屯田倉。〔冊八十卷七五一二頁二十三　十八陽〕（《輯佚》四八九頁）

大軍倉，舊名北倉，在北門內。淳熙間帥守鄭公興裔修，並建門屋三楹，以大軍券米貯焉。淮東總所專委監倉官一員，任責收支。〔冊八七卷七五一六頁四　十八陽〕（《輯佚》四八九頁）

北新倉，在崇德坊。嘉定十年，帥守崔公興之建。以椿管朝廷科降糧米，又名椿管倉。十三年帥守鄭公損增創廠屋。〔冊八一卷七五一六頁十三　十八陽〕（《輯佚》四九一頁）

平糴倉，在城隍廟之南，舊爲備禦材場。寶祐元年，大使賈公似道請於朝，建廠屋三十楹，受米十萬餘碩，以備振糴。〔冊八一卷七五一四頁十一　十八陽〕（《輯佚》四八九頁）

嘉靖《惟揚志·戶口志》之「儲備志」下載：「揚州府宋常平省倉在登賢坊之南，富安倉在常平省倉之南，北新倉在崇德坊，新糴倉和糴倉並附富安倉，平糴倉在城隍廟南，寶祐元年大使賈公似道建廠屋三十楹，受米十萬餘石，以備賑糴。」〔註25〕嘉靖《惟揚志·軍政志》載：「大軍倉，在大城北隅。」（同前，卷十）其記載宋代諸倉，除平糴倉外，皆僅記各倉之地點，與《寶祐志》的記載完全而上述諸倉明萬曆《揚州府志》、清康熙《揚州府志》、雍正《揚州府志》、嘉慶《揚州府志》中，均未見記載。《寶祐志》對倉之舊名、地點、修建人、沿革、規模的記載比較詳細，是珍貴的宋代倉廩資料，對於我們瞭解揚州倉廩的歷史有重要的價值。上述諸倉除「大軍倉」外，皆爲惠民濟民之倉，嘉靖《惟揚志·儲備志》載：「十二荒政，散利是先，九年力耕。餘食斯富。蓋旱乾水溢，天變靡常，常飢饉流移，人窮可憫，夫惟職思其憂。是故先事有備，斂之有法。

〔註25〕　（明）朱懷幹修，盛儀纂：嘉靖《惟揚志》卷八，《天一閣藏明代方志選刊》，1963年9月上海古籍書店據寧波天一閣藏明嘉靖藏本影印。

取而不貪，散之以時。惠而不費，事猶存乎古意，志以重夫民天。」（同前，卷八）道出了古人設倉濟民，主要目的在於備荒賑饑。

寶祐《惟揚志》中關於平糴倉的記載中還保留有一篇賈似道所撰《維揚平糴倉奏狀》，陳述了創始平糴倉之意，對於我們全面瞭解賈似道的為官，頗有些價值。這篇奏狀應當是賈似道任兩淮宣撫大使時所作，賈似道是宋末弄權誤國的姦臣，但從這篇奏狀中似能看出賈似道此時尚有些恤民之意。狀云：

實邊在民，聚民在食，蓄食在豫。此求牧與芻者，所當仰體視饑由己之仁也。嗟我淮人，生意餘幾，荒煙平野，戎馬莘之，其得食上之毛者，惟附城依險之地。然而後春哨而即功，農時已少失；先秋防而避狄，農事難備收。幸而邊鄙不聳，水旱無作，則一飽直僅僅爾。二者有一焉，則野有殍矣。其未至於殍者，強而盜，弱而流，潛行於湖瀼，溢出於江南皆是也。為牧守者抑亦坐而視其然歟？先是維揚固亦仰浙西之食者，然各路官司終有分秦越之心，式亦仰高沙之敗者，然嗜利商賈，乃得制短長之命，獨不曰：『我當自執其柄乎？』李悝之法，熟而斂，饑而散。耿壽昌之法，賤而糴，貴而糶，獨不可取其遺意行之乎？臣用是疾首痛心，汲汲夙夜。撙浮費，成鉅積，得糴本可萬斛，歲十月視時直斂而儲之。當八臘不通，年以凶紀則糶；當來年未登，新陳不接則糶；當急入收保，嗷嗷哀鳴則糶；至於尺籍累重之家，所餉不足充所贍則糶。惟粒米狼戾，無俟發廩，則用新闕陳，視平之遇歲豐不易而腐者，此為糶。不求贏止，視糴金微增銖孔，視社倉以二分息，扶本者此為便。凡皆欲求其可常而無弊焉爾。昔蘇軾有云：『千斛在市，物價自平。』一市之價既平，一方之食自足。今百倍千斛矣，後之人續而增多，一方之食不愈足乎？王安石嘗恨士大夫不能講先王之意以合於當世之故，今亦委積遺意矣。後之人培而勿失，先王之意不愈合乎？然臣所以為是者，亦不過仰體皇上視饑由己之仁，俯盡守臣求牧與芻之責而已。臣謹槩具平糴創始之意，聞於公朝，欲乞看詳，行下本州，永永遵守，使來者有考俾勿壞，庶幾邊實民聚，不殍不盜不流，實民之幸，邊之幸，國家之幸。〔冊八一卷七五一四頁六　十八陽〕（《輯佚》四八九頁）

《宋史》記載，淳祐十年（1250），賈似道以端明殿學士移鎮兩淮，年始三十餘。據佚文，此奏狀當呈於寶祐元年其鎮兩淮以後（1253）。《宋史·姦臣傳四》中載有賈似道為官經歷：「……，寶祐二年，加同知樞密院事、臨海君開國公，威權日盛……，四年加參知政事。五年，加知樞密院。六年，改兩淮宣撫大使。」〔註26〕所以，賈似道任兩淮宣撫大使應在寶祐六年，而此條佚文稱「寶祐元年，大使賈公似道請於朝」，是則其上疏朝廷應在其任兩淮宣輔大使之前。蓋賈似道寫此狀時以端明殿學士移鎮兩淮，此時尚未達到後來「威權日盛」的地步。但是，至景定元年（1260）賈似道就已經盤剝百姓並且專權

〔註26〕《宋史》卷四百七十一，中華書局 1977 年 11 月第 1 版。

到十分跋扈的地步了。《宋史・姦臣傳》稱：「似道入，逐盧、董所薦林光世等，悉罷之，勒外戚不得爲監司、郡守，子弟門客斂迹，不敢干朝政。由是權傾中外，進用群小。取先朝舊法，率意紛更，增吏部七司法。買公田以罷和糴，浙西田畝有直千緡者，似道均以四十緡買之。數稍多，予銀絹；又多，予度牒告身。吏又恣爲操切，浙中大擾。有奉行不至者，提領劉良貴劾之。有司爭相迎合，務以買田多爲功，皆繆以七八斗爲石。其後，田少與磽瘠、虧租與佃人負租而逃者，率取償田主。六郡之民，破家者多。包恢知平江，督買田。至以肉刑從事。復以楮賤作銀關，以一準十八界會之三，自製其印文如「賈」字狀行之，十七界廢不用。銀關行，物價益踴，楮益賤。秋七月，彗出柳，光燭天，長數十丈，自四更見東方，日高始滅。臺諫、布韋皆上書，言此公田不便，民間愁怨所致。似道上書力辯之，且乞罷政。帝勉留之曰：『公田不可行，卿建議之始，朕已沮之矣。今公私兼裕，一歲軍餉，皆仰於此。使因人言而罷之，雖足以快一時之議，如國計何！』有太學生蕭規、葉李等上書，言似道專政。命京尹劉良貴捃摭以罪，悉黥配之。後又行推排法。江南之地，尺寸皆有稅，而民力弊矣。」〔註27〕

　　此時的賈似道與寶祐《惟揚志》中的這篇奏狀行徑反差頗大。大概其爲官前期有時尚能思盡其責，有益於民。但由於其初擢太常丞、軍器監時即「益恃寵不檢」，而後期隨著權勢日重，又「進用群小」，終至爲一代姦臣。然而愚者千慮，或有一得，若賈似道能始終以《維揚平糴倉奏狀》中的用心爲政的話，也許不致給宋王朝帶來如此大的損失。

　　周元作《南倉記》：國家駐蹕東南，兩淮實爲邊境，惟楊椿積倉儲粟，常五十餘萬。歷歲滋久，闕於繕修，浸淫歲時，頹垣敗壁，飄飄風雨，儲粟因以紅腐。前後掌守，謂粟有定額，慮於虧耗，第第相諉，莫敢有請。紹定戊子，制置安撫使翟公朝宗，建閫是州，安集流民，修飭邊備，又創立制勇一軍，廩給教閱，以狀軍聲。興滯補弊，百廢俱舉。乃曰：『積貯天下大命，漢唐盛時，皆實粟塞下，以備兵食。矧在今椿積一倉，尤廟堂所加意，而任其傾圮腐敗若此，豈所以體上意哉！』遂諷諸僚屬，請修於朝。明年春，得旨意，命總持岳公珂、漕使任公繹委官盤檠積粟，增修廐宇。於是公得以力任其責，涓辰鳩工，度才庀事。凡梁棟之摧撓者、欀橡之朽壞者、樓屋壁垣之欹傾圮夷者，撤而新之；間有材植不蠹，間架尤全者，亦隨葺之。計一百二十五間，新創四十楹，增壯於舊。凡爲工三萬一千有奇，費緡八萬餘，用米幾千斛。自己丑三月上澣興工，至秋莫告成。民不知役，兵樂從事。人皆謂公非忠於體國，厚於實邊，重於養兵，切於衛民，必不汲汲於此，蓋一舉而仁人禦邊之善具焉。是役也，前觀察推官章至

〔註27〕　《宋史》卷四百七十一，中華書局 1977 年 11 月第 1 版。

興、錄事參軍吳鎧同董斯役。元寓居於此，獲睹廉使茲舉之偉，期俾後人更相繕葺，爲邊儲永久之利，是不可不紀。敢僭述興工之難，以爲之記。紹定庚寅二月五日立，迪功郎、新慶元府司戶參軍周元撰並書，迪功郎、揚州司戶參軍季著篆額。〖冊八一卷七五一六頁八　十八陽〗（《輯佚》四九一頁）

　　周元所作《南倉記》，記述了理宗紹定年間（1228～1233），制置安撫使翟朝宗增修椿積倉之經過。《宋史》中翟朝宗無傳，而這篇《南倉記》關於朝宗的記載可爲補充，同時亦可與《宋史》的相關記載相印證。

　　據《宋史·李全上》載：「紹定元年春，全厚募人爲兵，不限南北，宋軍多亡應之。天長民保聚爲十六砦，比歲失業，官振之，不能繼，壯者皆就募。射陽湖浮居數萬家，家有兵仗，侵掠不可制，其豪周安民、谷汝礪、王十五長之，亦蜂結水砦，以觀成敗。翟朝宗知揚州，權制置。全厚賞捕趙邦永，邦永乃變名必勝。全知東南利舟師，謀習水戰，米商至，悉並舟羅之。留其柁工，一以教十。又遣人泛江湖市桐油黏筏，厚募南匠，大治艦船，自淮及海相望。於是善湘禁桐油黏筏下江，嚴甚。朝宗市黏木往揚州，善湘亦聞於朝，請以松木易留之。全不得已，代以榆板，舟成多重滯。」〔註28〕《南倉記》中云：「紹定戊子，制置安撫使翟公朝宗，建閫是州。」與《宋史》中所載相合。

　　《南倉記》云翟朝宗增修椿積倉時，「凡梁棟之摧撓者、懷椽之朽壞者，樓屋壁垣之欹傾圮夷，撤而新之；間有材植不蠹，間架尤全者，亦隨葺之。計一百二十五間，新創四十楹，增壯於舊。」說明椿積倉重修，增修時必定耗費大量木材。而《宋史》中稱：「朝宗市黏木往揚州，善湘亦聞於朝，請以松木易留之。」（同前，卷四百七十七）在紹定元年，買黏木運往揚州，應當是修倉之用。而善湘奏請朝廷以松木易留之，說明該倉可能多爲松木建成，而宋代建倉大概以黏木爲憂。

　　《宋史·李全下》中還有一些關於翟朝宗的記載：「（紹定三年八月）會全糴麥舟過鹽城縣，朝宗嗾尉兵奪之。全怒，以捕盜爲名，庚午，水陸數萬徑擣鹽城，戍將陳益、樓強皆遁，全入城據之。知縣陳遇逾城走，公私鹽貨皆沒於全。朝宗倉皇遣幹官王節入鹽城，懇全退師；又遣吏曾玠、李易入山陽，求楊氏里言之助，皆不答。朝宗乃遣卞整領兵扼境。全留鄭祥、董友守鹽城，提兵往楚。整與遇麾軍道左，擊柝聲諾。全言於朝，稱遣兵捕盜過鹽城，令

─────────────

〔註28〕《宋史》卷四百七十六，中華書局 1977 年 11 月第 1 版。

自棄城遁去，慮軍民驚擾，未免入城安眾。乃加全兩鎮節，令釋兵，命制置司幹官耶律均往諭之。全曰：『朝廷待我如小兒，啼則與果。』不受。朝廷為罷朝宗，謀再用紹雲，紹雲辭以官卑不能制；命鄭損，損辭。通判揚州趙敬夫暫攝事。」（同前，卷四百七十七）可見朝宗確非將帥之才。但《南倉記》稱其：「安集流民，修飭邊備，又創立制勇一軍，廩給教閱，以狀軍聲。興滯補弊，百廢俱舉。」雖有溢美之詞，至少說明其在揚州任職期間，還是頗有政績的。

【人物】：

寶祐《惟揚志》中共收錄人物類佚文五條，為南朝宋、唐代和宋代時人物，現考釋如下：

陳憲，廣陵人。元嘉二十七年，虜主佛狸攻圍懸瓠，憲行汝南郡事，嬰城自守。虜多作高樓，施弩以射城內，飛矢雨下，城中負戶以汲。又毀佛圖取金像以為大鉤，施之衝車端以牽樓。作蝦蟆車以填塹。憲督勵將士，固女城而戰，賊死者屍與城等。〖冊四四卷三一三三頁一 九眞〗（《輯佚》四九四頁）

《宋書・文九王》中有此記載：「索虜大帥拓跋燾南侵陳、潁，遂圍汝南懸瓠城。行汝南太守陳憲保城自固，賊書夜攻圍之，憲且守且戰，矢石無時不交。虜大鉤，施之衝車端，以牽樓堞。城內有一沙門，頗有機思，輒設奇以應之。賊多作蝦蟆車以填塹，肉薄攻城。憲督屬將士，固女牆而戰。賊之死者，屍與城等，遂登屍以陵城，短兵相接；憲銳氣愈奮，戰士無不一當百，殺傷萬計，汝水為之不流。相拒四十餘日，鑠遣安蠻司馬劉康祖與寧朔將軍臧質救之，虜燒攻具走。」〔註29〕

《寶祐志》中有關陳憲的記載與宋書內容大致相同，但稍有節略，佚文中「作蝦蟆車以填塹」一句前面脫一「賊」字，《南史》此句作「魏人以蝦蟆車填塹」，所載陳憲事與《宋書》基本相同。萬曆《揚州府志・名臣列傳》中的記載與《寶祐志》完全相同，應是錄自《寶祐志》的內容。陳憲也因其英勇守城而收到嘉獎，《宋書・索虜》載：「太祖（文皇帝）嘉憲固守，詔曰：『右軍行參軍、行汝南新蔡二郡軍事陳憲，盡力捍禦，全城摧寇，忠敢之效，宜加顯擢，可龍驤將軍、汝南新蔡二郡太守。』又以布萬匹委憲分賜汝南城內文武吏民戰守勤勞者。」（同前，卷九十五）陳憲當是以其為廣陵人，而被收入寶祐《維揚志》。

〔註29〕《宋書》卷七十二，中華書局 1974 年 10 月第 1 版。

唐劉肅，元和中爲江都主簿。馬挺，江都主簿，與武進申堂構十八，皆有詩名。韓思彥，初授監察御史，待詔弘文館，以李義府與諸武共譜，出爲山陽丞、建州司戶參軍，復召爲御史，俄出爲江都主簿。【冊一百五四卷一四六〇頁一　六暮】（《輯佚》四九五頁）

寶祐《惟揚志》「縣主簿」類內容當載於該志「秩官志」中。現存天一閣本嘉靖《維揚志》十三至十八卷缺，恰爲「秩官志」與「秩官傳」。清嘉慶《重修揚州府志·秩官一》中載：「劉肅、馬珽。並江都主簿，見藝文志。韓思彥，江都主簿，見本傳。〔註30〕

《新唐書·藝文二》載：「劉肅，《大唐新語》十三卷，元和中江都主簿。」〔註31〕《藝文四》中載：「《包融詩》一卷，潤州延陵人，歷大理司直。二子何、佶齊名，世稱『二包』。何，字幼嗣，大曆起居舍人。融與儲光羲皆是延陵人：曲阿有餘杭尉丁仙芝，綏氏主簿蔡隱丘、監察御史蔡希周、渭南尉蔡希寂，處士張彥雄張潮，校書郎張量，吏部常選周瑀，長洲尉談（寅戈），句容有忠王府倉曹參軍殷遙、硤石主簿樊光、橫陽主簿沈如筠，江寧有右拾遺孫處玄，處士徐延壽，丹徒有江都主簿馬挺、武進尉申堂構，十八人皆有詩名。殷璠彙次其詩，爲《丹陽集》者。」（同前，卷六十六）江都主簿，《嘉慶志》中記作「馬珽」，而《寶祐志》與《新唐書》中均作「馬挺」，可知《嘉慶志》記作「馬珽」有誤。又《大典》本《寶祐志》中「與武進申堂構十八，皆有詩名」，句義不明，參之《新唐書》知「十八」後脫一「人」字。

陳瓘自諫省謫揚州管庫，以論蔡京交結外戚，迕欽聖也。被命數日，欽聖悔悟，遣中使宣諭以非本旨，方且開解，主上召還矣。賜度牒十道，俾勿遽行，繼遂有無爲之命。公以京猶在朝廷，而復言者差遣，是非不辨，不敢祗受。乃京得外補，公乃拜命。後卒，葬於揚州。【冊四五卷三一四三頁四　九眞】（《輯佚》四九四頁）

陳瓘是宋代有名的諫官，前文已述揚州七賢堂祀之，《宋史》有傳。其人不僅品行值得稱道，學術上不乏著述，《藝文志》中載其著作有：《了齋易說》一卷。自撰《陳瓘墓誌》一卷。《中說》一卷。《陳瓘集》四十卷。此外，陳瓘男正同編還有《了齋陳先生言行錄》一卷。《寶祐志》中的這段佚文可爲《宋史》中相關內容的補充。《宋史·陳瓘傳》載：「御史龔□擊蔡京，朝廷將逐□，瓘言：『紹聖以來，七年五逐言者，常安民、孫諤、董敦逸、陳次升、鄒浩五人者，皆與京異議而去。今又罷□，將若公道何。』遂草疏論京，未及

〔註30〕（清）阿克當阿等修，姚文田等纂：《揚州府志》卷三十五，《中國方志叢書》據嘉慶十五年刊本影印，臺北成文出版社1974年6月臺一版。
〔註31〕《新唐書》卷六十四，中華書局1975年2月第1版。

上，時皇太后已歸政，瓘言外戚向宗良兄弟與侍從希寵之士交通，使物議籍籍，謂皇太后今猶預政。由是罷監揚州糧料院。瓘出都門，繳四章奏之，並明宣仁誣謗事。帝密遣使賜以黃金百兩，後亦命勿遽去，畀十僧牒爲行裝，改知無爲軍。明年，還爲著作郎，遷右司員外郎兼權給事中。」〔註32〕兩段文字均記錄了瓘罷貶揚州又改知無爲軍一事，而《寶祐志》佚文略詳於《宋史》、《寶祐志》之記載，更顯陳瓘爲官之正直嚴謹。

　　陳良，揚州人。有學行，爲鄉里所推，八貢禮部。治平四年，與子景山同登進士第。良事親孝，既登第而念親之不見也。乃歎曰：「先子令力學起家，今墓木已拱，而予方登第，不乃景山遠矣。」有詩云：「父子聯榮世所稀，予家何幸竊恩輝。自慚不及吾兒甚，得向親前謝綠衣。」王君玉贈詩云：「姮娥丹桂惜雙枝，見說蟾宮影漸稀。龍過禹門和骨換，鳳巢阿閣帶雛飛。石渠典校前芳在，雁塔留題故事稀。莫怪揚人爭洗眼，上林春盡畫船歸。」良終於朝奉郎、秘書丞，景山終於著作郎，有《秘丞集》藏於家。【冊四五卷三一四一頁十二　九眞】（《輯佚》四九四頁）

　　嘉靖《維揚志》載：「陳良，江都人。有學行，爲鄉里所推，八貢禮部。至是與子景山同登進士。良事親孝，既登第而念親之不逮也。乃歎曰：『先子令力學起家，今墓木已拱，而予方登第，不及景山遠矣。』有詩曰：『自慚不及吾兒甚，得向親前謝綠衣。』良仕終於朝奉郎、秘書丞，景山終於著作佐郎，有《秘丞集》藏於家。陳景山，見上。」〔註33〕陳良事親孝，登第後，念親之不逮，遂慨而賦詩。《嘉靖志》所載與《寶祐志》基本相同，其關於陳良的記錄應當是沿襲《寶祐志》而來，但略微簡略一些，且《寶祐志》保留王君所贈之詩，爲《嘉靖志》所無，《大典》佚文爲我們保留了更多有關江都學士陳良的資料。

　　宋公庠在揚州，使工甓堂塗，取厄酒輿之。後知誤取，庠使立賞之，而取予者皆被罰。【冊一百二四卷一萬○四　二十有】

　　宋公庠，《宋史・宋庠傳》載：「宋庠，字公序，安州安陸人，後徙開封之雍丘。……庠與宰相呂夷簡論數不同，凡庠與善者，夷簡皆指爲朋黨，如鄭戩、葉清臣等悉出之，乃以庠知揚州。未幾，以資政殿學士徙鄆州，進給事中。」〔註34〕嘉慶《揚州府志・秩官二》載：「宋庠，安州安陸人。呂夷簡

〔註32〕《宋史》卷三百四十五，中華書局 1977 年 11 月第 1 版。
〔註33〕（明）朱懷幹修，盛儀纂：嘉靖《惟揚志》卷二十一，《天一閣藏明代方志選刊》，1963 年 9 月上海古籍書店據寧波天一閣藏明嘉靖藏本影印。
〔註34〕《宋史》卷二八四，中華書局 1977 年 11 月第 1 版。

指鄭戩、葉清臣與庠爲朋黨，乃以庠知揚州。案，宋庠、鄭戩罷在慶曆元年五月，庠知揚州，即是時。」〔註35〕嘉慶志所載與正史相吻合，且推知宋庠知揚州時間在慶曆元年五月。正史載其「自應舉時，與祁俱以文學名擅天下，儉約不好聲色，讀書至老不倦。」佚文記錄了他在揚州爲官時的一則軼事，內容不多，但卻見其清廉之風，可作正史的補充。

【仙釋】：

宋泰始七年，伯玉夢太祖乘船在廣陵北渚，見上兩被下有翅不舒。伯玉問何當舒，上曰：「卻後三年。」伯玉夢中自謂是咒師，向上唾咒之，凡六咒，有六龍出，兩被下翅皆垂還而復斂。元徽元年而太祖破桂陽，威名大震；五年而廢蒼梧。太祖謂伯玉曰：「卿時乘之夢，今且效矣。」【冊一百三六卷一三一三九頁八　一送】（《輯佚》四九五頁）

《南齊書·荀伯玉傳》載：「荀伯玉，字弄璋，廣陵人也。祖永，南譙太守。父闓之，給事中。伯玉少爲柳元景撫軍板行參軍，南徐州祭酒，晉安王子勛鎮軍行參軍。」〔註36〕由是可知，荀伯玉爲廣陵人，晉之廣陵即後之揚州，因此寶祐《惟揚志》中收錄有此人的事蹟。其本傳載：「初，太祖在淮南，伯玉假還廣陵，夢上廣陵城南樓上，有二青衣小兒語伯玉云：『草中肅，九五相追逐。』伯玉視城下人頭上皆有草。泰始七年，伯玉又夢太祖乘船在廣陵北渚，見上兩被下有翅不舒。伯玉問何當舒，上曰：『卻後三年。』伯玉夢中自謂是咒師，向上唾咒之，凡六咒，有六龍出，兩被下翅皆舒，還而復斂。元徽二年而太祖破桂陽，威名大震；五年而廢蒼梧。太祖謂伯玉曰：『卿時乘之夢，今且效矣。』」（同前）

佚文中關於荀伯玉的夢的內容與《南齊書》記載基本相同，《南齊書》中所記之夢有兩個，而佚文中僅收錄了後面一個，且個別字句略有差異。馬氏《輯佚》中「凡六咒，有六龍出，兩被下翅皆垂，還而復斂」一句，文意不通，既然「兩被下翅皆垂」，又如何會「還而復斂」，《南齊書》中爲「凡六咒，有六龍出，兩被下翅皆舒，還而復斂」文意合理，當以爲正。佚文中「兩被下翅皆垂」的「垂」蓋「舒」字之誤也。佚文中「元徽元年而太祖破桂陽」在《南齊書》中爲「元徽二年太祖破桂陽」。《南齊書·本紀第一》記載：「明帝誅戮蕃戚，江州刺史桂陽王休範以人凡獲全。及蒼梧王立，更有窺窬之望，

〔註35〕（清）阿克當阿修，姚文田等纂：嘉慶《重修揚州府志》卷三十六，《中國方志叢書》據嘉慶十五年刊本影印，臺北成文出版社1985年版。
〔註36〕《南齊書》卷三十一，中華書局1972年1月第1版。

密與左右閹人於後堂習馳馬，招聚士眾。元徽二年五月，舉兵於尋陽，收略官民，數日便辦士眾二萬人，騎五百匹。發盆口，悉乘商旅船舫。」（同前，卷一）江州刺史桂陽王休範於元徽二年五月舉兵反，後爲太祖所平。因此，佚文「元徽元年，太祖破桂陽」中的「元徽元年」當爲「元徽二年」之誤。

荀伯玉追隨齊太祖蕭道成可謂盡心盡力，故爲齊太祖所器重。其早年曾以「賣卜自業」，也曾爲太祖卜過卦，其傳記中所載夢境，眞假莫辨，而《寶祐志》予以收錄，應屬奇聞逸事一類。

> 廬江尉李侃外婦崔氏，本廣陵倡家女。崔酷嗜音，常以絃歌自娛。女弟茝鼓箏絕妙，年十七未嫁而卒。崔長女適邑人丁元夫，不甚聰慧。幼時母生二女，教其藝，莫究其妙，女每念其姨不能以神力祐助。每節朔舉觴祀祝，如此者八歲。開成五年四月三日，夢姨語曰：「我在冥司，簿屬教坊。授曲於博士李元憑，汝之情懇我所知。汝翌日掃灑一室，虛列酒果，髣髴如有所見，執箏就坐，閉目彈之，隨指有得。」初授人間曲，十日不得一，此日獲十曲。曲之名品，非人間意，聲調哀怨幽幽然，聞者歔欷，有《廣陵散》等十曲。暮訣去，數日復來曰：「吾聞揚州連帥取汝，恐有謬誤，汝可一彈。」又留一曲曰《思歸樂》。無何，州府果令送至揚州。廉察使議表其事，其女尋卒。〖冊一三五卷一三一三五頁二十五　一送〗（《輯佚》四九五頁）

《太平廣記‧雜傳記六》中有這段記載，《雜傳記六》第一篇爲唐牛僧孺所撰《周秦行紀》，第二篇即爲此段佚事，題爲《冥音錄》，內容要詳細得多，現錄其文如下：

> 廬江尉李侃者，隴西人，家於洛之河南。太和初，卒於官。有外婦崔氏，本廣陵倡家，生二女，既孤且幼，孀母撫之以道，近於成人，因寓家廬江。侃既死，雖侃之宗親居顯要者，絕不相聞。廬江之人，咸哀其孤藐而能自強。崔氏性酷嗜音，雖貧苦求活。常以絃歌自娛。有女弟茝奴，風容不下，善鼓箏，爲古今絕妙，知名於時。年十七，未嫁而卒，人多傷焉。二女幼傳其藝。長女適邑人丁玄夫，性識不甚聰慧。幼時，每教其藝，小有所未至，其母輒加鞭棰，終莫究其妙。每心念其姨曰：『我姨之甥也，今乃死生殊途，恩愛久絕。姨之生乃聰明，死何蔑然，而不能以力祐助，使我心開目明，粗及流輩哉？』每至節朔，輒舉觴酹地，哀咽流涕，如此者八歲。母亦哀而憫焉。開成五年四月三日，因夜寐，驚起號泣，謂其母曰：「向者夢姨執手泣曰：『我自辭人世，在陰司簿屬教坊，授曲於博士李元憑。元憑屢薦我於憲宗皇帝，帝召居宮一年。以我更直穆宗皇帝宮中，以箏導諸妃，出入一年。上帝誅鄭注，天下大酺。唐氏諸帝宮中互選妓樂，以進神堯、太宗二宮，我復得侍憲宗。每一月之中，五日一直長秋殿，餘日得肆遊觀，但不得出宮禁耳。汝之情懇，我乃知也，但無由得來。近日襄陽公主以我爲女，思念頗至，得出入主第。私許我歸，成汝之願，汝早圖之。陰中法嚴，帝或聞之，當獲大譴，亦上累於主。』復與其母相持而泣。翼日，乃灑掃一室，列虛筵，設酒果，彷彿如有所見。因執箏就坐，閉目彈之，隨指有得。初授人間之曲，十日不得一曲，此一日獲十曲。曲之名品，

殆非生人之意。聲調哀怨，幽幽然鴉啼鬼嘯，聞之者莫不噓唏。曲有《迎君樂》（正商調，二十八疊）、《槲林歎》（分絲調，四十四疊）、《秦王賞金歌》（小石調，二十八疊）、《廣陵散》（正商調，二十八疊）、《行路難》（正商調，二十八疊）、《上江虹》（正商調，二十八疊）、《晉城仙》（小石調，二十八疊）、《絲竹賞金歌》（小玉調，二十八疊）、《紅窗影》（雙柱調，四十疊）。十曲畢，慘然謂女曰：「此皆宮闈中新翻麴，帝尤所愛重。《槲林歎》《紅窗影》等，每宴飲，即飛球舞盞，爲佐酒長夜之歡。穆宗敕修文舍人元稹撰其詞數十首，甚美，宴酣，令宮人遞歌之。帝親執玉如意，擊節而和之。帝秘其調極切，恐爲諸國所得，故不敢泄。歲攝提，地府當有大變，得以流傳人世。幽明路異，人鬼道殊，今者人事相接，亦萬代一時，非偶然也。會以吾之十曲，獻陽地天子，不可使無聞於明代。」於是縣白州，州白府，刺史崔璹親召試之，則絲桐之音，槍鏦可聽，其差琴調不類秦聲。乃以眾樂合之，則宮商調殊不同矣。母令小女再拜，求傳十曲，亦備得之，至暮訣去。數日復來曰：「聞揚州連帥欲取汝，恐有謬誤，汝可一一彈之。」又留一曲曰《思歸樂》。無何，州府果令送至揚州，一無差錯。廉使故相李德裕議表其事，女尋卒。〔註37〕

　　《太平廣記》中崔氏女弟傳其長女的曲目共有十首：《迎君樂》（正商調，二十八疊）、《槲林歎》（分絲調，四十四疊）、《秦王賞金歌》（小石調，二十八疊）、《廣陵散》（正商調，二十八疊）、《行路難》（正商調，二十八疊）、《上江虹》（正商調，二十八疊）、《晉城仙》（小石調，二十八疊）、《絲竹賞金歌》（小玉調，二十八疊）、《紅窗影》（雙柱調，四十疊）、《思歸樂》。而寶祐《惟揚志》中僅收錄《廣陵散》、《思歸樂》兩首。《太平廣記》中崔氏女弟名「莒奴」，《寶祐志》中脫一「奴」字。《四庫全書》版《太平廣記》中崔氏長女「適邑人丁玄夫」，《大典》本《寶祐志》作「適邑人丁元夫」，當是由於宋避始祖趙玄朗名《大典》編者抄錄《寶祐志》志文，未回改也。諱《太平廣記》撰於北宋太平興國二年，次年完成。而寶祐《惟揚志》撰於南宋寶祐年間，志中的這段資料應當是錄自《太平廣記》。《太平廣記》中共有一千多字，而《寶祐志》中僅二百多字。可見作者在收錄這段資料時對原文進行了精簡，說明《寶祐志》在引用《太平廣記》時，並非原文照錄，而是經過加工的。

　　《太平廣記》爲宋代李昉、扈蒙、李穆等奉宋太宗之命編纂，開始於太平興國二年（977），編成於太平興國三年（978），故名爲《太平廣記》。全書500卷，目錄10卷，取材於漢代至宋初的野史小說及釋藏、道經等和以小說家爲主的雜著，屬於類書。《四庫全書總目提要》中載：」《太平廣記》五百卷，宋太平興國二年李昉等奉敕撰，凡分五十五部，所採書三百十五種，古來奇

〔註37〕　（宋）李昉等撰：《太平廣記》卷四百八十九，文淵閣《欽定四庫全書》本。

文秘笈咸在焉。小說家之淵海也。」〔註38〕因此，此書往往成爲志書編纂的重要參考資料是很，《寶祐志》中的多條佚文內容，在《太平廣記》中均可見到。

> 東坡知揚州，夢行山林間爲一隻虎來噬，方驚怖，有紫衣道士揮袖障公，叱虎使去。明日有道士投偈曰：「夜出不至驚畏否？」公曰：「鼠子乃敢爾，來欲杖汝脊，汝謂我不知汝子夜術耶！」道士惶駭而退。〖冊一百三六卷一三一三九十三　一送〗（《輯佚》四九六頁）

此段佚事清代志書如雍正《揚州府志・雜記》中亦有記載，內容如下：「東坡知揚州，夢行山林間爲一隻虎來噬，方驚怖，有紫衣道士揮袖障公，叱虎使去。明旦有道士投偈曰：『夜出不至驚畏否？』公曰：『鼠子乃敢而，正欲杖汝脊，汝謂我不知汝子夜術耶！』道士驚怖而退。」〔註39〕按此段內容出自宋趙與旹《賓退錄》，除個別無關緊要字外，內容與《寶祐志》記載相同。但《雍正志》注明了此段內容出自宋代趙與旹的《賓退錄》，佚文中並未注引用的出處。

《四庫總目提要》中稱，《賓退錄》作者趙與旹「以《宋史・宗室世系》考之，蓋太祖七世孫也。……是書前後皆有與旹題識。前題不署年月，稱平生聞見所及，喜爲客誦之，賓退或筆於牘，故命以《賓退錄》。後題稱閼逢涒灘，蓋成於嘉定十七年甲申也。陳崇禮序稱其從慈湖先生問學，蓋楊簡之門人。然書中惟論詩多涉迂謬，於吟詠之事茫然未解。至於考證經史，辨析典故，則精覈者十之六七，可爲《夢溪筆談》、《容齋隨筆》之續。觀其於王建及花蕊夫人宮詞前後再見，並自糾初考之未詳，知其刻意參稽，與年俱進。前乎是者，有鄭康成之注《禮》注《詩》，後說不遷就前說。後乎是者，有閻若璩之《尚書古文疏證》，後說能訂正前說。得失並存，愈見其所學之加密。蓋惟不自是，所以能歸於是也。視宋人之務自迴護，違心而爭勝負者，其識趣相去遠矣。」〔註40〕認爲此書在考證經史，辨析典故方面還是頗爲精覈的。但《寶祐志》佚文中所引該書資料則屬逸事一類，故後世方志如雍正《揚州府志》將其列入《雜記》之中。

> 開元正月望，明皇謂葉仙師曰：「四方此夕何處極盛？」對曰：「天下無如廣陵。」帝欲一觀。俄虹橋起於殿前，師奏請行，但無回顧。帝步上之，高力士樂官數十從行，俄頃到廣

〔註38〕《四庫全書總目提要》卷十四，文淵閣《欽定四庫全書》本。
〔註39〕（清）尹會一修，程夢星等纂：雍正《揚州府志》卷四十，《中國方志叢書》據雍正十一年刊本影印，臺北成文出版社 1975 年□月臺一版。
〔註40〕《四庫總目提要》卷十三，文淵閣《欽定四庫全書》本。

陵。仕女仰望曰：「仙人現於雲中。」師曰：「請敕樂官奏《霓裳羽衣》一曲。」帝回闕後，廣陵奏云：「上元夜有仙人乘彩雲自西來，臨孝感寺奏《霓裳羽衣》一曲，曲終而去。」上大悅。〔冊一百八三卷二〇三五四頁一 二質〕（《輯佚》四九六頁）

此段佚文在清雍正《揚州府志・雜記》亦有記載：「唐開元十八年正月望，明皇謂葉天師曰：『今夕何處最麗？』對曰：『廣陵。』帝曰：『何術以觀之。』師曰：『可。』俄而虹橋起殿前，板閣架虛欄楯若畫，帝步而上之，高力士及樂官數人從行，步步漸高，頃到廣陵。寺觀陳設之盛，燈火之光照灼基殿。士女鮮麗，皆仰面曰：『仙人現於五色雲中。』帝大悅，敕令伶官奏《霓裳羽衣》一曲，後數日，廣陵果奏云。幽怪錄」〔註41〕清嘉慶《揚州府志》中所載與《雍正志》同，僅出處注爲《元怪錄》，與《雍正志》略異。

現存的《四庫存目叢書》中收錄有《幽怪錄》一卷、附《續幽怪錄》；《四部叢刊》中也有收錄，名爲《玄怪錄》。《四庫全書總目提要》載：「《幽怪錄》一卷（兩淮監鹽政採進本）唐牛僧孺撰。僧儒事蹟具《新唐書》本傳。《唐書・藝文志》作《玄怪錄》。朱國楨《湧幢小品》，曰：牛僧孺撰《玄怪錄》，楊用修改爲《幽怪錄》。因世廟時重玄字，用修不敢不避。其實一書，非刻之誤也。然《宋史・藝文志》載李德裕《幽怪錄》十四卷，則此名爲復矣。《唐志》作十卷，今止一卷，殆鈔合而成，非其舊本。晁公武《讀書志》云，僧孺爲宰相，有聞於世，而著此等書。《周秦行紀》之謗，蓋有以致之也。末附唐李復言《續錄》一卷。考《唐志》及《館閣書目》皆作五卷，《通考》則作十卷，云分仙術、感應一門。今僅殘篇數頁，並不成卷矣。然志怪之書，無關風教，其完否亦不必深考也。」〔註42〕

從上述論述知《玄怪錄》，爲唐代牛僧孺所作，多敘述仙術感應之事，《四庫》著錄本《幽怪錄》出自《重編說郛》，僅存一卷，且是殘篇合成。原名爲《玄怪錄》，《新唐書藝文志》與《太平廣記》中均名《玄怪錄》，後因避宋諱改名。《四庫》本中避康熙帝諱亦名《幽怪錄》，（嘉慶《揚州府志》稱《元怪錄》）但據載改名之事應始自於宋，非《四庫》本始爲。現存《幽怪錄》一卷中恰有記載，寶祐《惟揚志》佚文中所載此段故事名爲「明皇觀揚州上元」，（同前），也有的本子名爲：「開元明皇幸廣陵。」《寶祐志》中「開元正月望」，《雍正志》中作「開元十八年正月望」，「高力士樂官數十從行」《雍正志》引文中作

〔註41〕（清）尹會一修，程夢星等纂：雍正《揚州府志》卷四十，《中國方志叢書》據雍正十一年刊本影印，臺北成文出版社 1975 年□月臺一版。
〔註42〕《四庫全書總目》卷一百四十四，文淵閣《欽定四庫全書》本。

「高力士及樂官數人從行」。文字略有差別，應當是因為所採用的版本不同的緣故，但從文字上看，似以後者所錄較佳。《幽怪錄》一書曾被許多叢書收錄，翻刻版本甚多，必然造成文字上的差異和脫漏。

【藝文】：

【藝文】類佚文多是揚州名宦的詩文，多取自宋唐的筆記、雜記之類，有的佚文內容可與現存的唐宋筆記、文集互校、互補，很有文獻價值。

《大典》本寶祐《惟揚志》【藝文】類佚文中共有三條關於唐代丞相、詩人李紳的佚文。

「李紳鎮廣陵，有少年甚疎簡，來謁，晤對間言曰：「尚書先寄元相公詩云：『悶勸逅辛酒，閒吟短李詩。』且曰：『辛大性逅嗜酒，李十二短而能詩。』」少年即丘度子也。謂李公曰：『短李每憶白二十二丈詩曰：『悶勸平昔酒，閒吟世上詩。』李白、辛大有此狂，見吾感不存舊矣。」【冊七卷八二二頁一　二支】（《輯佚》四九六頁）（下至「右司郎中爨公司旦」條出處皆同）

《新唐書》載：「李紳，字公垂，中書令敬玄曾孫。世宦南方，客潤州。紳六歲而孤，哀等成人。母盧，躬授之學。為人短小精悍，於詩最有名，時號『短李』。蘇州刺史韋夏卿數稱之。」〔註43〕李紳於其時頗有詩名，號稱「短李」，從佚文來看，此名號已為時人習知，可為正史之注腳。嘉慶《重修揚州府志・宦迹一》中有關於李紳鎮揚州的記載：「李紳，字公垂，潤州人。為宣武節度使，蝗不入境。武宗即位，徙淮南。召拜中書侍郎同平章事，進右僕射門下侍郎。四年復節度淮南，卒，謚文肅。紳以文藝節操見用，而屢為怨仇所捃卻，卒能自伸其才以名位終。」〔註44〕此段據《新唐書》而錄，比較簡略。

《唐才子傳》卷六中相國李紳也有記載：「紳，字公垂，亳州人。元和元年武翊黃榜進士，與皇甫湜同年。補國子助教。穆宗召為翰林學士，累遷中書舍人。武宗即位，拜中書侍郎平章事。紳為人短小精悍，於詩特有名，號『短李』。與李德裕、元稹同時，稱『三俊』。集名《追昔遊》，多紀行之作。又《批答》一卷，皆傳。初為壽州刺史，有秀才郁渾，年甫弱冠，應百篇科，紳命題試之，未昏而就，警句佳意甚多，亦有集，今傳。」〔註45〕李紳與李

〔註43〕《新唐書》卷一百七十二，中華書局 1975 年 2 月第 1 版。

〔註44〕（清）阿克當阿修，姚文田等纂：《重修揚州府志》卷四十三，《中國方志叢書》據嘉慶十五年刊本影印，臺北成文出版社。

〔註45〕（元）辛文方：《唐才子傳》，《叢書集成新編》第 101 冊，臺北新文豐出版公司 1985 年版，第 269 頁。

德裕、元稹同時，稱「三俊」，可謂特具詩名者。佚文中的「元相公」即詩人元稹，辛大即辛諤，是孟浩然的同鄉友人，隱居西山。孟浩然名詩《夏日南亭懷辛大》，即爲其所作。

另外還有兩條記載李紳與章孝標在詩文方面交流的佚文：

李相國鎮揚州，請章孝標賦春雪，孝標曰：「六出飛花處處飄，黏窗拂砌上寒條。朱門到曉難盈尺，盡是三軍喜氣銷。」紳覽詩擊節稱賞。〖冊七卷八二二頁一　二支〗（《輯佚》四九九頁）

章孝標及第後作詩《寄淮南李相國紳》云：「及第全勝十政官，金湯鍍了出長安，馬頭漸入揚州路，爲報時人洗眼看。」紳亟以一絕箴之曰：「假金方用眞金鍍，若是眞金不鍍金。十載長安得一第，何須空腹用高心。」〖冊七卷八二二頁一　二支〗（《輯佚》四九八頁）

關於李紳與章孝標之間的詩文往來，《唐才子傳》中亦有記錄，卷六中載：「章孝標　孝標，字道正，錢塘人。李紳鎮淮東時，春雪，孝標參座席，有詩名，紳命箚請賦，唯然，索筆一揮云：『六出花飛處處飄，黏窗拂砌上寒條。朱門到晚難盈尺，盡是三軍喜氣消。』李大稱賞，薦於主文。元和十四年禮部侍郎庾承宣下進士及第，授校書郎。於長安將歸家慶，先寄友人曰：『及第全勝十政官，金湯鍍了出長安。馬頭漸入揚州郭，爲報時人洗眼看。』紳適見，亟以一絕箴之曰：『假金方用眞金鍍，若是眞金不鍍金。十載長安方一第，何須空腹用高心。』孝標慚謝。傷其氣宇窘急，終不大用。大和中，嘗爲山南道從事，試大理評事。仕終秘書正字。有集一卷，傳世。」〔註46〕

佚文中的這三首詩在《全唐詩》中均有收錄，但略有不同。前一首《全唐詩》中題爲《及第後寄廣陵故人（一作寄淮南李相公紳）》：「及第全勝十政官，金鞍鍍了出長安。馬頭漸入揚州路，爲報時人洗眼看。」〔註47〕

佚文「金湯鍍了出長安」一句語意不明，似仍以「金鞍鍍了出長安」爲好，《寶祐志》中收錄的或許是此詩原貌。《全唐詩》中有李紳《答章孝標》詩：「假金只用眞金鍍，若是眞金不鍍金。十載長安得一第，何須空腹用高心。」《全唐詩》中「假金只用眞金鍍」一句，不如《寶祐志》之「假金方用眞金鍍」通順。今人云「鍍金」即由此而來。

其中章孝標賦春雪詩，後世方志也有輯錄。清嘉慶《揚州府志》卷之七十一《雜志一》載：「李相國鎮揚州，請章孝標賦春雪，詩命題於臺盤之上，

〔註46〕（元）辛文房：《唐才子傳》，《叢書集成新編》，臺北新文豐出版公司1985年版，第101冊271頁。

〔註47〕（清）彭定求等編：《全唐詩》卷五〇六，中華書局點校1999年1月第1版。

孝標唯然，索筆一揮云：『六出飛花處處飄，黏窗拂砌上寒條。朱門到曉難盈尺，盡是三軍喜氣銷。』《唐摭言》」從《嘉慶志》可知此條故實，出自《唐摭言》。

後一首詩在《全唐詩》中題爲《淮南李相公席上賦春雪》：「六出飛花處處飄，黏窗著砌上寒條。朱門到曉難盈尺，盡是三軍喜氣消。」第二句「黏窗著砌上寒條」，而《寶祐志》中作「黏窗拂砌上寒條」，一個用「著」字，一個用「拂」字，略有不同。但細思之，似乎以後者爲佳。因「拂」字與上句「飛花處處飄」相合，「拂」字意境輕盈，更有唐人之風。其中所錄詩文與《寶祐志》佚文略異，文中「朱門到晚難盈尺」，《寶祐志》中作「朱門到曉難盈尺」；另一首詩中「馬頭漸入揚州郭」，《寶祐志》中作「馬頭漸入揚州路」，二者相比，似皆以《寶祐志》中文字爲佳。

李相國蔚鎮淮南，李嶸獻詩云：「雞樹煙含瑞氣凝，鳳池波待玉山澄。國人久倚東關望，擬築沙堤到廣陵。」後果入相。〔冊七卷八二二頁一　二支〕（《輯佚》四九七頁）

嘉靖《惟揚志・秩官一》「唐江淮都統」下有「李蔚」之名。《舊唐書・李蔚傳》載：「李蔚，字茂休，隴西人。祖上公，位司農卿，元和初爲陝虢觀察使。父景素，太和中進士。蔚，開成末進士擢第，釋褐襄陽從事。會昌末調選，又以書判拔萃，拜監察御史，轉殿中監。大中七年，以員外郎知臺雜，尋知制誥，轉郎中，正拜中書舍人。咸通五年，權知禮部貢舉。六年，拜禮部侍郎，轉尚書右丞。……懿宗奉佛太過，常于禁中飯僧，親爲贊唄。以旃檀爲二高座，賜安國寺僧徹，逢八飯萬僧」，李蔚恐其於民有擾損，反有違於佛家慈悲之旨，上書勸諫懿宗皇帝「營繕之間，稍宜停減」。懿宗「憂詔嘉之。尋拜京兆尹、太常卿。尋以本官同平章事，加中書侍郎，與盧攜、鄭畋同輔政。罷相，出爲襄州刺史、山南東道節度使。入爲吏部尚書，加檢校尚書右僕射、汴州刺史、宣武軍節度觀察等使。咸通十四年，轉揚州大都督府長史、淮南節度副大使知節度事。乾符三年受代，百姓詣闕乞留一年，從之。四年，復爲吏部尚書，尋遷檢校司空、東都留守、東畿汝都防禦使。六年，河東軍亂，殺崔季康，詔以邠寧李侃鎮太原，軍情不伏。以蔚嘗爲太原從事，軍民懷之。八月，以蔚爲太原尹、北都留守、河東節度觀察等使。其年十月到鎮，下車三日，暴病卒。」〔註48〕

〔註48〕《舊唐書》卷一百八十二，中華書局 1975 年 5 月版。

　　從上述記載中可知，李蔚，本是隴西人。唐咸通十四年，至揚州任職，乾符三年受代時，「百姓詣闕乞留一年」，說明其在揚州任職期間是頗有政績的，因此受到揚州百姓的愛戴。佚文中收錄的這首詩，在《全唐詩》中有收錄。獻詩者李嶸《全唐詩》記載其爲咸通時人，《全唐詩》中僅收錄其詩歌一首，即是此詩，題爲《獻淮南師》，一作《獻李僕射》」〔註49〕

　　佚文中稱「後果入相」，應當是指李蔚在「乾符四年，復爲吏部尚書，尋遷檢校司空」。佚文與正史中所述李蔚鎮廣陵的敘述是相符的。

　　《古今詩話》載：「李相國蔚鎮淮南，布素孫處士來謁。李敦舊分，待之殊禮。將行，祖送，遊河橋下。舟人回篙，水濺近坐飲妓，李公大怒。孫獻《楊柳詞》曰：『半額鵝黃金縷衣，玉搔頭裊鳳雙飛。從教水濺羅裙濕，知道巫山行雨歸。』舟子獲免罪。又有李嶸獻相國詩云：『雞樹煙含瑞氣深，鳳池波待玉山澄。國人久倚東關望，擬築沙堤到廣陵。』後果入相。」〔註50〕《太平廣記》載：「唐丞相李蔚鎮淮南日，有布素之交孫處士，不遠千里，徑來修謁。蔚浹月留連。一日告發，李敦舊分，遊河祖送，過於橋下，波瀾迅激，舟子回跋，舉篙濺水，近坐飲妓，濕衣尤甚。李大怒，令擒舟子，荷於所司。處士拱而前曰：『因茲寵餞，是某之過，敢請筆硯，略抒荒蕪。』李從之，乃以柳枝詞曰：『半額微黃金縷衣，玉搔頭嫋鳳雙飛。從教水濺羅裙濕，還道朝來行雨歸。』李覽之，釋然歡笑，賓從皆贊之。命伶人唱其詞，樂飲至暮，舟子赦罪。更有李嶸獻詩云：『雞樹煙含瑞氣凝，鳳池波待玉山澄。國人久倚東關望，擬築沙堤到廣陵。』後果入相。出抒情詩」〔註51〕

　　上述《寶祐志》關於李蔚的記載當出自這些文獻。又，《全唐詩》記李嶸爲咸通時人，錄詩一首，與佚文同。

　　越水李主簿遊廣陵，迨春未返回，其姬妾寄詩曰：「去時盟約與心違，秋日離家春不歸。應是惟揚風景好，恣情歡笑到芳菲。」答曰：「偶到揚州悔別家，親如留滯不因花。塵侵寶鏡雖相待，長短歸時不及瓜。」【冊七卷八二二頁一　二支】（《輯佚》四九八頁）

　　宋代阮閱《詩話總龜前集‧寓情門》中載：「越水李主簿遊廣陵，迨春未返回，其姬妾寄詩曰：『去時盟約與心違，秋日離家春不歸。應是惟揚風景好，恣情歡笑到芳菲。』答曰：『偶到揚州悔別家，親知相繫不因花。塵侵寶鏡雖

〔註49〕　（清）彭定求等編：《全唐詩》卷五九七，中華書局點校1999年1月第1版。
〔註50〕　（宋）阮閱：《詩話總龜前集》卷二十二，《國學寶典》。
〔註51〕　（宋）李昉等撰：《太平廣記》卷二百，文淵閣《欽定四庫全書》本。

相待，長短歸時不及瓜。』」〔註52〕佚文中「親如留滯不因花」，《四庫》本《詩話總龜》中作「親知相繫不因花」。

　　據《全唐詩續拾》記載：「李主簿，名不詳。官越水主簿。詩一首。《答姬寄詩》：「偶到揚州悔別家，親知留滯不因花。塵侵寶鏡雖相待，長短歸時不及瓜。」見《增修詩話總龜前集》卷二十三引《南部新書》。」〔註53〕知李主簿所撰詩題爲《答姬寄詩》。陳尚君所輯與佚文基本相同，但佚文中「親如留滯不因花」，陳所輯校爲「親知留滯不因花」，仍有一字之別。《寶祐志》中佚文提供了此詩的又一版本，具有一定的參考價值。

　　宋代阮閱編選的《詩話總龜》是宋人留存下來的詩話總集中重要的一部，以類編排，若研究同一題材的不同內容則極爲方便，並且此書廣收各家，但錄其詩其事，排比異說，很少論辨，引書百餘種，大多現已散佚，足見其珍貴的資料參考價值。

　　崔涯、張祐齊名，每題詩倡肆，譽之則車馬繼來，毀之則杯盤失錯，嘲曰：「準得蘇方木，猶貪玳瑁皮。懷胎十個月，生下崑崙兒。」又曰：「布袍披襖火燒氈，紙鋪箜篌麻接絃。更著一雙皮屐子，紇絲紇塌出門前。」又嘲李端端曰：「黃昏不語不知行，鼻似煙聰耳似鐺。獨把象牙梳插鬢，崑崙山上月初生。」端端道旁見二子再拜祈哀，乃重贈曰：「覓得黃騮鞁繡鞍，善和坊里取端端。揚州近日渾成著，一朵能成白牡丹。」於是賓客競臻其戶。或曰：「李家娘子纔出墨池，便登雪嶺，何其一日黑白不均。」【冊七卷八二二頁一　二支】（《輯佚》四九七頁）

　　崔涯妻雍氏，揚州總校之女。雍族以崔有詩名，資贍甚厚，崔略無恭敬，但呼妻父雍老而已。雍杖劍呼女謂崔曰：「某河朔之人，唯習弓馬，養女合嫁軍門，徒慕士流之德。小女不可別醮，便令剃髮爲尼。」崔涯悲悔慟別，留詩曰：「隴上流泉隴下分，斷腸嗚咽不堪聞。姮娥一入宮中去，巫峽千秋空白雲。」【冊七卷八二二頁一　二支】（《輯佚》四九九頁）

　　嘉慶《揚州府志·雜志一》載：「崔涯者，吳楚之狂生也，與張祐齊名。每題一詩，於娼肆無不誦之於衢路。譽之則車馬繼來，毀之則杯盤失錯。久在惟揚篇詞縱逸，貴達欽憚，呼吸風生，頗暢此時之意。其妻雍氏者，乃揚州總校之女也。儀質閒雅，夫婦甚和，雍族以崔郎甚有才名，資贍每厚。崔生常於飲食之處，略無憚敬之顏。但呼妻父雍老而已。雍久之而不能容，勃然仗劍呼女出。謂崔秀才曰：「某河朔之人，唯習弓馬，養女合嫁軍門，徒慕士流之德。小女違公，不可別醮，便令出家。立令涯妻剃髮爲尼，女若不從，

〔註52〕　（宋）阮閱：《詩話總龜前集》卷二十三，文淵閣《欽定四庫全書》本。
〔註53〕　陳尚君輯校：《全唐詩補編》頁一五六四，中華書局 1992 年 10 月第 1 版。

吾當揮劍。」涯方悲泣悔過，雍亦不聽分訴，涯不得已，裁詩留贈，至今江浦離愁，莫不吟諷是詩而惜別也，詩曰：『隴上流泉隴下分，斷腸嗚咽不堪聞。姮娥一入宮中去，巫峽千秋空白雲。』雲溪友議」〔註54〕

　　崔涯是與張祜齊名的詩人，然恃才狂放，不知憚敬妻父，終致夫妻離散，悔之莫及。《嘉慶志》中注明此則佚事出自《雲溪友議》，此書爲唐代筆記小說集。撰者范攄，僖宗時吳（今江蘇吳縣）人，生卒年未詳。因客居越地，自號五雲溪（即若耶溪）人，故名其書爲《雲溪友議》。此書載開元以後異聞野史，尤以詩話爲多。所錄詩及本事，有爲他書所不載者。如王梵志詩十餘首，即爲唐人諸書所未及。但所載也有失實處。書中還有一些神鬼故事，如韋皋遇玉簫、王軒遇西施等，頗有傳奇文氣息，韋穀《才調集》、計有功《唐詩紀事》、辛文房《唐才子傳》等，皆取資於此書。《新唐書·藝文志》、《郡齋讀書志》著錄此書，均爲三卷。《直齋書錄解題》云：「唐志三卷，今本十二卷。」是此書宋時已有兩個版本。今世所傳有《四部叢刊》影印鐵琴銅劍樓藏明刊本，爲上、中、下三卷，卷首題「五雲溪人范攄纂」，有自序，紀事每條以三字標題，共六十五條。又有《稗海》本十二卷，題「雲溪范攄著」，自序及各條三字標題均佚。兩本文字無甚差異，《四庫提要》中稱三卷本當爲唐時舊本，一九五七年，古典文學出版社據《四部叢刊》出版排印本。另外，文淵閣本《四庫全書·子部》中也收錄此書，爲上、中、下三卷。

　　上述《寶祐志》中的兩條佚文，均出自此書中的「辭雍氏」篇，但《寶祐志》所錄內容省略不少，現在錄其「辭雍氏」原文如下：

崔涯者，吳楚之狂生也，與張祜齊名。每題一詩於倡肆，無不誦之於衢路。譽之，則車馬繼來；毀之，則杯盤失錯。嘲妓曰：『雖得蘇方木，猶貪玳瑁皮。懷胎十個月，生下崑崙兒。』又：『布袍披襖火燒氈，紙補箜篌麻接絃。更著一雙皮屐了，紇梯紇榻出門前。』又嘲李端端：『黃昏不語不知行，鼻似煙窗耳似鐺。獨把象牙梳插鬢，崑崙山上月初生。』端端得此詩，憂之，（或作憂心如病），侯涯使院飲回，遙見二子躡屣而行，乃道傍再拜競戰惕曰：『端端祗候三郎、六郎，伏望哀之。』又重贈一絕句粉飾之，於是大賈居豪，競臻其戶。或戲之曰：『李家娘子，才出墨池，便登雪嶺。何期一日，黑白不均？』紅樓以爲笑樂，無不畏其嘲謔也。祜、涯久在維揚，天下晏清，篇詞縱逸，貴達欽憚，呼吸風生，暢此時之意也。贈詩曰：『覓得黃騮被繡鞍，善和坊里取端端。揚州近日渾成差，一朵能行白牡丹。』雜嘲二首：『二年不到宋家東，阿母深居僻巷中。含淚向人羞不語，琵琶絃斷倚屏風』；『日暮迎來畫閣中，百年心事一

〔註54〕　（清）阿克當阿修，姚文田等纂：嘉慶《重修揚州府志》卷七十一，《中國方志叢書》據嘉慶十五年刊本影印，臺北成文出版社 1985 年版。

宵同。寒雞鼓翼紗窗外，已覺恩情逐曉風』。又悼妓詩曰：『赤板橋西小竹籬，槿花還似去年時。淡黃衫子都無色（或作「都無也」），腸斷丁香畫雀兒。』崔生之妻，雍氏者，乃揚州總効之女也，儀質閒雅，夫婦甚睦。雍族以崔郎甚有詩名，資贍每厚。崔生常於飲食之處，略無禅敬之顏，但呼妻父『雍老』而已。雍久之而不能容，勃然仗劍，呼女而出，謂崔秀才曰：『某河朔之人，唯習（或作襲）弓馬。養女合嫁軍門，徒慕士流之德。小女違公，不可別醮，便令出家。汝若不從，吾當揮劍！』立令涯妻剃髮爲尼，涯方悲泣悔過，雍亦不聽分訴，親戚揮慟，別易會難。涯不得已，裁詩留贈。至今江浦離愁，莫不吟諷是詩而惜別也。詩曰：『隴上流泉隴下分，斷腸嗚咽不堪聞。姮娥一日宮中去，巫峽千秋空白雲。』〔註55〕

閱原文可知，《寶祐志》中後一段佚文中「嘲曰」應爲「嘲妓曰」，中脫一「妓」字。另外，《嘉慶志》中「（雍老）謂崔秀才曰：『某河朔之人，唯習弓馬，養女合嫁軍門，徒慕士流之德。小女違公，不可別醮，便令出家。立令涯妻剃髮爲尼，女若不從，吾當揮劍』」，《四庫全書》本中作：「謂崔秀才曰：『某河朔之人，唯習（或作襲）弓馬。養女合嫁軍門，徒慕士流之德。小女違公，不可別醮，便令出家。汝若不從，吾當揮劍！』立令涯妻剃髮爲尼。」文字順序有所不同，似以《四庫全書》本，語句較爲通順。

佚文中提到的詩人張祐，實際當爲張祜，元代辛文房《唐才子傳·張祜》載：「祜，字承吉，南陽人，來寓姑蘇。樂高尚，稱處士。騷情雅思，凡知己者悉當時英傑。然不業程文。……同時崔涯亦工詩，與祜齊名，頗自放行樂，或乘興北里，每題詩青樓，譽之則聲價頓增加，毀之則車馬掃迹。」〔註56〕所載內容與佚文內容相合。

張祜客淮南幕中赴宴時，杜紫微爲支使，座位中有屬意處，索骰子賭酒。牧之微吟曰：「骰子巡巡裏手拈，無因得見玉纖纖。」祜應聲曰：「但知報導金釵落，髣髴還應漏指尖。」〖冊七卷八二二頁一　二支〗（《輯佚》四九八頁）

此段佚文嘉慶《揚州府志》卷六十一《雜志一》中亦有記載，內容與之相同。只有《寶祐志》中「骰子巡巡裏手拈」一句，《嘉慶志》中作「骰子逡巡裏手拈」。《嘉慶志》注此軼事出自五代時期王定保所撰的《唐摭言》，該書卷十三「敏捷」類下有此條，《唐摭言》中此句亦作「骰子逡巡裏手拈」。〔註57〕《寶祐志》中「巡巡」似更好。但《唐摭言》所載爲「張祜客淮南幕中赴宴時」，《寶

〔註55〕（唐）范攄：《雲溪友議》卷中，文淵閣《欽定四庫全書》本。

〔註56〕（元）辛文房：《唐才子傳》卷六，《叢書集成新編》101冊，臺北新文豐出版社1985年版，第271頁。

〔註57〕（五代）王定保：《唐摭言》卷十三，《叢書集成新編》83冊，臺北新文豐出版公司1985年版，第328頁。

祐志》所載爲「張祐」，傅琮璿《唐才子傳校箋》曰：「按張祜之名，諸家所載
『祜』、『祐』不一，……作『祐』者當因形近而致誤。」其中還載有學者胡震
亨、胡應麟對對張祜、張祐二名的辨析，可資參考。〔註58〕

　　唐世鹽鐵轉運使在揚州盡榦利權，商賈如織。故諺稱揚一益二，謂天下之盛，揚爲一，
而蜀次之也。杜牧之有「春風十里珠簾」之句。張祐詩云：「十里長街市井連，月明橋上看神
仙。人生只合揚州死，禪智山光好墓田。」王建詩云：「夜市千燈照碧雲，高樓紅袖客紛紛。
如今不似時平日，猶自笙歌徹曉聞。」徐凝詩云：「蕭娘臉下難勝淚，桃葉眉陽易得愁。天下
三分明月夜，二分無賴是揚州。」其勝可知矣。自畢師鐸、孫儒之亂，蕩爲丘墟。楊行密復葺
之，稍成壯藩，又毀於顯德。本朝承平百七十年，尚不能及唐之什一，今日眞可酸鼻也。〔冊
七卷八二二頁一　二支〕（《輯佚》四九八頁）

　　此段內容出宋洪邁《容齋隨筆》第九卷，題爲「唐揚州盛世」，佚文內容
與原書相同，但「商賈如織」前脫「判官多至數十人」一句。〔註59〕後世志
書如嘉慶《重修揚州府志・雜志》中也收錄有類似以詩句寫揚州盛況的文字，
其中載：「賈似道鎮維揚日，上元張燈。客有摘古句作燈門詩者曰：『天下三
分明月夜，揚州十里小紅樓。』眾稱其切，吾嘗以爲必藥州廖瑩中所爲也。
唐人詩曰：『天下三分明月夜，二分無賴是揚州。』又唐人登第詞曰：『揚州
十里小紅樓，盡卷上珠簾一半』，皆本郡事也。《隱居通議》」〔註60〕

　　佚文張祐，應作張祜，詩見錄於《全唐詩》卷五一一，題爲《縱遊淮南》，
並注「禪智山光好墓田」一句，「山光」或作「山邊」。《全唐詩》載張祜：「字
承吉，清河人，以宮詞得名。長慶中，令狐楚表薦之，不報。辟諸侯府，多
不合，自劾去。嘗客淮南，愛丹陽曲阿地，築室卜隱。集十卷，今編詩二卷。」
〔註61〕王建詩收錄於《全唐詩》卷三〇一，題爲《夜看揚州市》，內容完全一
樣。王建，《全唐詩》載：「字仲初，穎川人。大曆十年進士。初爲渭南尉，
秘書丞、侍御史。太和中，出爲陝州司馬，從軍塞上。後歸咸陽，卜居原上。
建工樂府，與張籍齊名。宮詞百首，尤傳誦人口。詩集十卷，今編爲六卷。」
（同前，卷二九七）徐凝詩見載於《全唐詩》卷四七四，題爲《憶揚州》，佚文「桃
葉眉陽易得愁」一句，《全唐詩》作「桃葉眉頭一作尖易得愁」，佚文保留了此

〔註58〕　傅琮璿：《唐才子傳校箋》第三冊，中華書局1990年5月第1版，第161頁。
〔註59〕　（宋）洪邁《容齋隨筆》卷九，文淵閣《欽定四庫全書》本。
〔註60〕　（清）阿克當阿修，姚文田等纂：嘉慶《重修揚州府志》卷七十一，《中國方
　　　　　志叢書》據嘉慶十五年刊本影印，臺北成文出版社1985年版。
〔註61〕　（清）彭定求等編：《全唐詩》卷五一〇，中華書局點校1999年1月第1
　　　　　版。

句的又一版本，《全唐詩》並未注出，說明未見《大典》本《寶祐志》佚文。徐凝，《全唐詩》載：「睦州人，元和中官員至侍郎。詩一卷。」（同前，卷四七四）

　　佚文中所稱揚州自畢師鐸、孫儒之亂，蕩爲丘墟。楊行密復葺之，稍成壯蕃，又毀於顯德。其事見於《舊唐書》畢師鐸、高駢等傳，畢師鐸原爲黃巢大將，後投降淮南節度副使高駢，任淮南都將。高駢爲姦人呂用之所惑，呂用之專權，宿將多爲所誅。畢師鐸原是黃巢降將，且與呂用之有仇，危不自安。光啓三年，畢師鐸反叛，召宣州觀察使秦彥助戰，聯合高郵鎮將鄭漢章等起兵，反攻揚州，囚禁高駢。楊行密率兵救援，擊敗師鐸。師鐸怒殺高駢。後爲楊行密所敗，投奔孫儒。文德元年正月，又被孫儒所殺。楊行密（852～905）字化源，廬州合肥（今屬安徽）人。唐末受封吳王，公元 902 年至 905 年在吳王位，爲五代十國中南吳國的實際開國者。由於其去世時唐朝仍然存在，形式上楊行密仍奉唐正朔，實際上也未建立獨立王國，因此楊行密還只能算是唐朝的封國國君。兵燹之際，揚州成爲攻佔殺伐之地，故《舊唐書》稱：「江淮之間，廣陵大鎮，富甲天下。自師鐸、秦彥之後，孫儒、行密繼踵相攻，四五年間，連兵不息，廬舍焚蕩，民戶喪亡，廣陵之雄富掃地矣！」〔註62〕佚文稱揚州城楊行密復葺之，稍成壯藩，又毀於顯德。當指後周顯德三年，世宗柴榮攻克揚州。《寶祐志》佚文稱本朝承平百七十年尚不能及唐代十分之一，足見揚州在盛唐時的繁華。

　　唐世五月五日，揚州於江心鑄鏡，以進國朝，翰苑撰端午貼子詞，多用其事，然遣詞命意工拙不同。王禹玉云：「紫閣瞳矓隱曉霞，瑤墀九御薦昌華。何時又進江心鑒，試與君王卻衆邪。」李邦直云：「艾葉成人後，榴花結子初。江心新得鏡，龍瑞護仙居。」趙彥若云：「揚子江中方鑄鏡，未央宮裏更飛符，菱苑欲共朱靈合，驅盡神姦又得無。」又：「揚子江中百鍊金，寶奩盡是月華沈。爭如聖后無私鑒，明照人間善噁心。」又：「江心百鍊青銅鏡，架上雙紉翠縷衣。」李士美云：「何須百鍊鑒，目勝五兵符。」傅墨卿云：「百鍊鑒從江上鑄，五時花向帳前施。」許沖元云：「江中今日成龍鑒，苑外多年廢鷺陂。合熙乾坤共作鏡，放生河海盡爲池。」蘇子由云：「揚子江中寫鏡龍，波如細谷不搖風。宮中驚捧秋天月，長照人間助至公。」大概如此。唯東坡不然，曰：「講餘交翟轉迴廊，始覺深宮夏日長，揚子江心空百鍊，只將無逸鑒興亡。」其輝光氣焰可畏而仰也。若白樂天《諷諫鏡篇》云：「江心波上舟中鑄，五月五日午時鏡。背有九五飛天龍，人人呼爲天子鏡。」又云：「太宗常以人爲鏡，鑒古鑒今不鑒容，乃知天子別有鏡，不是揚州百鍊銅。」用意正與坡合。予嘗有一聯云：「願儲醫國三年艾。不

〔註62〕《舊唐書》卷一百八十六，中華書局 1975 年 5 月第 1 版。

博江心百鍊銅。」然去之遠矣。端午故事莫如楚人競渡之的，蓋以其非吉祥，不可施諸祝頌，故必用鏡事云。(見洪邁《隨筆》)。【冊七卷八二二頁一　二支】(《輯佚》五○○頁)

　　韓魏公即本文所考《廣陵續志》中的韓琦、王荊公即王安石。《寶祐志》這段佚文出自宋代洪邁《容齋隨筆》，此則佚文也是《寶祐志》諸多詩話類佚文中，惟一一條注明所引書籍的佚文。其中不僅有關於貢鏡來歷的記載，還收錄了後人爲之所作的詩文，使得我們對唐代開元至大曆間之農曆五月五日於揚子江心鑄貢鏡之事有一個全面的瞭解。

　　關於唐代揚州貢鏡之事，《寶祐志》佚文與現存記載互有異同，可以互相補充。《舊唐書・德宗上》載：「(大曆十四年) 六月己未，揚州每年貢端午日江心所鑄鏡，幽州貢麝香，皆罷之。」(同前，卷十二)《新唐書・德宗順宗憲宗》載：「(大曆十四年) 六月己未，罷揚州貢鏡、幽州貢麝。」〔註63〕關於唐代揚州貢鏡之事，新、舊《唐書》僅見此二條記載。

　　雍正《揚州府志・物產》中「貨之屬」記載有：「銅鏡唐於揚子江中鑄銅鏡，宋尙入貢，今無。」〔註64〕由上面的記載可知此鏡始鑄並進貢於唐玄宗時，唐德宗時罷。在宋代尙入貢於朝廷，至清代已不存。

　　嘉靖《惟揚志・雜志》對此鏡有較爲詳細的記載：「水心鏡。天寶中，揚州鑄水心鏡，清瑩耀日，皆有盤龍。先有老人自稱龍護、有小童曰元冥至鑄鏡所，曰：老人解造眞龍。令元冥入鑪所，扃戶三日，開戶失龍護、元冥所在。鑪前得素書一紙，小隸云：鏡龍長三尺四寸五分，法三才、象四時、稟五行，縱橫九寸類九州，鼻如明月珠。開元皇帝聖通神靈，吾遂降祉，可以闢百邪，鑒萬物。歌曰：「盤龍盤龍，隱於鏡中。分野有象，變化無窮。」乃移鑪置船以五月五日揚子江心鑄之。風景清謐，江水忽高三十尺，如雪山浮於江，聞龍吟如笙簧之聲。鏡進於朝，入內庫。七年大旱不雨。葉法善以爲畫龍一處似龍便有靈，閱庫得鏡曰：「鏡龍眞也。」祠之凝陰殿，梁棟間有白氣下，龍鏡鼻有白氣上，須臾滿殿，其雨大至。寶祐志。」〔註65〕

　　此段資料是嘉靖《惟揚志》錄自寶祐《惟揚志》，《寶祐志》稱此鏡爲「水心鏡」，雍正《揚州府志・雜志》中的記載與此相同。嘉慶《重修揚州府志》

〔註63〕　《新唐書》卷七，中華書局 1975 年 2 月第 1 版。
〔註64〕　(清) 尹會一修、程夢星等纂：雍正《揚州府志》卷十一，《中國方志叢書》據雍正十一年刊本影印，臺北成文出版社 1957 年□月臺一版。
〔註65〕　(明) 朱懷幹修，盛儀纂：嘉靖《惟揚志》卷三十八，《天一閣方志選刊》，1963 年 9 月上海古籍書店據寧波天一閣藏明嘉靖藏本影印。

中也有關於此鏡的記載，與前二志不同，但末尾注明出自《太平廣記》，其內容與《太平廣記‧器玩三》中的記載相同，現在錄其文如下：

李守泰，唐天寶三載五月十五日，揚州進水心鏡一面。縱橫九寸，青瑩耀日。背有盤龍長三尺四寸五分，勢如生動。玄宗覽而異之。進鏡官揚州參軍李守泰曰：「鑄鏡時，有一老人，自稱姓龍名護。鬚髮皓白，眉如絲，垂下至肩，衣白衫。有小童相隨，年十歲，衣黑衣。龍護呼為玄冥。以五月朔忽來，神采有異，人莫之識。為鏡匠呂暉曰，老人家住近，聞少年鑄鏡，暫來寓目。老人解造眞龍，欲為少年制之，頗將愜於帝意。遂令玄冥入爐所，扃閉戶牖，不令人到。經三日三夜，門左洞開。呂暉等二十人於院內搜覓，失龍護及玄冥所在。鏡爐前獲素書一紙，文字小隸云：鏡龍長三尺四寸五分，法三才。象四氣，稟五行也。縱橫九寸，類九州分野。鏡鼻如明月珠焉。開元皇帝聖通伸靈，吾遂降祉。斯鏡可以闢百邪，鑒萬物。秦始皇之鏡，無以加焉。歌曰：『盤龍盤龍，隱於鏡中。分野有象，變化無窮。興雲吐霧，行雨生風。上清仙子，來獻聖聰。』呂暉等遂移鏡爐置船中，以五月五日午時，乃於揚子江鑄之。未鑄前，天地清謐。興造之際，左右江水忽高三十餘尺，如雪山浮江，又聞龍吟，如笙簧之聲，達於數十里。稽諸古老，自鑄鏡以來，未有如斯之異也。」帝詔有司，別掌此鏡。至天寶七載，秦中大旱。自三月不雨至六月。帝親幸龍堂祈之，不應。問昊天觀道士葉法善曰：「朕敬事神靈，以安百姓。今亢陽如此，朕甚憂之。親臨祈禱，不雨何也？卿見眞龍否乎？」對曰：「臣亦曾見眞龍，臣聞畫龍四肢骨節，一處得以似眞龍，即便有感應。用以祈禱，則雨立降。所以未靈驗者，或不類眞龍耳。」帝即詔中使孫知古，引法善於內庫遍視之。忽見此鏡，遂還奏曰：「此鏡龍眞龍也。」帝幸凝陰殿，並召法善祈鏡龍。頃刻間，見殿棟有白氣兩道，下近鏡龍。龍鼻亦有白氣，上近梁棟。須臾充滿殿庭，遍散城內。甘雨大澍，凡七日而止。秦中大熟。帝詔集賢待詔吳道子，圖寫鏡龍，以賜法善。出《異聞錄》」〔註66〕

《太平廣記》中的內容比之《寶祐志》要詳細，《寶祐志》以敘事為主，且比較簡略，應是約取於《廣記》。《嘉靖志》中老人龍護所留之歌「盤龍盤龍，隱於鏡中。分野有象，變化無窮」，閱《廣記》可知，後面尚脫「興雲吐霧，行雨生風。上清仙子，來獻聖聰」二句。究竟是明代《嘉靖志》錄自《寶祐志》時脫漏，還是《寶祐志》原文已有脫漏，已無從得知。

該段末尾稱此事出自《異聞錄》，說明《太平廣記》中的此段資料也是轉引他書的。

這些關於唐代揚州貢鏡的記述中對銅鏡的來歷、鑄造過程和功用的描述略帶有些神異色彩，但所記錄的鏡龍的尺寸及其含義非常具體，使得我們對於此鏡的規格和用意有進一步的瞭解，是關於唐代銅鏡的珍貴資料。此貢鏡每年端午日在揚州江心所鑄，《大典》本《寶祐志》佚文則為我們記載了唐宋

〔註66〕 （宋）李昉等纂：《太平廣記》卷二百三十一，文淵閣《欽定四庫全書》本。

翰苑描述歌頌貢鏡的「端午帖子詞」，使我們對唐代揚州貢鏡的來歷和用意，均有所瞭解。同時，《寶祐志》中還記載了唐宋詩人對揚州貢鏡的不同看法。如蘇東坡詩云「揚子江心空百鍊，只將無逸鑒興亡。」白居易則云：「乃知天子別有鏡，不是揚州百鍊銅。」認爲國家的興亡在於執政者之道德，而與江心鑄鏡無必然之聯繫，這與翰苑所作歌功頌德的詩，有很大不同。不過《寶祐志》摘錄白居易詩與《全唐詩》中此詩略有不同。《全唐詩》中此詩題爲《百鍊鏡——辨皇王鑒也》，內容如下：

「百鍊鏡，鎔範非常規，日辰處所靈且祇。江心波上舟中鑄，五月五日日午時。瓊粉金膏磨瑩已，化爲一片秋潭水。鏡成將獻蓬萊宮，揚州長吏手自封。人間臣妾不合照，背有九五飛天龍。人人呼爲天子鏡，我有一言聞太宗。太宗常以人爲鏡，鑒古鑒今不鑒容。四海安危居掌內，百王治亂懸心中。乃知天子別有鏡，不是揚州百鍊銅。」〔註67〕可知，《寶祐志》中所摘錄之詩，不是原詩全貌，而是部分摘錄。但明代的萬曆《揚州府志》中在敘此鏡時，收錄有此詩全文。

《大典》本《寶祐志》收錄的佚文中對此鏡的具體形狀描寫較少，不如嘉靖《維揚志》所收錄的《寶祐志》佚文，更不如《太平廣記》中對該鏡的記述詳細，中但從所收錄的有關銅鏡的詩文亦可知其大致的模樣，如「江中今日成龍鑒」，「揚子江中寫鏡龍」，說明貢鏡上面應當鑄有龍的圖案，而白居易「背有九五飛天龍」之詩更說明貢鏡的背面鑄造有飛龍的圖案。

韓魏公知揚州，王荊公爲僉判，以魏公爲非知我者，每曰：「韓公但形相好耳。」作《畫虎圖詩》詆之云：「壯哉非熊亦非貙，日光夾鏡當坐隅。橫行妥尾不畏逐，顧盼欲去仍躊躇。卒然一見心爲動，熟視稍稍摩其鬚。固知畫者巧爲此，此物安肯來庭除。想當盤礴欲畫時，睥睨眾使如庸奴。神閒意定始一掃，功向造化論錙銖。悲風颯朔吹黃蘆，上有寒雀驚相呼。差槎牙死樹鳴老烏，嚮之俛啄如哺雛。山牆野壁黃昏後，馮婦遙看亦下車。」〖冊七卷八二二頁一二支〗（《輯佚》五〇〇頁）

此則軼事，後志如嘉靖《惟揚志》中並不見載。嘉慶《揚州府志·雜志二》載：「韓魏公知揚州，王荊公初及第爲僉判，每讀書至達旦。謁荊公，多不及盥漱，魏公疑其夜飲放逸。一日從容謂曰：『公少年不可廢書，』荊公不答，退而言曰：『魏公非知我者。』後來魏公知其賢，欲收之門下，荊公不屈。山

堂肆考」〔註68〕與佚文內容可互相補充。從志中所載知佚文中之詩，原係荊公之戲作，《全宋詩》卷五四二亦有收錄，題爲《虎圖》，其收詩之廣可見一斑。其中「卒然一見爲心動」一句，《全宋詩》中爲「卒然我見爲心動」，似應以《寶祐志》佚文爲正。

王逢原集中原佳句頗多，如《瓜洲渡》云：「風力引雲行玉馬，水光連日動金蛇。」最爲膾炙人口。〖冊七卷八二二頁一　二支〗（《輯佚》五○○頁）

王逢原即王令，《宋史》無傳，北宋時詩人，揚州人，甚爲王安石及所稱賞識，亦爲同時期名流所推服。其詩作收錄在《廣陵集》中，《四庫全書》載：「《廣陵集》三十一卷，宋王令撰。令元城人，幼隨其叔祖乙居廣陵。遂爲廣陵人。初字欽美，後王萃字之曰逢原。少不檢，既而折節力學。王安石以妻吳氏之妹妻之，年二十八卒。遺腹一女，適吳師禮，生子曰說。其集即說所編。凡詩賦十八卷文十二卷，又拾遺一卷，墓誌事狀及交遊投贈追述之作皆附焉。……其集久無刊本，傳寫訛脫幾不可讀，今於有考校者悉爲釐正，其必不可通者則仍舊本，庶不失闕疑之意焉。」〔註69〕但《四庫全書》中所收錄之《廣陵集》中此詩題爲《舟次》，原詩內容如下：「梢梢修竹夾溪斜，樹繫孤篷白淺沙。風力引雲行玉馬，水光流月動金蛇。村酤客聚還成市，晚釣舟橫便當家。山野生涯本閒暇，誰令客子自勞嗟。」（同前，卷十四）《全宋詩》據《四庫全書》收錄此詩，其「水光流月動金蛇」一句，在佚文中爲「水光連日動金蛇」。此則佚文應是《寶祐志》引自宋人文集，與《四庫》本略異的這一句，《全宋詩》並未兩存之，蓋未見《寶祐志》佚文。

清嘉慶《揚州府志·雜志二》載：「王逢原，年二十八終於布衣。所講《孟子》才盡二篇，其第三篇盡二章而止。王荊公誌其墓，不言其所著書。」而晁氏《讀書志》云：『令於《堯曰》篇解曰：四海不困窮，則天祿不永終矣。王氏《書經新義」取之。』」〔註70〕

王令的詩受韓愈、孟郊、盧仝、李賀的影響較深，構思新奇，造語精闢，氣勢磅礴，意境奧衍。王安石在《思逢源》中有「妙質不爲平世得，微言唯有故人知」之句，對他的才高命短、未得重用表示惋惜。詩文由其外孫吳說編

〔註68〕（清）阿克當阿修，姚文田等纂：嘉慶《重修揚州府志》卷七十二，《中國方志叢書》據嘉慶十五年刊本影印，臺北成文出版社1985年版。

〔註69〕（宋）王令：《廣陵集》卷首《提要》，文淵閣《欽定四庫全書》本。

〔註70〕（清）阿克當阿修，姚文田等纂：嘉慶《重修揚州府志》卷七十二，《中國方志叢書》據嘉慶十五年刊本影印，臺北成文出版社1985年版。

爲《廣陵集》，未刊行，近代始有嘉業堂刻本。上海古籍出版社 1980 年新版《王令集》，即據嘉業堂本校點，詩賦文 21 卷。另有《拾遺》、《附錄》、《年譜》等。

> 歐公自揚州移汝州，作《西湖詩》云：「綠荾紅蓮畫舸浮，使君那復憶揚州。都將二十四橋月，換得西湖十頃秋。」後東坡復自汝移揚作詩云：「二十四橋亦何有，換此十頃玻璃風。」用歐公詩也。〖冊七卷八二二頁一　二支〗（《輯佚》五○○頁）

此段佚文嘉慶《揚州府志》、乾隆《江都縣志》中亦有記載，內容與之完全相同。歐陽修曾在揚州爲官，故寶祐《惟揚志》錄其詩文，嘉慶《揚州府志‧宦迹一》中載有其在揚州爲官事蹟：「歐陽修，字永叔，吉州廬陵人。慶曆八年知揚州，寬簡不擾，蒞政數日，事十簡五六。再閱月，官府閒如僧舍。或問故，修曰：『吾寬不爲苛急，簡不爲煩碎而，非廢事也。』後拜參知政事，卒贈太子太師，諡文忠。雍正志。」（同前，卷四十三）《嘉慶志》、《江都志》中內容應是繼承前志而來，而嘉慶《揚州府志》中還注明了這段文字的出處爲《侯鯖錄》。《四庫全書》中載：「《侯鯖錄》八卷，宋趙令時撰，令時字德麟，燕王德昭元孫，元祐中僉書潁州公事，坐與蘇軾交通，罰金入黨籍。紹興初，襲封安定郡王，同知行在大宗正事。是書採錄故事詩話頗爲精贍。」〔註 71〕佚文中內容見載於《侯鯖錄》卷一，此書載東坡詩事頗多，但下文寶祐《惟揚志》佚文中收錄的有關東坡的軼事卻並不見載於此書。

佚文稱「歐公自揚州移汝州作《西湖詩》」，但歐陽修一生並無知汝州的經歷，只有從揚州知徙知潁州的記錄，而潁州亦有西湖，且有汝陰縣。因此佚文汝州當爲潁州之誤。歐陽修一生與潁州頗爲有緣，致仕後即定居於此，可見他對潁州的情感。佚文此詩收錄於《全宋詩》，題爲《西湖戲作示同遊者》，內容如下「綠荾菡萏香清原校：一作綠荾紅蓮畫舸浮，使君寧一作不復憶揚州。都將二十四橋月，換得西湖十頃秋。」〔註 72〕《全宋詩》中「使君寧一作不復憶揚州」一句，《寶祐志》佚文作「使君寧那復憶揚州」，《全宋詩》未注出，似以《寶祐志》之句爲佳。蘇軾詩亦見收錄於《全宋詩》，題爲《軾在潁州與趙德麟同治西湖未成改揚州三月十六日湖成德麟有詩見懷次其韻》。末尾幾句爲：「二十四橋亦何有，換此十頃玻璃風。雷塘水乾禾黍滿，寶釵耕出餘鸞龍。明年詩客來弔古，伴我霜夜號秋蟲。」蘇軾此詩亦是爲潁州西湖而作。（同前，卷八一八）

〔註71〕（宋）趙令時：《侯鯖錄》卷首，文淵閣《欽定四庫全書》本。
〔註72〕北京大學古文獻研究所編：《全宋詩》卷二九三，北京大學出版社 1991 年 7 月第 1 版。

陳亞，幼孤，育於舅家，舅爲醫工，人呼作術推。亞登第，人皆賀其舅，亞有詩云：「強公吃酒李公醉，自古人言信有之。陳亞今年新及第，滿城人賀李術推。」〔冊七卷八二二頁一二支〕（《輯佚》五〇一頁）

　　陳亞爲惟揚人，故《寶祐志》收錄其詩文軼事，《宋史》無傳，其生卒年均不詳，約宋眞宗天禧初前後在世，仕至太常少卿。嘉慶《重修揚州府志・雜記》中載有陳亞軼事幾則：「陳亞，揚州人，仕至太常少卿，年七十卒，蓋近世滑稽之雄也。嘗著《藥名詩》百餘首行於世，若『風月前湖近軒窗，半夏涼棋怕臘寒。呵子下衣嫌春暖，宿紗裁及贈祈雨。僧雲無雨若還過，半夏和師曬作葫蘆杷』之類，極爲膾炙。又嘗知祥符縣親故多借車馬。亞亦作《藥名詩》曰：『地居京界足親知，借借尋常無歇時，但看車前牛嶺上，十家皮沒五家皮。』覽者無不絕倒。青箱雜記。亞又自爲亞字謎曰：『若教有日便啞，且要無心爲惡。中間全沒肚腸，外面強生棱角。』此雖一時誹諧之詞，然所寄亦有深意。青箱雜記。陳亞少卿藏書千卷，名畫一千餘軸，晚年復得華亭雙鶴及怪石異花，列植於所居。作詩戒其後曰：『滿室圖書雜典墳，華亭仙客岱雲根。他年若不和花賣，便是吾家好子孫。』亞死悉歸他人。清波雜記」〔註73〕知其爲人詼諧，詩才奇特而又情趣不俗。

　　陳亞最負其名者在於好以藥名入詩，有藥名詩百首，收錄於其《澄源集》中。《宋詩紀事》中載：「陳亞，字亞之，維揚人。咸平五年（1002）進士。嘗爲杭之於潛令。仕至太常少卿。好爲藥名詩，有《澄源集》。《迂叟詩話》：陳亞郎中，滑稽嘗爲藥名詩百首，其美者有『風月前湖夜，軒窗半夏涼』，不失詩家之體。《郡齋讀書志》：藥名詩始於唐人張籍，有『江皋歲暮相逢地，黃葉霜前半下枝』之句，人謂起亞之，實不然也。」〔註74〕

　　《宋詩紀事》中所錄其佳句中「前湖」爲中藥「柴胡」之諧音，「半夏」亦爲中藥名稱，其以藥名入詩，且運用得當，貼切合理，可曲折委婉地表達人情事理，可謂奇妙。《郡齋圖書志》中稱藥名詩並非始於陳亞，在唐代時詩人張籍，就已將藥名入詩了。其詩句中之「地黃」，「半下（夏）」均爲中藥名。但陳亞以藥名詩而聞名，堪稱藥名詩的專家，其藥名詞如生查子，稱道之者亦多。可惜其大部分詩詞都已失傳，但所存的零篇斷簡也爲數不少。較著名的有一詩四詞，詩即前文所引，全名爲《登湖州消暑樓》：「重樓肆登賞，豈

〔註73〕　（清）阿克當阿修，姚文田等纂：嘉慶《重修揚州府志》卷七十二，《中國方志叢書》據嘉慶十五年刊本影印，臺北成文出版社1985年版。
〔註74〕　（清）厲鶚：《宋詩紀事》卷七，文淵閣《欽定四庫全書》本。

羨石爲廊。風雨前湖夜，軒窗半夏涼。瞢青識漁浦，芝紫認仙鄉。卻恐當歸闕，靈仙爲別傷。宋文鑒」（同前）此詩《全宋詩》亦有收錄，佚文「風月前湖夜，軒窗半夏涼」一句，《全宋詩》中作「風月前湖近，軒窗半夏涼」〔註75〕，又上文《宋詩紀事》中此句爲「風雨前湖夜，軒窗半夏涼」，皆不若《寶祐志》佚文所引爲佳，當以佚文爲正。《寶祐志》中此條佚文對瞭解陳亞這位藥名詩名家的個性身世，亦是難得一見的資料。

　　馬仲甫居揚州，於九曲池買地築亭，名曰借山，有詩警聯云：「平野綠陰蔽，亂山晴黛浮。」【冊七卷八二二頁一　二支】（《輯佚》五〇一頁）

　　據《宋史》本傳可知馬仲甫字子山，廬江人，於北宋神宗熙寧初，出守揚州。佚文記錄其於九曲池買地築亭事，且從佚文可知其所築亭名爲「借山亭」。雍正《揚州府志·古蹟》「甘泉」縣下載：「九曲亭　波光亭。宋太祖破李重進，駐蹕蜀崗寺，有龍鬥於九曲池。命立九曲亭，以紀其事，後圮。乾道二年郡守周淙重建，易以波光亭額。已而，亭廢池塞。慶元五年，郭杲命工濬池，引注諸塘之水。建亭於上，遂復舊觀。又築風臺月榭東西對峙，繚以柳陰。亦一時勝境也。」〔註76〕

　　從《雍正志》中記載來看揚州九曲池上所築之亭有宋太祖所立九曲亭，後來又有乾道二年郡守重建，改名爲波光亭。佚文中馬仲甫於九曲池旁所築之「借山亭」，應屬私家園林，與此九曲亭、波光亭不同，故《雍正志》中未見載。《嘉慶揚州府》中所載與《雍正志》大體相同，《嘉慶志》收錄有沈括《九曲池新亭記》，引自《輿地紀勝》，爲《雍正志》中不載。

　　東坡通判杭州，道過維揚，劉貢父、劉莘老、孫巨源適相會，東坡以三人字賦詩之。貢父時通判秦州也，莘老以言事謫湖南，故詩中云：「莫落江湖上，遂與屈子隣。」始坡與巨源同朝，坡不報巨源之謁，頗有纖介之嫌，至是講解詩云：「人情貴往返，不報生禍根。遂令平生友，終歲不及門。」蓋以此。【冊七卷八二二頁一　二支】（《輯佚》五〇一頁）

　　佚文記東坡過揚州，與劉貢父、劉莘老、孫巨源適相會，東坡以三人字賦詩之事。

　　劉貢父即劉攽，《資治通鑒》的編纂者之一，生平詳本文《江陰志》佚文研究。

〔註75〕北京大學古文獻研究所編：《全宋詩》卷一一三，北京大學出版社 1991 年 7 月第 1 版。

〔註76〕（清）尹會一修、程夢星等纂：雍正《揚州府志》卷二十三，《中國方志叢書》據雍正十一年刊本影印，臺北成文出版社 1957 年□月臺一版。

劉莘老即劉摯，劉摯，北宋永靜東光人，嘉祐四年中進士甲科。初任冀州南宮縣令時，因政績卓著，與信都令李沖、清河令黃莘被稱爲河朔三令。後任江陵府觀察推官，由韓琦推薦爲館閣校勘，陞遷爲著作郎。《宋史·劉摯傳》載：「摯性峭直，有氣節，通達明銳，觸機輒發，不爲利怵威誘。自初輔政至爲相，修嚴憲法，辨白邪正，專以人物處心，孤立一意，不受謁請。子弟親戚入官，皆令赴銓部以格調選，未嘗以干朝廷。……摯嗜書，自幼至老，未嘗釋卷。家藏書多自讎校，得善本或手抄錄，孜孜無倦。少好《禮》學，其究《三禮》，視諸經尤粹。晚好《春秋》，考諸儒異同，辨其得失，通聖人經意爲多。其教子孫，先行實，後文藝。每曰：『士當以器識爲先，一號爲文人，無足觀矣。』」〔註77〕其爲人正直有氣節，且好學不倦，初爲王安石器重，後因反對新法被貶。

孫巨源，名孫洙。《宋史·孫洙傳》載：「孫洙，字巨源，廣陵人。羈丱能文，未冠擢進士。包拯、歐陽修、吳奎舉應制科，進策五十篇，指陳政體，明白剴切。韓琦讀之，太息曰：『慟哭流涕，極論天下事，今之賈誼也。』再遷集賢校理、知太常禮院。……洙博聞強識，明練典故，道古今事甚有條理。出語皆成章，雖對親狎者，未嘗發一鄙語。文詞典麗，有西漢之風。士大夫共以丞輔期之，不幸早世，一時憫傷焉。」（同前，卷三百二十一）其爲學博文強識，通曉典故，北宋韓琦讀其文章，歎爲「今之賈誼」，士大夫對其期望很高，可惜早逝。

東坡以三人字所作的詩，《全宋詩》有收錄，題爲「廣陵會三同舍各以其字爲韻仍邀同賦」，其文如下：

「劉貢父 去年送劉郎，醉語已驚眾。如今各漂泊，筆硯誰能弄。我命不在天，羿彀未必中。做詩聊遣意，老大慵譏諷。夫子少年時，雄辯輕子貢。而來再傷弓，戢翼念前痛。廣陵三日飲集注作語，相對悅如夢。況逢賢主人，白酒潑春甕。竹西已揮，灣口猶屢送。羨子去安閒，吾邦正喧閧。

「孫巨源 三年客京輦，憔悴難具論。揮汗紅塵中，但隨馬蹄翻。人情貴集甲作責往返，不報生禍根。坐令平生友，終歲不及門。南來實清曠，但恨無與言。不謂廣陵城，得逢劉與孫。異趣不兩立，譬如王孫猿。吾儕久相聚，恐見疑排摈。我褊類中散，子通眞巨源。絕交固未敢，且復東南奔。」

「劉莘老 江陵昔相遇，幕府稱上賓。再見明光宮，峨冠挹搢紳。如今

〔註77〕《宋史》卷三百四十，中華書局 1977 年 11 月第 1 版。

三見子，坎坷爲逐臣。朝遊雲霄間，欲分丞相茵。暮落江湖上，遂於屈子鄰。了不見慍喜，子豈眞可人。邂逅成一歡，醉語出天眞。士方在田裏，自比渭與莘。出試乃大謬，絮狗難重陳。歲晚多霜露，歸耕當及辰。」〔註 78〕

佚文「莫落江湖上，遂與屈子隣」一句，《全宋詩》作「暮落江湖上，遂於屈子鄰」，「莫」字古同「暮」。

東坡廣陵詩用鳳釵事，蓋用劉言史詩云：「空聞隋苑耕人說，拾得蒼苔古鳳釵。」【冊七卷八二二頁一　二支】（《輯佚》五〇一頁）

劉言史，唐代詩人。字號、籍貫不詳。《全唐詩》載：「劉言史，邯鄲人，與李賀同時。歌詩美麗恢贍，自賀外，世莫能比。亦與孟郊友善。初客鎭冀，王武俊奏爲棗強令，辭疾不受，人因稱爲劉棗強。後客漢南，李夷簡署司空掾，尋卒。歌詩六卷，今編一卷。」〔註 79〕據吳廷燮《唐方鎭年表》李夷簡任職期考訂，劉言史歿於元和七年（812）左右，事蹟見皮日休所製《劉棗強碑》及元辛文房《唐才子傳》。

值得說明的是，佚文「空聞隋苑耕人說，拾得蒼苔古鳳釵」一句，《全唐詩》諸本並未見收錄，雖非完整的一首詩，但對劉之詩文，亦有拾遺補闕之功。

東坡守維揚，於石塔寺試茶，詩云：「禪窗麗午景，蜀井出冰雪。坐客皆可人，鼎器手自潔。」正謂諺云三不點也。【冊七卷八二二頁一　二支】（《輯佚》五〇一頁）

此詩《全宋詩》有收錄，詩前題記曰：「到官病倦，未嘗會客，毛正仲惠茶，乃以端午小集石塔，戲作一詩爲謝。」詩全文曰：「我生亦何須，一飽萬想滅。胡爲設方丈，養此膚寸舌。爾來又衰病，過午食輒噎。謬爲淮海帥，每愧廚傳缺。愛無欲清人，奉使免內熱。空煩赤泥印，遠致紫玉玦。爲君伐羔豚，歌舞菰黍節　。禪窗麗午景，蜀井出冰雪。坐客皆可人，鼎器手自潔。金釵候湯眼，魚蟹亦應訣。遂令色香味，一日備三絕。報君不虛受，知我非輕啜。」（同前，卷八一八）此詩是東坡因友人毛正仲贈茶，遂於端午時會於石塔寺品茶，並戲作一首詩作爲答謝。

佚文所云「三不點」是指宋代一品茶法則，見於宋胡仔《苕溪漁隱叢話》。「點」是指點茶，也即鬥茶、品茶。但品茶需要有良好的氛圍和條件，一是

〔註78〕 北京大學古文獻研究所編：《全宋詩》卷七八九，北京大學出版社 1991 年 7 月第 1 版。

〔註79〕 （清）彭定求等：《全唐詩》卷四六八，中華書局點校，1999 年 1 月第 1 版。

品茶之處：天氣、環境好；然後品飲的材料和器具：茶新器潔泉甘；再者品飲者的修養：多文人雅士。如果三者皆具備，則宜於點茶即飲茶，稱「三點」；反之，三者不備，則不飲，是為「三不點」。東坡於石塔寺試茶，必是新茶，且從其詩可看出，景好、水好、器潔、人可，皆不在「三不點」之列，符合宋代飲茶「三不點「之法則。東坡等聚會之所石塔寺，據《方輿勝覽》等書記載即揚州木蘭院，東坡此詩亦為《方輿勝覽》「石塔寺」條所引。

　　戴良詞罷洪府監兵，過廣陵，為東坡出所獲西夏刀劍。東坡命晁無咎作詩贈之：「三郎少日如乳虎，代父搏賊驚山東。硬弓長箭取官職，自說九戰皆先鋒。將軍奮勇饋不繼，痛惜靈武奇謀空。城頭柳榆不俛走，壯士志屈羞填胸。平生山西踏霜雪，洪府下濕號兒童。聞名未識二十載，初見長揖東坡公。銳頭短後凜八尺，氣似飲井垂簷虹。只今不語當陣立，望見已是千夫雄。往年身奪五刀劍，名玉所環犀兕同。晨朝攜來一府看，竊指私語驚庭中。紅粧擁坐花照酒，青萍拔鞘堂生風。螺旋鋩鍔波起脊，白蛟雙挾三蒼龍。試人一縷立褫魄，戲客三招森動容。東坡喜為出好礪，洮鴨綠石如堅銅。收藏入匣人意定，蛾眉稍進琉璃鐘。太平君子尚少比，必戒邾小毋莘蜂。舞干兩階庶可觀，跳空七劍令何庸。我為蘇公起揚觶，雅歌緩帶聊堪同。從公請礪歸作硯，聞公嘗諫求邊功。」〔冊七卷八二二頁一　二支〕（《輯佚》五○二頁）

　　作詩者晁無咎，《宋史・晁補之傳》載：「晁補之，字無咎，濟州鉅野人，太子少傅迥五世孫，宗愨之曾孫也。父端友，工於詩。補之聰敏強記，才解事即善屬文，王安國一見奇之。十七歲從父官杭州，稡錢塘山川風物之麗，著《七述》以謁州通判蘇軾。軾先欲有所賦，讀之歎曰：『吾可以閣筆矣！』又稱其文博辯雋偉，絕人遠甚，必顯於世。由是知名。」從《宋史》記載可知，蘇軾對其文章，非常讚賞，晁補之也因為蘇軾的稱讚而知名。其傳又曰：「補之才氣飄逸，嗜學不知倦，文章溫潤典縟，其淩麗奇卓出於天成。尤精《楚詞》，論集屈、宋以來賦詠為《變離騷》等三書。安南用兵，著《罪言》一篇，大意欲擇仁厚勇略吏為五管郡守，及修海上諸郡武備，議者以為通達世務。」〔註80〕可知其人不僅才氣飄逸，嗜學不倦，文章天成，且通達於世務。此詩《全宋詩》亦收錄，題為《贈戴嗣良歌時罷洪府監兵，過廣陵，為東坡公出獲西夏刀劍，東坡公命作》〔註81〕，佚文記「戴良詞罷洪府監兵，過廣陵」，從現存詩集來看，「戴良詞」當為「戴嗣良」之誤。《寶祐志》所存此詩，與《全宋詩》的收錄字詞多有不同，今且比對校勘之：佚文「將軍奮勇饋不繼」一

〔註80〕《宋史》卷四百四十四，中華書局 1977 年 11 月第 1 版。

〔註81〕北京大學古文獻研究所編：《全宋詩》卷一一二八，北京大學出版社 1991 年 7
　　　　月第 1 版。

句《全宋詩》作「將軍拳勇饋不繼」，當以《寶祐志》文爲正；而佚文「城頭
柳榆不俛走」一句不若《全宋詩》中「城頭挪揄下俯走」通順。佚文「只今
不語當陣立，望見已是千夫雄」，「只今」二字，《全宋詩》作「只令」，較佚
文爲佳。佚文詩中「名玉所環犀兕同」一句，「犀兕」，《全宋詩》作「犀笱」，
當以《寶祐志》文爲正。佚文「太平君子尙少比，必戒邠小毋莽蜂」，《全宋
詩》作「太平君子尙少惢，戒懼邠小毋莽蜂」，《大典》佚文錄入有誤。又佚
文「舞干兩階庶可覿，跳空七劍令何庸」一句，《全宋詩》作「舞干兩階庶可
覿，跳空七劍今何庸」，「令」、「今」字不同，當以《全宋詩》「今」字爲佳。
而《全宋詩》對此皆未注明，《寶祐志》佚文保留的這首詩與《全宋詩》的收
錄，相互之間具備一定的校勘價值。

　　東坡至揚州，獲二石，其一綠色，岡巒迤邐，有穴達於背；其一正白可鑒，漬以盆几案
間。忽憶在穎州日，夢人請往一官府，榜曰仇池，覺而誦杜子美詩云：「萬古仇池穴，潛通小
有天。」乃戲作小詩爲僚友一笑。「夢時良是覺時非，汲水埋盆故自疑。但見玉峰橫太白，便
從鳥道絕峨眉。秋風興作煙雪意，曉日今涵草木姿。一點空明是何處，老人眞欲住仇池。」又
云：「僕所藏仇池石，希代之寶也。」王晉卿以小詩借觀，意在於奪，不敢不借，然以此詩先
之。「海石來珠宮，秀色如蛾綠。坡陀尺寸間，宛轉陵巒足。連娟二華頂，空洞三茅腹。初疑
仇池化，又恐瀛洲蹙。殷勤嶠南使，饋餉淮東牧。得之喜無寐，與汝交不瀆。盛以高麗盆，藉
以文登玉。幽光先五夜，冷氣壓三伏。老人生如寄，茅舍久未卜。一夫幸可致，千里常相逐。
風流貴公子，竄謫武當谷。見山應已猒，何事奪所欲。欲留嗟趙弱，寧許負秦曲。傳觀愼勿許，
間道歸應速。」〔冊七卷八二二頁一　二支〕（《輯佚》五〇三頁）

　　《全宋詩》收錄有東坡「雙石」詩並敘：至揚州，獲二石，其一綠色，岡巒
迤邐，有穴達於背；其一正白可鑒，漬以盆水，置几案間。忽憶在穎州日，夢人請往一官
府，榜曰仇池，覺而誦杜子美詩云：「萬古仇池穴，潛通小有天。」乃戲作小詩爲僚友一笑。
「夢時良是覺時非，汲水埋盆故自疑。但見玉峰橫太白，便從鳥道絕峨眉。
秋風興作煙雪意，曉日今涵草木姿。一點空明是何處，老人眞欲住仇池。」
〔註82〕《輯佚》佚文與《全宋詩》的收錄基本相同，但「其一正白可鑒，
漬以盆几案間」一句，《大典》原文作「其一正白可鑒，漬以盆，置几案間」，
《輯佚》佚文脫一「置」字。而《全宋詩》此句爲「其一正白可鑒，漬以
盆水，置几案間」，於意更爲通順，相校之下，《大典》原文又脫一「水」
字矣。

〔註82〕北京大學古文獻研究所編：《全宋詩》卷八一八，北京大學出版社 1991 年 7
　　　月第 1 版。

東坡為仇池石所作之詩，《全宋詩》亦有收錄，詩前題記曰：「僕所藏仇池石，希代之寶也。王晉卿以小詩借觀，意在於奪，不敢不借，然以此詩先之。」由此知《輯佚》佚文標點有誤。此外，佚文「殷勤嶠南使，饋餉淮東牧」一句《全宋詩》作「殷勤嶠南使，饋餉揚州牧」，後有東坡自注曰：「僕在揚州，程德孺自嶺南解官還，以此石見遺。」（同前，卷八一九）但《全宋詩》亦未有「揚州，一作淮東」之注，蓋未見《寶祐志》佚文也。

上述諸條佚文均為東坡在揚州的詩話軼事，應是出自宋人所撰詩話、筆記類書籍，但宋及後代詩話如《詩話總龜》、《東坡詩話》、《六一詩話》、《誠齋詩話》、《滄浪詩話》、《觀林詩話》、《東坡詩話錄》等其他諸多詩話中均未見收錄。今人著作《宋詩話全編》、《宋人軼事彙編》、《蘇東坡軼事彙編》等書亦未見收錄，寶祐《惟揚志》中如此集中地收錄東坡在揚州的詩話軼事，對輯錄蘇東坡在揚州的詩話軼事有頗有價值。

> 東坡自揚州召還，郊禮後有《次韻蔣穎叔錢穆甫從駕景靈宮》二詩，一云：「歸來病鶴記城闉，舊踏松枝雨露新。半白不羞垂領雪，軟紅猶戀屬車塵。雨收九陌豐登後，日麗三元下降辰。粗識君王為民意，不才何以助精禋。」王仲至和之，末云：「誰知第七車中客，天遣歸來助慶禋。」坡稱歎久之。蓋漢兒寬嘗出為揚州刺史，後自揚州召還，陪武帝郊祀，乘車在駕前。帝回至渭橋上，見一婦人洗乳於渭水上，帝遣問之。婦人曰：「第七車中客，知我也。」上使使問，是兒寬。寬奏曰：「天上長乳星，祭祀不潔即見。」帝悚然。坡時為尚書，亦乘車在駕前。」【冊七卷八二二頁一　二支】（《輯佚》五〇三頁）

佚文中東坡的這首詩元陳秀明《東坡詩話錄》卷三亦有記載，並注此則佚文出自《藜藿野人詩話》。內容基本相同，但文字略異。惟《叢書集成新編》本《東坡詩話錄》「不才何以助精禋」一句，作「不才何以助精神」，從前後文來看，顯然有誤，「助精神」當為「助精禋」方確。《宋史·蘇軾傳》載：「（元祐）七年，徙揚州。舊發運司主東南漕法，聽操舟者私載物貨，徵商不得留難。故操舟者輒富厚，以官舟為家，補其敝漏，且周船夫之乏，故所載率皆速達無虞。近歲一切禁而不許，故舟弊人困，多盜所載以濟飢寒，公私皆病。軾請復舊，從之。未閱歲，以兵部尚書召兼侍讀。」〔註83〕可知蘇軾於元祐七年到揚州任，於是年又以兵部尚書兼侍讀召回。佚文中的這首詩即隨君郊禮後所作，氣象新麗且頗有報國之意。〔註84〕王仲至和此詩將東坡比作漢武

〔註83〕《宋史》卷三百三十八，中華書局 1977 年 11 月第 1 版。
〔註84〕（元）陳秀明：《東坡詩話錄》卷三，《叢書集成新編》79 冊，臺北新文豐出版社 1985 年版，第 68 頁。

帝時的兒寬，是對其學識的讚賞和肯定。

東坡在揚州的任職時間很短，卻也不乏利益百姓的事蹟，明清揚州方志皆有所記載。除上文《宋史》中所載之事外，萬曆《揚州府志·秩官》載：「先是，蔡京知揚州。宴集爲萬花會，用芍藥數十萬株，吏緣爲奸。軾悉罷之，民大悅服。未閱歲，以兵部尚書召，兼侍讀。」〔註85〕蘇軾罷蔡京萬花會，此事在蘇軾解決揚州舟弊人困之事前，蓋是其到任後不久，即爲老百姓作了一件大好事，因此，「民大閱服」。

田承君云：王居卿在揚州，同孫巨源、蘇子瞻適相會，居卿置酒曰：「疏影橫斜水清淺，暗香浮動月黃昏。此林和靖梅花詩，然而詠杏與桃李皆可。」東坡曰：「可則可，但恐杏與桃李不敢承當。」一座大笑。〔冊七卷八二二頁一　二支〕（《輯佚》五〇一頁）

子瞻即蘇軾字，今人輯《宋人軼事彙編》中記載有此則軼事，但未入東坡下，而歸入林逋軼事。軼事敘述前面脫「田承君云」四字，但注明引自《直方詩話》。〔註86〕《寶祐志》爲宋代編纂，其中所引北宋《直方詩話》應當更準確些，當以爲正。

劉季孫能詩，善用事，《送孔宗翰知揚州詩》云：「詩書魯國真男子，歌吹揚州作貴人。」人多稱其精當。（〔冊七卷八二二頁一　二支〕（《輯佚》五〇三頁）

此則佚文應當是出自宋葉少蘊《石林詩話》：「劉季孫，平之子，能做七字，家藏書數千卷，善用事。《送孔宗翰知揚州詩》有云：『詩書魯國真男子，歌吹揚州作貴人。』多稱其精當。爲杭州鈐轄，子瞻作守，深知之。後嘗以詩寄子瞻云：『四海共知霜滿鬢，重陽曾插菊花無？』子瞻大喜。在潁州和季孫詩，所謂『一篇向人寫肝肺，四海知吾雙鬢斑』。蓋記此也。」〔註87〕

呂申公守維揚，秦觀以舉子謁見。時適中秋，雲山閣新成，宴客其上，公素聞秦才名，即煩撰樂語云云。公得之大喜，即召同席，禮爲上客。是夕卻微陰，秦復別作云：「自是我公多惠愛，卻回春色作秋陰。」〔冊七卷八二二頁一　二支〕（《輯佚》五〇四頁）

呂申公即呂公著，事蹟參見前文《廣陵續志》【詩文】類佚文考釋。

參寥云：「舊有一詩寄少游，少游和云：樓閣過朝雨，參差動霽光。衣冠分禁路，雲氣繞宮牆。亂絮迷春閣，嬌花困日長。平康何處是，十里帶垂楊。孫莘老讀此詩至末句云：『這小

〔註85〕（明）楊洵修、徐鑾纂：《揚州府志》卷九，《北京圖書館古籍珍本叢刊25》，書目文獻出版社 2000 年 7 月版。

〔註86〕丁傳靖：《宋人軼事彙編》卷七，中華書局 1981 年 9 月第 1 版。

〔註87〕（宋）葉夢得：《石林詩話》卷中，《叢書集成新編》348 冊，臺北新文豐出版公司 1985 年版。

子又賤相發也。』少游後編《淮海集》遂改云：經句率酒伴，猶未厭長楊。」【冊七卷八二二頁一　二支】（《輯佚》五〇四頁）

　　參廖，即宋代僧人釋道潛，俗姓何字參廖，於潛（今浙江臨安）人，與當時的士大夫蘇軾、秦觀等爲詩友，情深意投，爲文學史上的佳話。後因與蘇軾反對王安石變法有牽連，一度被勒令還俗，謫居兗州。建中靖國元年（1101）受詔復還，重新落髮爲僧，賜號妙總大師。與其同時的陳師道稱其爲「釋門之表，士林之秀，而詩苑之英。」〔註88〕崇寧五年，歸老江湖，有《參廖子集》十二卷傳世。秦觀，字少游，一字太虛，號邗溝居士和淮海居士，學者稱淮海先生。揚州高郵人，宋神宗元豐八年（1085）進士，北宋文學家，《宋史》卷四四四有其傳。其所編《淮海集》共四十卷。現在所保存的最早、最完整宋本《淮海集》，是南宋乾道年間高郵軍所刻的《淮海集》四十卷、《長短句》三卷、《後集》六卷，共四十九卷。佚文中的秦觀和詩見《淮海集》，題爲「輦下春情」，文曰：「樓闕過朝雨，參差動霽光。衣冠紛禁路，雲氣繞宮牆。亂絮迷春閣，蔫花困日長。經句率酒伴，猶未厭長楊。」〔註89〕《全宋詩》此詩內容如下：「樓闕過朝雨，參差動霽光。衣冠紛禁路，雲氣繞宮牆。亂絮迷春閣，蔫花困日長。經句辜酒伴，猶未獻長楊。」〔註90〕與佚文相比，「衣冠分禁路」一句，四庫本《淮海集》與《全宋詩》皆作「衣冠紛禁路」，似以「紛」字爲好。佚文「嫣花困日長」一句，其餘本皆作「蔫花困日長」，《全宋詩》對佚文中「嫣花」說亦未注出。佚文「經句率酒伴，猶未厭長楊」一句，佚文、四庫本《淮海集》與《全宋詩》三者皆不盡同，《全宋詩》僅注「辜」字或作「牽」，卻未見《寶祐志》佚文「經句率酒伴」中還有「率」字一說也，不過三者相較，似以《全宋詩》「辜」字爲佳。

　　佚文《寶祐志》中此條佚文即記錄了參廖與秦觀的詩文往來的一段故實，佚文中孫莘老即北宋名賢孫覺，字莘老，爲江蘇高郵人。皇祐元年進士，歷合肥主簿、館閣校勘。神宗朝爲右正言，知諫院，以忤王安石出知廣德軍，歷知湖、廬、潤、蘇、福、亳、揚、徐州、應天府，召爲太常少卿，改秘書少監。哲宗即位，遷右諫議大夫，擢御史中丞。元祐五年卒，年六十三。其人亦曾在揚州爲官，與王安石、蘇軾、黃庭堅交厚，事蹟見《東都事略》卷

〔註88〕　（宋）陳師道：《後山居士文集》卷六，上海古籍出版社 1982 年版。
〔註89〕　（宋）秦觀：《淮海集》卷七，文淵閣《欽定四庫全書》本。
〔註90〕　北京大學古文獻研究所編：《全宋詩》卷一〇五八，北京大學出版社 1991 年 7月第 1 版。

九二，清嘉慶《揚州府志・雜志》亦載有其軼事數則，《宋史》卷三四四有傳。

清老者，金華俞子忠也。黃庭堅與共學淮南。元豐甲子相見於廣陵，荊公欲使之脫逢掖、著僧伽、奉香火於半山宅寺，所謂報寧禪院者。後數年見之，儒冠自若也。因戲和清老詩云：「索索葉自雨，月寒遙夜闌。馬嘶車鐸鳴，群動不遑安。有人夢超俗，去髮脫儒冠。平明視清鏡，政爾良獨難。」子瞻屢哦此詩以爲好也。〔冊七卷八二二頁一　二支〕（《輯佚》五〇四頁）

清嘉慶《揚州府志・雜志二》中載：「俞澹，字清老，紫芝之弟也，不娶。滑稽諧謔，曉音律能歌，王荊公喜之。晚年作漁家傲等詞，山行歌之，一日云：『吾欲爲浮屠。』公欣然爲置祠部，約日祝髮。後乃曰：『吾思僧亦不易，爲公所贈祠部，已送酒家矣。』荊公大笑。乾隆《江都縣志》」〔註91〕佚文與《嘉慶志》均記載清老爲僧不成，令王荊公或戲或樂，但佚文與清《嘉慶志》中的內容毫不雷同，蓋所引文獻不同，且佚文中保留了王安石的一首詩文，與後志可以相互補充。《全宋詩》收錄有王荊公《戲答俞清老道人寒夜三首》，佚文中此詩即爲其中之一。

高宗爲康王日登平山，幸大明寺，見寺中白菖蒲一盆，高三尺許，甚異之，遂留題曰：「惟不識泥土，堆根抱玉泉。」寺令僧智嵩聯句云：「雖離岩谷伴，也則翠千年。」帝顧智嵩曰：「若亦能詩邪！」未幾空中虹霓現，再令僧賦之曰：「水染青紅帶一條，和雲和雨繫天腰。玉皇爲厭皇宮倦，故築空中萬丈橋。」帝大稱賞。〔冊七卷八二二頁一　二支〕（《輯佚》五〇四頁）

佚文中康王即南宋高宗趙構。釋智嵩，事蹟不詳，《全宋詩》載：「釋智嵩，揚州大明寺僧。高宗爲康王日曾與聯句，事見《永樂大典》卷八二二引《維揚志》，今錄詩二首。」〔註92〕題爲《白菖蒲聯句》、《賦虹霓》。其中《白菖蒲聯句》因係僧與帝合作，故《全宋詩》宋高宗下亦收錄。此則佚文應出自宋代詩話，記述《白菖蒲聯句》和《賦虹霓》二詩的由來軼事，頗爲生動，《全宋詩》亦附錄佚文全文。

高英秀者，吳越國人，好罵滑稽，嘗譏罪隱揚州，詩云：「雲中雞犬劉安過，月裏笙簫煬帝歸。」定是見鬼詩也。〔冊七卷八二二頁一　二支〕（《輯佚》五〇四頁）

高英秀，史書不見記載。宋胡仔《漁隱叢話前集》載：「《西清詩話》云：高英秀者，吳越國人，與贊寧爲詩友，口給好罵，滑稽，每見眉目有異者，必噂短於其後，人號惡喙薄徒。嘗譏名人詩病云：李山甫《覽漢史》云『王

〔註91〕（清）阿克當阿修，姚文田等纂：嘉慶《重修揚州府志》卷七十二，《中國方志叢書》據嘉慶十五年刊本影印，臺北成文出版社1985年版。

〔註92〕北京大學古文獻研究所編：《全宋詩》卷二〇五三，北京大學出版社1991年7月第1版。

莽弄來曾半破，曹公將去便平沈』，定是破船詩。李群玉《詠鷓鴣》云『方穿詰曲崎嶇路，又聽鉤輈格磔聲』，定是梵語詩。羅隱云『雲中雞犬劉安過，月裏笙歌煬帝歸』，定是見鬼詩。杜荀鶴云『今日偶題題似著，不知題後更誰題』，此衛子詩也，不然安有四蹄？贊寧笑謝而已。」〔註93〕據此知佚文當出自《西清詩話》，高英秀者，爲北宋著名詩人贊寧的詩友，其人好譏諷，對諸人詩句妄加評議，贊寧笑謝之而已。

　　右司郎中麋公師旦，慶元乙卯歲將命餞客，以十一月既望回次揚州，因遊平山堂，恍如疇昔所嘗到，獨歡惜壁間字畫、堂前楊柳之不存耳。翌日，絕江適其兄倅京口，即移柳數十本屬揚帥趙子固爲補植，且寄詩云：「壁上龍蛇飛去久，堂前楊柳補來新。一生企慕歐陽子，重到平山省後身。」是夕舟行，昆弟對語至戌夜方寢，晨起視之，則公已逝矣。先是公登第時，過婦家於姑蘇之黃渡，飲於圖。夜半忽屏間有大書太師字，秉燭聚觀，墨影隨減，人謂公它日必遠到。至是始悟歐陽公官止於太子太師，益驗後身之句云。【冊七卷八二二頁一　二支】（《輯佚》五〇五頁）

　　此段佚文嘉慶《揚州府志・雜志二》亦有載，內容與佚文相同，且注明出自乾隆《江都縣志》，現在看來寶祐《惟揚志》中早已記載，後志應是繼承《寶祐志》而來。麋師旦，字周卿，吳縣人（今江蘇蘇州），《宋史》無傳。宋高宗紹興十八年（1148）進士，歷官高郵、西安尉，通州、南康軍、衢州教授，知富陽縣、秀州。宋寧宗慶元初年以左司郎中召，適金國賀生辰使至，假顯謨閣學士充接伴使。宋慶元三年（1197）卒於常州。佚文記麋公遊揚州平山堂賦詩、去世之事，並據其生前事蹟及此詩，悟出麋公爲歐陽公後身，敘事頗有眉目，蓋出自宋人筆記一類。

　　羅隱《獻淮南崔相公》：天臨黃閣如秋淨，日照洪鈞若晝清。虎帳坐分眞宰氣，象筵吹出泰階聲。雲霞自入淮王夢，風月誰含煬帝情。見說蓬萊百王發，玉皇吟出廣陵城。【冊三四卷二七四四頁九　八灰】（《輯佚》五〇五頁）

　　羅隱，字昭諫，新城（今浙江富陽市新登鎮）人，晚唐五代詩人。大中十三年底至京師，應進士試，歷七年不第。咸通八年乃自編其文爲《讒書》，益爲統治階級所憎惡，故羅袞贈詩曰：「讒書雖勝一名休」。後來又斷斷續續考了幾年，總共考了十多次，自稱「十二三年就試期」，最終還是鎩羽而歸，史稱「十上不第」。黃巢起義後，避亂隱居九華山。光啓三年五十五歲時，歸鄉依吳越王錢鏐，歷任錢塘令、司勳郎中、給事中等職。羅隱在唐末五代詩名甚

〔註93〕　（宋）胡仔：《漁隱叢話前集》卷五十五，文淵閣《欽定四庫全書》本。

盛，有一些精警通俗的詩句流傳人口，成爲經典名言。如「時來天地皆同力，運去英雄不自由」「家財不爲子孫謀」「今朝有酒今朝醉」「任是無情也動人」等等。其著述甚豐，但散佚嚴重，今存詩歌約 500 首，有詩集《甲乙集》傳世，散文名著《讒書》五卷 60 篇（殘缺 2 篇），哲學名著《兩同書》兩卷（10 篇），小說《廣陵妖亂志》《中元傳》等，另有書啓碑記等雜著約 40 篇。佚文中的這首詩見收錄於《全唐詩補逸》卷一三，即是輯自《大典》。

洪咨夔《寄崔帥》：

歸鴻隻影宿汀州，夢繞蘆花不奈愁。穎谷杯羹無日遺，翳桑橐飯有時酬。功名曠世來斯受，議論驚人合則流。此事大關天下望，殷勤爲報古揚州。

美官誰不愛，所貴以道得。道足以得之，有底去尤力。祥麟快掣鎖，玄鶴不受弋。此意關重輕，當有識者識。

欽永早患失，光禹晚志得。飄風一鴻毛，何能益人國。己重物乃輕，此理有深識。方寸浩然氣，天地吾其塞。

富貴紛探驪，功名競騎虎。眉端萬國愁，心意良獨苦。五年安邊功，絕口不自語。仙帆去蓬萊，急浪一砥柱。

出江梅未花，過嶺青著枝。解裝書滿林，自課應門兒。獨樂非不好，民瘼將疇醫。詔來不俟駕，世事猶可爲。

揚州傾城出，作遠事追送。諸生更依依，瘦馬踏朝凍。冥鴻去何許，水落霜宇空。鬢短心緒長，危檣曳清夢。〖冊三四卷二七四四頁二十一　八灰〗（《輯佚》五○四頁）

洪咨夔，《宋史》本傳載：「字舜俞，於潛人。嘉定二年進士，授如皋主簿，尋試爲饒州教授。作《大治賦》，樓鑰賞識之。授南外宗學教授，以言去。丁母憂，服除，應博學宏詞科，直院莊夏舉自代。崔與之帥淮東，辟置幕府，邊事纖悉爲盡力。丘壽雋代與之爲帥，金人犯六合，揚州閉門設守，咨夔亟詣壽雋言曰：『金人忌楚，必未至揚，乃先自示弱，不特淮左之人心動，而金人且驕必來矣。第當遠斥堠、精間探，簡士馬，張外郡聲援而大開城門，晏然如平時。若金人果來犯，某當身任之。』壽雋愧謝。已而金人果遁。……擢給事中，史嵩之入相，召赴闕下，進刑部尚書，拜翰林學士、知制誥。求去愈力，加端明殿學士，卒。御筆：『洪咨夔鯁亮忠愨，有助親政，與執政恩例，特贈兩官。』其遺文有《兩漢詔令攬抄》、《春秋說》、外內制、奏議、詩文行於世。」〔註94〕萬曆《揚州府志·秩官傳》中亦載有其事蹟。御筆稱其人鯁亮忠愨，有助親政，可謂貼切。

〔註94〕《宋史》卷四百○六，中華書局 1977 年 11 月版。

　　佚文中詩文名爲《寄崔帥》，共有六首詩，《全宋詩》均收錄，第一首題爲《寄崔帥卿》，後五首題爲《送崔少蓬南歸》〔註95〕，與《大典》佚文完全相同，爲勉勵抒懷之作。崔帥即崔與之，《宋史・崔與之傳》載：「字子正，廣州人。……金南遷於汴，朝議疑其進迫，特授直寶謨閣、權發遣揚州事、主管淮東安撫司公事。寧宗宣引入內，親遣之，奏選守將、集民兵爲邊防第一事。既至，濬濠廣十有二丈，深二丈。西城濠勢低，因疏塘水以限戎馬。開月河，置釣橋。州城與堡砦城不相屬，舊築夾土城往來，爲易以甓。因滁有山林之阻，創五砦，結忠義民兵，金人犯淮西，沿邊之民得附山自固，金人亦疑設伏，自是不敢深入。揚州兵久不練，分強勇、鎮淮兩軍，月以三、八日習馬射，令所部兵皆仿行之。淮民多畜馬善射，欲依萬弩手法創萬馬社，募民爲之，宰相不果行。」〔註96〕記錄了其在揚州構築工事，整軍禦金的事蹟。

　　李涉《醉中贈崔膺》：與君兄弟斥嶺故，與君相逢楊子渡。白浪南分吳塞雲，綠楊西入隋宮路，隋家文物今誰改，舞館歌臺今尚在。煬帝陵邊草木深，汴河流水空歸海。今古悠悠人自別，似此繁華終未歇。大道青樓夾翠煙，瓊瑤繡帳開明月。與君一言兩相許，外捨形骸中而汝。揚州歌灑不可追，洛神映□湘妃語。白馬黃金爲身置，誰能獨羨慕他人醉。暫到香爐一夕間，能展愁眉百年事，君看白日光如箭，一度別來顏一變。早謀侯印佩腰間，莫遣看花鬢如霰。【冊三四卷二七四四頁二十一　八灰】（《輯佚》五○六頁）

　　李涉，生卒不詳，唐代詩人。自號清溪子，洛（今河南洛陽）人。早歲客梁園，逢兵亂，避地南方，與弟李渤同隱廬山香爐峰下。後出山作幕僚。憲宗時，曾任太子通事舍人。不久，貶爲峽州（今湖北宜昌）司倉參軍，在峽中蹭蹬十年，遇赦放還，復歸洛陽，隱於少室。文宗大和（827～835）中，任國子博士，世稱「李博士」。著有《李涉詩》一卷。佚文中的這首詩，《全唐詩》中亦有收錄，其文如下：

　　與君兄弟匡嶺故，與君相逢揚子渡。白浪南分吳塞雲，綠楊深入隋宮路。隋家文物今雖改，舞館歌臺基尚在。煬帝陵邊草木深，汴河流水空歸海。古今悠悠人自別，此地繁華終未歇。大道青樓夾翠煙，瓊瑋繡帳開明月。與君一言兩相許，外捨形骸中爾女。揚州歌酒不可追，洛神映箔湘妃語。白馬黃金爲身置，誰能獨羨他人醉。暫到香爐一夕間，能展愁眉百世事。君看白日光如箭，一度別來顏色變。早謀侯印佩腰間，莫遣看花鬢如霰。〔註97〕

〔註95〕北京大學古文獻研究所編：《全宋詩》卷二八○九，北京大學出版社1991年7月第1版。

〔註96〕《宋史》卷四百○六，中華書局1977年11月第1版。

〔註97〕（清）彭定求等：《全唐詩》卷四七七，中華書局點校，1999年1月第1版。

　　《寶祐志》此詩文字與之多有不同，中華書局點校之《全唐詩》，除「能展愁眉百世事」一句，注出「百世」一作「百年」外，其餘多處均未注出，蓋未見《寶祐志》佚文。

　　趙師罩《綠萼梅詩》：「南枝飛影到橫牎，點點凌寒學弄粧。玉色不親紅粉鏡，冰肌宜裼綠羅裳。向人驕小春先動，越樣尖新夜更香。不爲此花排日醉，廣平眞是鐵心腸。〔冊三五卷二八〇九頁二十二　八灰〕（《輯佚》五〇七頁）

　　趙師罩《減字木蘭花詞》：江南春早，春到南枝花更好。不比尋常，深著臙脂學弄粧。壽陽開燕，拂拂紅霞生酒面。從此溪橋，步障翻騰著絳綃。〔冊三五卷二八〇九頁十六　八灰〕（《輯佚》五〇六頁）

　　趙師罩《元夕》：古來燈火盛維揚，今歲元宵樂未央，只欠明皇擁仙仗，彩雲高處舞霓裳。〔冊一百八三卷二〇三五四頁九　二質〕（《輯佚》五〇九頁）

　　其人正史中無傳，隆慶《儀眞志・官師考上》載：「趙師罩，字從善。進士時鐵錢不行，商遂阻。師罩請捐度牒，出倉粟收之，鹽利復通，修學校，創漏澤園。特以諂事侂冑爲時所鄙。」〔註98〕佚文中的兩首詩《全宋詩》中均有收錄，與《寶祐志》所載相同，而其所撰《減字木蘭花詞》在《全宋詞》中未見收錄，是一首佚詞。

　　王安石《送陳升之序》：今世所謂良大夫者有之矣，皆曰是宜任大臣之事者。作而任大臣之事，則上下一失望，何哉？人之材有小大而志有遠近也。彼其任者小而責之近，則煦煦乎仁而有餘於仁矣，孑孑然義而有餘於義矣。人見其仁義有餘也，則曰是其任者小而責之近大任將有大此者。然上下竢之云爾，然後作而任大臣之事。大臣之事宜有大此者焉，然則煦煦然而已矣，孑孑然而已矣，故上下一失望。豈惟失望哉，後日誠有堪大臣之事，其名實蒸然於上，上必懲前日之所竢而逆疑焉；暴於下，下必懲前日之所竢而逆疑焉。上下交疑，誠有堪大臣之事者而莫之。或任幸欲任，則左右小人得引前日之所埃懲之矣。噫！聖人謂知人難，君子惡名之溢於實爲此難。則奈何？亦精之而已矣。惡之則奈何？亦充之而已矣。知難而不精之，惡之而不能充之，其亦殆哉。予在揚州，朝之人過焉者多堪大臣之事，可信而望者陳升之而已矣。今去官於宿州，予不知復幾何時乃一見之也。予知升之作而任大臣之事固有時矣，煦煦然仁而已矣，孑孑然義而已矣，非予所以望於升之也。〔冊四五卷三一四一頁六　九眞〕（《輯佚》五〇七頁）

　　這篇文章王安石《臨川文集》卷八十四亦有收錄。從佚文內容可知，此序是王安石在陳升之離揚州去宿州時所作，是一篇辯論爲官用人之道的說理文章，論述了知人之難、名實不符及其解決之道。陳升之，北宋建州建陽（今

〔註98〕　（明）申嘉瑞修，李文、陳國光等纂：隆慶《儀眞縣志》卷四，《天一閣方志選刊》，上海古籍書店據天一閣藏本影印，1963 年 9 月版。

屬福建）人，原名旭，字暘叔。景祐進士。累遷知諫院，建議對轉運使進行考課，即受命領磨勘轉運使及提點刑獄功務。嘉祐五年（1060），除樞密副使，以臺諫交章論罷。初與王安石善，支持變法。熙寧二年（1069），與王安石同領制置三司條例司。入相後，即請免條例司，與安石不合，稱疾去位。後復爲樞密使，出判揚州。《大典》本《鎮江志》人物類佚文中載有陳升之，參見本文關於該志「陳升之」條佚文考釋。

　　宋紹興六年，詔提點淮南公事張成憲別措置大軍所須茭芻，毋令搔擾。時淮泗大軍所須茭芻甚夥，成憲均之，揚、楚、泰州暨高郵，每州十萬束，民間津送每 有至五六百錢者，右司諫王縉奏乞令諸軍願得錢就便收買者聽，餘令採之近地，雇人以官舟運之。故有是詔。〖冊二八卷二四〇六頁十七　六模〗（《輯佚》五〇八頁）

　　《永樂大典》原文中此條佚文題爲「軍需茭芻」，內容記錄紹興六年揚州、楚州、泰州、高郵等地奉詔令輸送軍需茭芻，但起初勞民而傷財，後諫官王縉獻策令諸軍就近購買，避免了對百姓的騷擾。張成憲，時任提點淮南公事，負責辦理此事。其人《宋史》不見記載，但宋洪邁《夷堅志》載有其軼事：「張成憲，字維永，監陳州糧料院。時宛丘尉謁告，暫攝其事。捕獲強盜兩種，合十有五人，送於縣，具獄未上。尉即出參告，白郡守。求合兩盜爲一。冀人數滿品，可憂得京官。郡守素與尉善，許諾，以諭張。張曰：『尉欲賞無不可，若令竄易公牘，合二者爲一，付有司鍛鍊遷就，則成憲不敢爲。』郡守不能奪，尉殊忿恨，殆成仇怨。後十二年，張爲江淮發運司從事，設醮茅山。夜宿玉宸觀，夢其叔告曰：『陳州事可保無虞，但不可轉正郎。』已而至殿庭，殿上王者問曰。陳州事尚能記憶否。對曰：『歷歷皆不忘。但無案牘可證。』王曰：『此中文籍甚明。』無用許，既出。見二直符使，各抱一錦繡與之。曰：『以此相報。』張素無子。是歲生男女各一人。又七年，轉大夫官，得直秘閣而終。邊維岳說。」〔註99〕從此則軼事可以看出，張成憲的爲官應是比較正直的。

　　《減字木蘭花詞》：「舞臺歌院，雨後西風寒翦翦。翠掩屏風，花輿殘霞一樣紅。宮裀隱繡香軟巧隨蓮步縐。不怕霜寒，日日拚教醉畫欄。」〖冊三卷五四〇頁十六　一東〗（《輯佚》五〇八頁）

　　佚文這首詞，中華書局出版之《全宋詞》錄於第五冊「無名氏」下，題爲「減字木蘭花詞木芙蓉」，所注出處即《大典》本《惟揚志》，這首詞在《大典》

────────────

〔註99〕　（宋）洪邁：《夷堅志》卷十七，《叢書集成新編》82 冊，臺北新文豐出版公司 1985 年版，第 307 頁。

中收錄於「木芙蓉」下，《全宋詞》將其中「不怕霜寒」錄爲「不怕露寒」，誤。

《泰興道中》：「縣郭連青竹，人煙近綠羅。地偏春事少，山向夕陽多。暗水披岩落，輕帆掠岸過。傳呼細扶柂，吾老怯風波。」〖冊八八卷七九六二頁十　十九庚〗（《輯佚》五○八頁）

這首詩見收錄於《全宋詩》，作者韓駒，《宋史·文苑七》載：「韓駒，字子蒼，仙井監人。少有文稱。政和初，以獻頌補假將仕郎，召試舍人院，賜進士出身，除秘書省正字。尋坐爲蘇氏學，請監華州蒲城縣市易務。知洪州分寧縣。召爲著作郎，校正御前文籍。駒言國家祠事，歲一百十有八，用樂者六十有二，舊撰樂章，辭多牴牾。於是詔三館士分撰親祠明堂、圓壇、方澤等樂曲五十餘章，多駒所作。……高宗即位，知江州。紹興五年，卒於撫州。進一官致仕，贈中奉大夫，與遺澤三人。駒嘗在許下從蘇轍學，評其詩似儲光羲。其後由宦者以進用，頗爲識者所薄雲。」〔註100〕韓駒少有文稱，嘗從蘇轍學，善撰國家祠事所用之樂章。《全宋詩》其文如下：「縣郭連青竹，人家蔽綠羅。地偏春事少，山迴夕陽多。暗水披崖出，輕舸掠岸過。傳呼細扶柁，吾老怯風波」〔註101〕，佚文與《全宋詩》收錄的《泰興道中》頗不相同，可爲此詩的又一版本。《全宋詩》未予注出，可見未參考《大典》佚文。

《凝香小集·即席和蔡子明韻》：「揚州曾說舊時春，翠幕珠簾看洛神。想見東風香十里，人人宜笑更宜嚬。筆下文章似有神，多慚誇說籍中人。教成歌舞君知否，也是元戎號令新。」（《輯佚》五○八頁）

《得京都華燈於維揚，招同官凝香預賞》：「燈火盛長安，生平所未觀。霞飛雲母鏡，月射寶珠團。預賞通春信，交光闢夜寒。今宵共一醉，留取上元看。公家乘得暇，僚友聚凝香。歌扇融春響，星球炯夜光。月華窺粉黛，簾影隔絲簧。和氣知多少，人人入醉鄉。」〖冊一百八三卷二○三五三頁五　二質〗（《輯佚》五○八頁）

這兩首詩不知出自何人之手，佚文中之《凝香小集》，《兩宋名賢小集》和《南宋群賢小集》均未見收錄。

【湖泊】：

黃寺湖，在江都縣彭城鄉。〖冊一八卷二二六一頁二十一　六模〗（《輯佚》四九一頁）

張家湖，在江都縣西北孫渡橋西太平鄉界。〖冊二十卷二二七○頁九　六模〗（《輯佚》四九一頁）

〔註100〕《宋史》卷四百四十五，中華書局1977年11月第1版。

〔註101〕北京大學古文獻研究所編：《全宋詩》卷一四四一，北京大學出版社1991年第1版。

董家湖，在江都縣長樂鄉。〔同前〕（《輯佚》四九一頁）

馬渚湖，湖接張家湖，介於太平鄉輻輳鄉之間。〔冊二十卷二二七○頁十二　六模〕（《輯佚》四九二頁）

萬曆《揚州府志》、雍正《揚州府志》、嘉慶《重修揚州府志》中江都縣諸湖以及雍正、乾隆《江都縣志》中均未見記載有佚文中的黃寺湖、張家湖、董家湖、與馬渚湖，說明揚州江都縣這些湖泊至晚至清前期已經不存在或改名。《寶祐志》中的這些有關湖泊的佚文爲我們保留了南宋江都縣湖泊分佈的一些情況，是珍貴的南宋揚州地理資料。

鴨子湖，湖在泰興縣湖河之北，抵柴墟鎮濟川河之南，凡六十有餘里，昔可通舟，今湮塞矣。〔冊二十卷二二七○頁十一　六模〕（《輯佚》四九一頁）

嘉慶《重修揚州府志·山川》「泰州」下載：「鴨子湖，在州南二十里，周二十五里，西通濟川河，東接運鹽河。」〔註102〕與萬曆《揚州府志》中的記載相同，和佚文中記載略有差異，佚文中稱此湖「凡六十有餘里」，而《嘉慶志》稱「周二十五里」，說明鴨子湖在宋寶祐以前的面積遠比清代時大，但至少在寶祐年間湖已湮塞，從《嘉慶志》的記載來看，此湖在後世一定是又重新經過疏通的。佚文與後志均記此湖與濟川河相通，此河在泰州，據《嘉慶志·山川》中載：「濟川河，在州南，自運河壩三十里至至廟灣，又二十里至濟川鎮，通揚子江，賈舶商帆多由此入。」（同前）文中提到此湖東接運鹽河，此河在江都縣，《嘉慶志·山川》中載：「運鹽河，在城東北二十里，舊志云：漢吳王濞開，自灣頭起東行七十里至斗門入泰州界，又東行一百六十里至海安入如皋界，又東南行一百一十里至白蒲入通州界，又東行七十里至新塞如海門界，又東行八十里達呂四場。其支派通各鹽場皆爲運鹽河，統名之曰串場河。」（同前）佚文中稱鴨子湖在泰興縣湖河北，泰興縣本屬泰州，北宋宣和四年屬揚州，因此寶祐《惟揚志》中對此湖加以記載。但佚文中的「湖河」並不見載於《嘉慶志》中，可能此河至清代已不存。

【水利】：

唐梁肅撰《愛敬陂水門記》：歲在戊辰，揚州牧杜公命新作西門，所以通水庸致人利也。多十有二月，土木之工告畢，從事徵其始，請刻石以爲記云：《書》載「濬畎澮距川」，傳稱「爲川者決之使導」，然蓋與政損益。政舉則道舉，政污則道污，污則革，革則久，賢哲之治也。

〔註102〕（清）阿克當阿修，姚文田等纂：嘉慶《重修揚州府志》卷八，《中國方志叢書》據嘉慶十五年刊本影印，臺北成文出版社1985年版。

當開元以前，京江岸於楊子，海潮內於邗溝，過茱萸灣，北至召伯堰，湯湯渙渙，無隘滯之患。其後江派南徙，波不及遠，河流浸惡，日淤月壤。若歲不雨，則鞠爲泥塗，舟檝陸沉，困於牛車，積臭含敗，人中其氣爲疾爲瘵。長民者時興人徒以事開鑿，既費累鉅萬，或妨奪農功，彈財竭力，隨導隨塞，人不寬息，物不滋殖，百餘年矣。貞元初，公由秋官之貳，出鎮茲土。既下車，乃撲圖考地，謀新革故。相川原，度水勢，自江都而西，循蜀江之右，得其浸曰句城湖，又得其浸曰愛敬陂，方圓百里，支輔四集，盈而不流，決而可注，圖以上聞。帝用嘉允，乃召工徒，利舊防，節以斗門，釀爲長源，直截城隅，以灌河渠。水無羨溢，道不回迂，於是變濁爲清，激淺爲深，潔清澹澄，可灌可鑒。然後漕挽以興，商旅以通，自北自南，泰然歡康。其夾堤之田，旱歉得其溉，霖潦得其歸，化磽薄爲膏腴者，不知幾千萬畝。野人誦曰：「腴腴原田，自今以始，歲其豐年。」都人誦曰：「汋彼流水，我邦是紀，鍾美不知。」向非我公有先物之智，移俗之才，則曷能運可大之謀，蠲累世之弊，縣旬朔之勞，致無疆之逸，宜乎人之永歎也如此。按陂塘本魏廣陵守陳登所設，時人愛其功而敬其事，故以名之。謝文靜成堰，又以召公之德爲稱。有魏以還，五百餘載，不朽之績，及公而三，皆在斯邦，不其盛歟！水門之作，將以重成功，示長利，非登臨遊宴之爲。嘻！後之人仰可以知。〖冊四九卷三五二六頁七 九眞〗（《輯佚》四九二頁）

　　這篇《愛敬陂水門記》記載了唐代貞元年間，揚州牧杜亞在愛敬陂修建水利設施以造福百姓的經過。乾隆《江都縣志‧山川》載：「愛敬陂，在縣西五十里，明《南畿志》云：太守陳登潴塘築堤，百姓愛之，因名。」〔註103〕後志中關於水門的記載不詳，明嘉靖《惟揚志》、清雍正、嘉慶《揚州府志》以及清乾隆《江都縣志》、光緒《江都縣續志》等志中均不見記載梁肅的這篇《愛敬陂水門記》。

　　水門的修建人杜亞，新舊《唐書》均有傳，《舊唐書》載：「杜亞，字次公，自云京兆人也。少頗涉學，善言物理及歷代成敗之事。……興元初，召拜刑部侍郎。出爲揚州長史、兼御史大夫、淮南節度觀察使。時承陳少游征稅煩重，奢侈僭濫之後，又新遭王紹亂兵剽掠；淮南之人，望亞之至，革剗舊弊，冀以康寧。亞自以材當公輔之選，而聯出外職，志頗不適，政事多委參佐，招引賓客，談論而已。揚州官河填淤，漕輓堙塞，又僑寄衣冠及工商等多侵衢造宅，行旅擁弊。亞乃開拓疏啓，公私悅賴，而盛爲奢侈。江南風俗，春中有競渡之戲，方舟並進，以急趨疾進者爲勝。亞乃令以漆塗船底，貴其速進；又爲綺羅之服，塗之以油，令舟子衣之，入水而不濡。亞本書生，奢縱如此，朝廷亟聞之。貞元五年，以戶部侍郎竇覦爲淮南節度代亞。亞猶

〔註103〕（清）高士鑰修、五格等纂：《江都縣志》卷四，《中國方志叢書》據乾隆八年刊、光緒七年重刊本影印，臺北成文出版社 1983 年 3 月臺一版。

以舊望，寶覬甚畏之。」〔註104〕由正史記載可知，杜亞初爲揚州長史之時尚有屈才之感，政事多委於參佐，自己不過於賓客談論而已。但還是爲揚州修治了愛敬陂水門，《愛敬陂水門記》中的記載可以爲補正史之失載，不過從正史的記載知其有時亦助長當地的奢靡之風。

　　《愛敬陂水門記》的撰者梁肅，字敬之，一字寬中，唐代散文家，世居陸渾。建中初中文辭清麗科，擢太子校書郎，累轉右補闕翰林學士皇太子諸王侍讀。卒年四十一，贈禮部郎中。梁肅師事獨孤及，也是古文運動先驅作家。作古文，尚古樸，爲韓愈、柳宗元、李翱所師法。貞元八年，梁肅協助陸贄主試，推舉韓愈，歐陽詹等登第。代表作有《過舊園賦》、《代太常答蘇端駁楊綰諡議》、《常州刺史獨孤及集後序》、《兵箴》、《台州隋故智者大師修禪道場碑銘》等。《新唐書・藝文志》著錄《梁肅集》二十卷，已佚。《全唐文》存其六卷，這篇《愛敬陂水門記》亦見收錄。

水門，在城東南五十步玄妙觀之東，俗傳開此門不利，遂廢，惟存斗門以洩水。〖冊四九卷三五二六頁六　九眞〗（《輯佚》四九二頁）

　　按：錄於《永樂大典》三千五百二十六卷，「眞」字韻下，但檢《永樂大典》原文發現，此條出自《宣城志》，而非《寶祐惟揚志》。《大典》中收錄的《寶祐惟揚志》「水門條」內容爲：「《維揚志》：江都縣有愛敬陂水門。唐貞元間，淮南節度使杜亞嘗修利之。梁肅有《水門記》。」故知馬氏《輯佚》一書存在誤輯。

斗門。江都瓜洲鎮舊有歸水斗門、西斗門、積水斗門。召伯鎮有歸水斗門二。郭家橋斗門，今廢。白茅湖斗門，今廢。句城塘斗門二，建炎間廢，淳熙間復置其一。〖冊四九卷三五二六頁二十　九眞〗（《輯佚》四九三頁）

　　佚文中的記載的這些斗門明嘉靖《惟揚志》、清雍正、嘉慶《揚州府志》以及清乾隆《江都縣志》、光緒《江都縣續志》等志中均不見記載。佚文中的這些斗門均建於宋代，從記載可以看出江都瓜洲等鎮水利設施較多，這些設施當時應有著一定的水利價值。《宋史・河渠七》載：「（淳熙）十四年，揚州守臣熊飛言：『揚州運河，惟藉瓜洲、眞州兩閘瀦積。今河水走泄，緣瓜洲上、中二閘久不修治，獨潮閘一坐，轉運、提鹽及本州共行修整，然迫近江潮，水勢沖激，易致損壞；眞州二閘，亦復損漏。令有司葺理上、下二閘，以防走泄。』從之。」〔註105〕從中可知，瓜洲、眞州的水閘對揚州運河有重要的價值。

〔註104〕《舊唐書》卷一百五十，中華書局 1975 年 5 月第 1 版。
〔註105〕《宋史》卷九十七，中華書局 1977 年 11 月第 1 版。

【物產】：

提壺，維揚土產。〔冊十七卷二二五六頁十七　六模〕（《輯佚》四九四頁）

萬曆《揚州府志》、雍正《揚州府志》和嘉慶《重修揚州府志》中均未見記載。提壺實際上爲一種鳥類，宋王禹偁《春遊南靜川》中有「提壺催我醉，戴勝勸人耕」的詩句。詩中的提壺、戴勝均爲鳥名。至順《鎮江志・物產》「羽之屬」載：「提葫蘆，以聲得名，梅聖俞、朱元晦皆有詩。」〔註106〕「提葫蘆」應即是「提壺」，知「提壺」鳥以聲得名。

大麥四種，黃、短稈、晚、淮。〔冊一百八八卷二二八一頁五〕（《輯佚》四九四）

佚文中四種麥，後志中亦有記載，嘉慶《揚州府志・物產》載：「麥有黃麥、晚麥、淮麥、短杆。以上皆大麥，《毛詩》謂：牟也宜爲飯，又可爲酢，其糵可爲錫。」〔註107〕

第四節　《大典》本《揚州志》與《揚州府志》及其佚文研究

一、《大典》本《揚州志》與《揚州府志》的編纂情況

《永樂大典》中收錄的揚州方志還有《揚州志》與《揚州府志》兩部方志。張國淦先生《輯本》對此有簡要考釋如下：

案：

《大典》引《揚州府志》凡九條，又《揚州志》凡三條。宋揚州廣陵郡，元揚州路，明初改淮海府，又維揚府，又揚州府。此軍器條『在揚州衛，高郵衛』云云，茲據錄作明志。嘉靖《維揚志十二》載：『《揚州府志》十五卷，國朝洪武間修』。當即是志，曰『揚州』，曰『揚州府』，或修《大典》時有增省字。」〔註108〕

張先生據《大典》本《揚州志》佚文中出現有明代建置推測此書爲明志，是正確的。除張氏所引嘉靖《維揚志》中的證據外，尚有清雍正《揚州府志・撰述》亦載：「明《揚州府志》，洪武間《府志》十五卷，纂輯姓氏不傳。成

〔註106〕（元）脫因修，俞希魯纂：至順《鎮江志》卷四，《中國方志叢書》據民國十二年丹徒冒廣生重刊本影印，臺北成文出版社 1975 年□月臺一版。

〔註107〕（清）阿克當阿修，姚文田等纂嘉慶《重修揚州府志》卷七十一，《中國方志叢書》據嘉慶十五年刊本影印，臺北成文出版社。

〔註108〕張國淦：《永樂大典方志輯本》，《張國淦文集四編》，北京燕山出版社 2006年 5 月第 1 版，第 853 頁。

化《惟揚志》十二卷，江都寓賢高宗本編輯。嘉靖《惟揚志》二十卷，郡人盛儀編。《萬曆惟揚志》二十七卷，江都陸弼編。」〔註109〕康熙十四年《揚州府志》金鎮《序》云：「《揚州府志》自明初以及萬曆辛丑則四經修葺矣。」（同前，卷首）從《雍正志》中記載可知，此「四經修葺」指的是明代的洪武《揚州府志》、《成化志》、《嘉靖志》和《萬曆志》。其中洪武《揚州府志》與《成化志》均已經佚失。從上述明代揚州方志編纂源流知，《大典》中收錄的《揚州志》、《揚州府志》，應當即是明代洪武間所撰之十五卷《揚州府志》。張氏稱：「曰『揚州』，曰『揚州府』，或修《大典》時有增省字」，說亦可從。

該志纂修人不詳。萬曆《揚州府志·國朝秩官紀》載：「繆思恭，泰州拼茶場人。洪武初為揚州總管，思敬亦忠節有守，今建二賢祠以祀之。」〔註110〕不知是否參與此志的纂修，嘉靖《維揚志·經籍志》中稱：「《揚州府志》，十五卷，國初洪武間修，不著姓氏。中有王雲、陳良、史正志等傳，蓋嘗見《寶祐志》者。」〔註111〕說明此洪武《揚州府志》在編纂過程中，繼承了宋代的寶祐《惟揚志》。

綜合上面的分析可知，永樂六年以前所修的明代揚州志書只有洪武間修撰的《揚州府志》，因此我們基本確定《大典》本《揚州志》與《大典》本中收錄的《揚州府志》應是同一部志書，即明洪武《揚州府志》。

二、《大典》本洪武《揚州府志》佚文研究

《大典》本洪武《揚州府志》佚文保留有【湖泊】資料八條，即太湖、武安湖、張良湖、大石湖、平望湖、七里湖和南北垜湖。【山川】資料兩條，紫石岩、料角嘴。【人物】資料一條即李衡，【官署】資料一條，即揚州府雜造局。洪武《揚州府志》已經佚失，現有賴於《大典》中的佚文，我們得略窺此志一斑。佚文內考釋如下。

【湖泊】：

太湖，一名震澤，一名笠澤，一名洞庭。〖冊十八卷二二六〇頁八 六模〗（《輯佚》五〇九頁）

〔註109〕（清）尹會一修、程夢星等纂：雍正《揚州府志》卷三十五，《中國方志叢書》據雍正十一年刊本影印，臺北成文出版社 1957 年□月臺一版。

〔註110〕（明）楊洵修、徐鑾纂：《揚州府志》卷八，《北京圖書館古籍珍本叢刊 25》，書目文獻出版社 2000 年 7 月版。

〔註111〕（明）朱懷幹修，盛儀纂：嘉靖《惟揚志》卷十二，《天一閣方志選刊》，1963 年 9 月上海古籍書店據寧波天一閣藏明嘉靖藏本影印。

案：明清《揚州府志》中均不見載，而見載於宋元明清毗陵、常州志書中，此條或爲《揚州志》誤收，參見本文大德《毗陵志》佚文研究。

武安湖，在江都縣北六十里，接高郵軍高郵縣武安村。桑欽《水經》云：淮陰中瀆水，自武陵北出武廣湖東，綠楊湖西，二湖東西相互直五里，水注樊梁湖。今綠楊、武安二湖，其水皆循舊道，而武廣、武安名乃不同，豈隋時以煬帝名廣故更名武安耶。〖冊二十卷二二七一六模〗（《輯佚》五〇九頁）

文中出現「高郵軍」建置，據《宋史·地理四》記載：「高郵軍，同下州，高沙郡，軍事。開寶四年，以揚州高郵縣爲軍。熙寧五年，廢爲縣，隸揚州。元祐二年，復爲軍。紹興五年，廢爲縣，復隸揚州，以知縣兼軍使。三十一年，復爲軍，仍以興化來屬。」〔註112〕

《明史·地理一》中記載：「高郵州，元高郵府，屬淮東道宣慰司。洪武元年閏七月降爲州，以州治高郵縣省入。西有運河。西北有樊梁、甓社、新開等湖。西南有白馬塘。北有張家溝、東北有時堡二巡檢司。又西有北阿鎮。東有三垛鎮。西南距府百二十里。領縣二：寶應 州北。西有運河，又有氾光、白馬、射陽等湖。南有槐樓鎮、西南有衡陽二巡檢司。興化州東。南有運河。東有得勝湖。東北有安豐巡檢司。又東北有鹽場。」〔註113〕

從《地理志》中的記載可知在高郵在宋代建置高郵軍、高郵縣，元代稱高郵府，屬淮東道宣慰司，而明代稱高郵州。《大典》佚文中「武安湖」條稱該湖「在江都縣北六十里，接高郵軍高郵縣武安村」，說明此條內容應是繼承宋代方志的記載而來。而佚文中引桑欽《水經》云云，其中「淮陰中瀆水」至「水注樊梁湖」實爲酈道元《水經注》文（稍有出入）。《嘉慶志》載：「武安湖在州西南三十里武安邨，通露筋河，亦名南湖。」〔註114〕相比較而言，佚文引桑欽《水經》內容，比《嘉慶志》中所載武安湖更爲詳實。

大石湖，在城東北四十里平遼鄉。舊傳湖有大石，依約見於水中，亦曰大石。又曰棹石。合張網溝，入於運河。〖冊二十卷二二七一頁二　六模〗（《輯佚》五一〇頁）

清嘉慶《揚州府志·山川》「甘泉縣」下載：「大石湖，在城東北四十五里平遼鄉。舊傳湖有依約見水中，亦曰岱石，又曰棹石，通張網溝。漢廣陵太守張網，於揚之東陵村開渠引大石湖水漑田，民利之，呼爲張公渠。」宋

〔註112〕《宋史》卷八十八，中華書局 1977 年 11 月第 1 版。

〔註113〕《明史》卷四十，中華書局 1977 年 11 月第 1 版。

〔註114〕（清）阿克當阿修，姚文田等纂：嘉慶《重修揚州府志》卷八，《中國方志叢書》據嘉慶十五年刊本影印，臺北成文出版社 1985 年版。

元豐中羅適爲江都令，復□大石湖，廣袤數百步改名元□，溉田千餘頃，收百倍。」（同前）由此知佚文中的「張網溝」乃因漢廣陵太守張網於此修治水利工程得名。

平望湖，在縣西北二十餘里，周二十二里。東至七都，西、南、北俱至二都。其湖廣闊，望之坦平，因以爲名。〖冊二十卷二二七一頁八　六模〗（《輯佚》五一〇頁）

此湖《嘉慶志》載於興化縣下：「《嘉靖志》云：在縣北二十里，東北至七都，西南至二都，南通新溝，北接丁溝，因湖四望平坦，故名。案，古志湖中高阜有古墓，其廣類一室，人每於中得陶器，樣制甚古。」（同前）《嘉靖志》中載此湖「東北至七都，西南至二都，南通新溝，北接丁溝」，佚文中載此湖「東至七都，西、南、北俱至二都」，至到與《嘉靖志》所載略異，或許此湖至明嘉靖時已有變遷。佚文中載湖大小爲「周二十二里」，後志中未載。（按：現存之天一閣本嘉靖《維揚志》「山川志」已佚，故本文引清《嘉慶志》以爲參考）

張良湖，去城二十里。東至運河，西至沛城村，南至江靜村，北至七里湖。〖冊二十卷二二七〇頁四　六模〗（《輯佚》五一〇頁）

《嘉慶志》載：「在州北二十里，通七里湖。」（同前）佚文記錄了該湖的至到，較《嘉慶志》詳細具體。

新開湖，臨城西北。其湖南北長三十里，東西闊二十里，東至運河，南至江靜村，西北至黃林村。陸路至北河鎮，接連天長縣同城鎮及盱眙軍界。〖冊二十卷二二七一頁十四　六模〗（《輯佚》五一〇頁）

《嘉慶志》載：「《嘉靖志》云：即高郵湖，在州西北三里，其水南北俱同官河，久雨則漲，旱亦不涸。大抵天長以東諸水皆彙此湖而達之於淮也。……」（同前）《嘉慶志》與《雍正志》所載相同，應是繼承了《雍正志》的記載。此二志對新開湖的記載較《大典》本《揚州府志》爲詳，但佚文中對新開湖的面積四至記載比較詳細，而這些內容卻是雍正與嘉慶二志所未記載的。

七里湖，去城二十七里，東至運河，西至鵝兒白，南至張良湖，北至沛城村。陸路往北阿鎮，接運天長縣界同城鎮及盱眙軍。〖冊二十卷二二七一頁十四　六模〗（《輯佚》五一〇頁）

《嘉慶志》載：「七里湖，在州北十七里，東通官河，西通鵝兒白湖。」（同前）對於此湖四至的記載不若佚文詳細。佚文中稱此湖「去城二十七里」，而《嘉慶志》中稱此湖「在州北十七里」，兩志所載略有不同。案：上述武安

湖、張良湖、新開湖、七里湖皆載於《嘉慶志・山川》「高郵州」下。知其皆屬高郵州轄域。

南北垛湖，在縣西北三十里。西北通瀛溪古垛，南通縣界溪河。〔冊二十卷二二七一頁十七　六模〕（《輯佚》五一一頁）

此湖，明《嘉靖維揚志》、清雍正《揚州府志》、嘉慶《揚州府志》中均不見記載，明萬曆《揚州府志・河渠志》「如皋」縣下載：「南北垛河，在赤岸鄉，南通溪河北。」〔註115〕但「如皋縣」下，並沒有南北垛湖的記載，或此湖洪武時尚存，萬曆時已由湖而爲河。

【山川】：

料角觜，係淮東築底處，南控大江，東北大海，自來防扼之地。沙脈柵漲不常，潮小則委蛇曲折，水路可見；大則一概漫沒，非熟於往來，舟師未易輕舉。料角觜直東，鹹淡二水不雜。今本州分兵戍守，係在海門縣東。〔冊一百十卷一一○七七頁二十二　八賄〕（《輯佚》五一○頁）

料角嘴，《明史・地理志》中載料角嘴在通州海門縣東南。實際即海岸線上突出的沙洲，六朝時期長江三角灣，北側岸線大致在今泰興、如皋以南至白蒲以東一線上，沙嘴前端推至如東（掘港），稱料角嘴（或廖角嘴）。時南通尚在大海之中。北宋前期相繼並岸，料角嘴延伸至呂四。光緒年間啓東群沙並岸，料角嘴移至今寅陽附近，今日北部三角洲面貌基本形成，從歷史上至今長江口北岸沙嘴的伸展，基本上是自西北向東南逐個合併沙洲而形成。嘉靖《惟揚志・疆里志》載：「海門縣治境在通州東一百里，其地東抵海濱料角嘴，西抵通州利河，南抵揚子江濱，北至通州運河。廣九十里，袤三十里，其東至海濱料角嘴，爲路五十里。西至利河，爲路四十里。南至濱江爲路五十里。北至通州，運河，爲路五里。」〔註116〕

《明一統志》載：「廖角嘴，在海門東大海際，昔號形勝控扼之所。其沙脈坍漲不常，非熟於舟楫往來未易識辨。昔高麗使臣爲海風飄至，以啓投太守云：望斗極以來槎，初離下國指桃源而迷路，誤到仙鄉。」〔註117〕《清一統志》載：「舊志在州東南一百四十里，《輿地紀勝》：海門有廖角嘴，中有鹹

〔註115〕（明）楊洵修、徐鑾纂：《揚州府志》卷一，《北京圖書館古籍珍本叢刊25》，書目文獻出版社2000年7月版。

〔註116〕（明）朱懷幹修，盛儀纂：嘉靖《惟揚志》卷一，《天一閣藏明代方志選刊》，上海古籍書店據寧波天一閣藏明嘉靖藏本影印，1963年9月版。

〔註117〕（明）李賢等：《明一統志》卷十二，文淵閣《欽定四庫全書》本。

淡二水不相混雜，舟人不待汲能辨之，形勢號為控扼。又舊志，宋紹興中，差水師把隘，其沙脈坍漲不常。潮小則委蛇曲折水路可認，潮盛則一望彌漫。李寶膠西之捷，道蓋由此，今圮於海。」〔註118〕從明、清二總志記載可知，料角嘴歷來為形勢要地，其地水路非熟手不易識別，明代尚存，而清代已坍於海中。《大典》本《揚州府志》中有關料角嘴的資料記載了其地勢、方位，對於此處潮水漲落時的不同情況也記載的十分清楚，且知明初尚派兵駐守此地，志之記載就當時而言應是可貴的軍事地理資料。從以上考釋可知「料角嘴」又可寫作「廖角嘴」佚文「沙脈柵漲不常」中的「柵」字當為「坍」字之誤。

　　紫石岩，一在揚州府通州狼山。提刑薛俅、郡守臧師顏、倅吳天常有題名。又《一統志》云：遊宦士大夫多遊玩其間。〖冊一百卷九七六四頁十二　二十二覃〗（《輯佚》五一○頁）

　　明萬曆《揚州府志・山川》「通州」下載：「狼山，在城南十二里。山名以形似，或謂有白狼據焉。宋淳化中邑令楊鈞上書改狼為琅，山頂有塔五級，名支雲塔，後為僧伽殿。塔前敕建江海神祠。……山陰多巉岩峭壁、怪巚奇岫，有千人洞、夕陽洞。有鵓鴣、紫石、海月三岩，岩下有觀音大士院者二。石上有宋提刑薛球、太守臧師顏題名，下有盤羅石、寶陀石，亦有題名。」〔註119〕清《通州直隸州志・山川》載：「狼山，在州治南十八里，其名以形似，宋淳化中，州牧楊鈞上書易狼為琅。山多紫石，一名紫琅，高五十丈，周百十二丈，山之巔有塔，五級，曰支雲間塔。」〔註120〕三志記載，基本一致。所不同者，洪武《揚州府志》將紫石岩，單獨列出。而後二志均在狼山中記錄此岩。

　　佚文稱紫石岩上有薛俅、臧師顏與吳天常題名。提刑薛俅（球）《宋史》不見記載，史料筆記《邵氏聞見前錄》、《醴泉筆錄》中載有其軼事數則。《通州直隸志・秩官上》記載太祖建隆二年至太平興國五間，臧師顏曾任通州知州，而吳天常為通州通判。二人生平事蹟不詳，紫石岩上題名應是他們於通州任職期間的事情。《江南通志・輿地志》「古蹟」載：「三會堂，在（通）州狼山東，北顧巨海，南瞰長江，吳楚勝概，一覽可盡。宋提刑薛球、太守臧師顏，通

〔註118〕　（清）徐乾學、方苞等：《清一統志》卷七十四，文淵閣《欽定四庫全書》本。
〔註119〕　（明）楊洵修、徐鑾纂：《揚州府志》卷一，《北京圖書館古籍珍本叢刊25》，書目文獻出版社2000年7月版。
〔註120〕　（清）梁悅馨等修、季念詒等纂：《通州直隸志》卷二，《中國方志叢書》據清光緒元年刊本影印，臺北成文出版社1970年□月臺一版。

判吳天常三人皆舊好會此，因名。」〔註121〕從佚文和《江南通志》記載來看，三人皆爲宋人，相處友善，經常聚會，亦曾遊玩流連於狼山。佚文爲我們保存了通州的古蹟資料，具有一定人文地理價值。

【人物】：

李衡，字彥平，勤學有局幹，登紹興十五年進士第。累遷監察御史，遇事敢言，無所顧忌。乾道中，出知婺州，召爲司封員外郎兼司勳郎中，出知台州。以循良著稱，帝嘉之。入爲御史、樞密院檢詳，謝事，除秘閣修撰致仕。起爲御史，同知貢舉。榜中得士多英傑，時稱其明允。遷起居郎，無何復出守，後卒於家。子應祥、起宗，登進士第。〔冊一百四卷一〇四二二頁八　六模〕（《輯佚》五一一頁）

李衡，《宋史》本傳載：「字彥平，江都人。高祖昭素仕至侍御史。衡幼善博誦，爲文操筆立就。登進士第，授吳江主簿。有部使者怙勢作威，侵刻下民，衡不忍以敲撲迎合，投劾於府，拂衣而歸。後知溧陽縣，專以誠意化民，民莫不敬。夏秋二稅，以期日榜縣門，鄉無府吏迹，而輸送先他邑辦。因任歷四年，獄戶未嘗繫一重囚。隆興二年，金犯淮堧，人相驚曰：『寇深矣！』官沿江者多送其孥，衡獨自浙右移家入縣，民心大安。盜蝟起旁境，而溧陽靖晏自如。帥汪澈、轉運使韓元吉等列上治狀，詔進一秩，尋召入爲監察御史。歷司封郎中、樞密院檢詳，出知溫、婺、臺三州，惟婺嘗蒞其治。加直秘閣，而衡引年乞身，懇懇不休，上累卻其奏，除秘閣修撰致仕。上思其僕忠，旋召落致仕，除侍御史，以老固辭，不獲命。差同知貢舉。會外戚張說以節度使掌兵柄，衡力疏其事，謂『不當以母后肺腑爲人擇官』，廷爭移時。改除起居郎，衡曰：『與其進而負於君，孰若退而合於道。』章五上，請老愈力，上知不可奪，仍以秘撰致仕。時給事中莫濟不書敕，翰林周必大不草制，右正言王希呂亦與衡相繼論奏，同時去國，士爲《四賢詩》以紀之。衡後定居崑山，結茅別墅，杖屨徜徉，左右惟二蒼頭，聚書逾萬卷，號曰『樂庵』，卒，年七十九。衡自宣和間入辟雍，同舍有趙孝孫者，洛人也，其父實師程頤，家學有源，勸衡讀《論語》曰：『學非記誦辭章之謂，所以學聖賢也，不可有絲毫僞實處，方可以言學。』衡心佩其訓，雖博通群書而以《論語》爲根本。臨沒，沐浴冠櫛，翛然而逝。周必大聞之曰：『世謂潛心釋氏，乃能達死生，衡非逃儒入釋者，而臨終超然如此，殆幾孔門所謂聞道者歟。』」〔註122〕

〔註121〕（清）趙宏恩等監修：《江南通志》卷三十三，文淵閣《欽定四庫全書》本。
〔註122〕《宋史》卷三百九十，中華書局 1977 年 11 月第 1 版。

正史載其為江都人，故《揚州府志》中收錄有其事蹟，佚文中主要介紹其為
官經歷，文字簡練，對其評價言簡意賅，與正史相合。《宋史》本傳李衡陽進
士及第的時間，佚文言其「登紹興十五年進士第」，當別有所據。